儒家伦理思

赵京朝◎著

文化发展出版社
Cultural Development Press
·北京·

图书在版编目（CIP）数据

儒家伦理思想探究 / 赵京朝著 . -- 北京 ：文化发展出版社，2024. 7. -- ISBN 978-7-5142-4390-1

Ⅰ . B82-092；B222.05

中国国家版本馆 CIP 数据核字第 2024TP6491 号

儒家伦理思想探究

赵京朝　著

出 版 人：宋　娜

责任编辑：袁兆英　　　　责任校对：岳智勇

责任印制：邓辉明　　　　封面设计：守正文化

出版发行：文化发展出版社（北京市翠微路 2 号　邮编：100036）

网　　址：www.wenhuafazhan.com

经　　销：全国新华书店

印　　刷：天津和萱印刷有限公司

开　　本：710mm × 1000mm　1/16

字　　数：200 千字

印　　张：11

版　　次：2025 年 1 月第 1 版

印　　次：2025 年 1 月第 1 次印刷

定　　价：72.00 元

I S B N：978-7-5142-4390-1

前　言

伦理学是人类最古老的学问之一。自人类社会产生以来，人们便生活在一定的关系之中，而道德作为调节人与人之间伦理关系的规范，赋予了每一个生活于现实的伦理关系中的人相应的权利与义务，促使人际关系和谐与社会生活稳定。伦理学是一门不断发展的学科。随着社会的不断进步和时代的发展，人们对伦理学理论的探讨不断深入，研究范围越发广泛，逐渐分化为不同的学科，研究的视角也不断扩大。

中华民族以古老灿烂的文明著称于世。几千年来中华民族的先哲为了生存和发展，不断探索自然、社会发展的规律，探讨人生的真谛，形成了独特的文化传统，即中华传统文化。其中，对中华传统文化有重大影响的主要是儒家文化，它构成了中华传统文化的主体部分。就思想和学术而言，儒家文化也是中华传统文化的核心内容；从社会层面说，儒家文化创造了一个有利于社会和谐的价值系统，这一系统的核心内容即儒家伦理思想。从一定意义上说，中华传统文化就是一种伦理型文化。因此，研究儒家伦理思想，对于了解和把握中华传统文化的本质特征有重要的意义，也有利于我们今天通过伦理秩序的重建维护社会的和谐稳定、长治久安。儒家伦理思想体系的形成，对其后两千余年中国社会的伦理观念以及人们的思想意识都产生了重要的影响。正如蔡元培在《中国伦理学史》一书中所说的:“我国古代文化，至周而极盛。往昔积渐萌生之理想，及是时则由浑而画，由暧昧而辨晰。循此时代之趋势，而集其理想之大成以为学说者，孔子也。是为儒家言，足以代表吾民族之根本理想者也。”可以说，在一定意义上，儒家思想这一文化形态的产生，凸显了中华民族的精神文化内质，影响了中华传统文化的发展方向。

全书共五章。第一章为儒家伦理思想概述，包括儒家伦理思想的特性、儒家伦理思想的体系、儒家思想与其他伦理思想的对比、现代新儒家思想等内容。第二章为儒家伦理思想学的核心要素，论述了仁、义、礼、智、信等内容。第三章为儒家生命伦理思想，阐述了儒学语境中的“生命”、儒家生命伦理思想的结构、《诗经》《尚书》中的生命伦理思想、儒家生命伦理思想的应用等内容。第四章为儒家生态伦理思想，主要包括生态伦理的阐释、儒家伦理思想中的生态关怀、孔子和孟子的生态伦理思想、儒家生态伦理思想的当代内涵等内容。第五章为儒家政治伦理思想，主要包括儒家政治伦理的基本要素、儒家政治伦理思想的当代价值、儒家政治伦理思想的发展趋势等内容。

在撰写本书的过程中，笔者参考了大量的学术文献，得到了许多专家学者的帮助，在此表示诚挚的谢意。本书内容系统全面，论述条理清晰、深入浅出，但由于笔者水平有限，书中难免有疏漏之处，希望广大同行及时指正。

赵京朝

2023 年 10 月

目　录

第一章　儒家伦理思想概述

本章为儒家伦理思想概述，主要包括四个方面的内容，分别是儒家伦理思想的特性、儒家伦理思想的体系、儒家思想与其他伦理思想的对比、现代新儒家思想。

第一节　儒家伦理思想的特性

一、人学性

儒家思想的伦理体系以人为中心，以道德中的“仁”为核心价值观。许多儒学研究者将儒家伦理学，尤其是孔子（见图 1–1–1）所创建的伦理学，视为“人学”或“仁学”。“人学”或“仁学”是儒家伦理学的美称，因为它根据道德准则审视自然、社会和人生，以人道为归宿。

图 1–1–1　孔子

从孔子开始，自古至今，儒家思想一直重视研究人，将重心放在现实社会生活方面。在孔子的哲学中，最为重要的是人事与“事人”。这个价值体系显著体现了人学的主体性特点。《论语·先进》记载："季路问：'事鬼神？' 子曰：'未能事人，焉能事鬼？' 曰：'敢问死？' 曰：'未知生，焉知死？'"[①] 孔子认为，弟子季路提出的关于"事鬼神""死"等问题，涉及的是一些宗教仪式，在孔子看来，这些活动并不如"事人"重要。孔子所谓的"事人"是指遵守孝道、尊敬长辈、关心幼小等传统道德观念。很明显，孔子更注重人事与事人，而非鬼神和事鬼，他更关注生命，而不是死亡。在孟子（见图 1-1-2）和荀子的思想中，更加突出的是人作为主体的价值地位。他们一直强调人在自然和社会关系中的主体角色。孟子有"天时不如地利，地利不如人和"[②] 的说法，并主张通过"仁政"来改变社会。荀子也说，"欲修政美俗，则莫若求其人……大用之，则天下为一，诸侯为臣；小用之，则威行邻敌"[③]，"制天命而用之"[④]，这就强调和突出了人在自然、社会中的主体作用。

图 1-1-2 孟子

因此，儒家伦理学在一定意义上可归为"仁学"。正如有学者指出的，其蕴含的"人""仁"是同格同位的。儒家伦理的人文性被"仁"这一范畴强调，并且彰显出儒家伦理内在超越的特点。"仁"在《论语》中出现的频率是最高的。事实上，孔子所传授的教诲，将"仁"这一价值理念融入人与自然、人与社会的各个层面上，形成了一个完整的价值体系，涵盖了他所倡导的伦理道德的诸多德

① 陈琦萍. 论语与生活 [M]. 北京：教育科学出版社，2014.
② 孟子. 孟子 [M]. 哈尔滨：北方文艺出版社，2019.
③ 荀子. 荀子 [M]. 沈阳：万卷出版公司，2009.
④ 荀子. 荀子 [M]. 沈阳：万卷出版公司，2009.

目。孔子及其弟子的《论语·阳货》记载：“孔子曰：‘能行五者于天下，为仁矣。’请问之。曰：‘恭、宽、信、敏、惠。’”《论语·宪问》：“仁者必有勇，勇者不必有仁。”《论语·里仁》：“不仁者不可以久处约，不可以长处乐。仁者安仁，知者利仁。”就人生修养而言，仁是一个很高的境界，即使孔子最得意的门生颜回也只能做到“其心三月不违仁”①。当然，孔子并不认为仁是不可企及的，只要一个人有了这种道德自觉，仁是完全可以达到的：“为仁由己，而由人乎哉？”（《论语·颜渊》）“仁远乎哉？我欲仁，斯仁至矣。”② 孔子主张，主体自觉是道德行为的根源，而不是外部的强制。与孔子以前那种借助天的威严或血缘宗法的力量维系道德的宗教的、宗法的伦理不同，孔子开始更加注重个人内在道德自律的“仁”，而不像之前那样过分强调外在的行为规范——“礼”，他说：“人而不仁，如礼何？人而不仁，如乐何？”③ 较之“礼”来说，似乎“仁”更具有根本的意义。可见，“仁”是孔子道德观念中的核心观念，处于纲举目张的地位。孔子不单设定了“为仁”的道德目标，同时，也设定了“为仁”“成仁”之道，即“仁之方”，《论语·卫灵公》：“有一言而可以终身行之者乎？”子曰：“其恕乎！己所不欲，勿施于人。”④ 一般认为忠恕之道是孔子思想中可以“一以贯之”的东西。可见，“仁”是道德的最高标准，还是孔子贯穿始终的实践方法，其将孔子的价值观和方法论融合成一体。这可能是儒家伦理学被视为“仁学”或“人学”的主要原因之一。

考虑到儒家伦理中的理想人格，“人学”和儒家的“仁学”含义相同。在儒家思想中，与“仁”的道德修养相联系的关于人格理想的阐述十分丰富。孔子运用“圣人”“仁人”“君子”“贤者”等词汇，孟子谈及“仁者”“大丈夫”等词汇，荀子也有类似的语言表述。在儒家伦理思想中，“圣人”被视为道德观念的最高体现。《论语·述而》记载：“圣人，吾不得而见之矣；得见君子者，斯可矣。”⑤。显而易见，作为理想人格的化身，“圣人”本身具有超越现实的理想特质，这与儒家伦理学的现实导向有些不一致。儒家更加关注那些具备普适价值的人格特质，如“仁者”“贤者”“君子”。连孔子也说：“若圣与仁，则吾岂敢？”⑥ 从孟子“人

---

① 樊登．樊登讲论语　学而 [M]．北京：北京联合出版有限责任公司，2020．

② 孔子．论语 [M]．杨伯峻，杨逢彬，注译．长沙：岳麓书社，2018．

③ 孔子．论语 [M]．杨伯峻，杨逢彬，注译．长沙：岳麓书社，2018．

④ 孔子．论语 [M]．杨伯峻，杨逢彬，注译．长沙：岳麓书社，2018．

⑤ 孔子．论语 [M]．杨伯峻，杨逢彬，注译．长沙：岳麓书社，2018．

⑥ 孔子．论语 [M]．杨伯峻，杨逢彬，注译．长沙：岳麓书社，2018．

皆可以为尧舜”[①]和荀子“涂之人可以为禹”[②]的观点来看，儒家倡导的理想人格可以被所有人实现，并不是高不可攀的。这主要表现在，这种理想的人格并非纯道德、唯道德至上的，还有其他方面的要素。如孔子晚年在培养门徒时，既讲人生大道理，也讲种种生活技艺技能。如孔子就曾设置了礼、乐、射、御、书、数的教学内容，涉及社会生活中的道德伦常、文化知识、生活技能等方面的综合训练。另外，孔子以“文、行、忠、信”（《论语·述而》）的“四教”来教导学生也是明证。总体上说，儒家思想以“仁”为核心，以人类为中心，表现为一种人格理想。

二、现实性

强调务实、主张不断进取，是儒家伦理思想的重要特征。孔子和他的后继者通过强调“人事”和“事人”打破了神权崇拜。这是对西周以来人性觉醒传统的理解和加强。强调“人事”和“事人”，必须面对不同的生活处境，以高度的责任感和使命感为基础有所建树，既追求自我道德的提升又尽可能地实现自己的人生价值。孔子、孟子等都能够在不同程度上感悟天命。以天人合一为基础，尊重天命、强调仁爱是强烈的使命感和现实感及进取性和现实性的体现，是儒家伦理思想中的重要特征。《论语》中，有很多孔子探讨天命的文章。《论语·子罕》载，“子罕言利与命与仁”[③]，这就一语道明孔子很少谈论“利”，却经常谈论“命”和“仁”;《论语·为政》载，“三十而立，四十而不惑，五十而知天命”[④]。学者普遍认为孔子所说的“天命”或“命”，并不是指外在力量的表现。但到底何为“天命”？仔细分析就会发现，孔子讲“天命”时，既包括了对自然、社会和人生背后的一种不可移易的必然性的体认，同时也寄予了人认识这种必然性并自觉于其使命和在现实中发挥主体能动性的一种主观努力和人生体验。儒家虽然把天命悬之甚高，自谓“畏天命”，但同时又认为“天命”可“知”，人可以通过自己的努力、自己的人事修为“知天”“事天”。孔子正是在致力于恢复他向往的理想社会的奋斗过程中，领略到了“道之不行”于世时，自己应该坚守的历史使命。《论语·微子》记载孔子受隐人之讥，无人能解，而唯弟子子路道出其心声：“不仕无义。长幼之节，不可废也；君臣之义，如之何其废之？欲洁其身，而乱大伦。君子之

---

① 孟子．孟子[M]．哈尔滨：北方文艺出版社，2019．

② 荀子．荀子[M]．沈阳：万卷出版公司，2009．

③ 华杉．华杉讲透《论语》：上[M]．南京：江苏凤凰文艺出版社，2022．

④ 孔子．论语[M]．杨伯峻，杨逢彬，注译．长沙：岳麓书社，2018．

仕也，行其义也。道之不行，已知之矣。”[①] 朱熹在《论语集注·微子》中注曰：“仕所以行君臣之义，故虽知道之不行而不可废。”[②]《论语·宪问》也记载了孔子的话：“道之将行也与，命也；道之将废也与，命也。”[③]“道之不行”[④]，是说以仁复礼之道不畅，其理想社会的实现受阻，孔子十分清楚当时之困境，但是他仍坚持道“不可废”，并且“知其不可而为之”(《论语·宪问》)，其使命感何其强烈！其实孔子自己也有这样的意识，当他与学生周游列国在匡地遭到了匡人的围困时，孔子自信地说：“天之将丧斯文也，后死者不得与于斯文也；天之未丧斯文也，匡人其如予何？”[⑤] 孔子认为，上天把承传历史文化的责任赋予了他，他必须承担。即使面临艰难险阻，他也一定会尽力履行体现“天道”的使命。

孔子“知其不可而为之”[⑥] 展现了勇于承担责任和不屈从于因果律的自由精神，也表明了他希望通过“天命”赋予人们修身齐家的信念。孔子提倡的这种积极融入社会、知其不可而为之的进取心态，已经成为后来儒家的思想理念。孟子从忧患意识出发对自己的进取精神进行阐述：“是故君子有终身之忧，无一朝之患也。乃若所忧则有之：舜，人也；我，亦人也。舜为法于天下，可传于后世，我由未免为乡人也，是则可忧也。忧之如何？如舜而已矣。”[⑦] 虽然忧患与进取之间并不具有直接的联系，但进取的动力则往往来自忧患，所以儒家特别强调人时时要有一种忧患意识，故《孟子·告子下》说：“生于忧患，死于安乐。”[⑧]《易传·系辞下》也说，“作易者，其有忧患乎”[⑨]，强调人要“明于忧患”。《荀子·大略》记载了孔子和子贡的一段对话，子贡认为人生在世，实为辛苦，希望能稍事歇息，然而孔子说：“望其圹，皋如也，颠如也，鬲如也，此则知所息矣。”子贡说：“大哉死乎！君子息焉，小人休焉。”[⑩] 意思是说，人不可苟生，亦不可徒死，君子应当自强不息，奋斗不已，直至生命的终结。《易传·象传》所说的“天行健，君

---

① 孔子．论语[M]．杨伯峻，杨逢彬，注译．长沙：岳麓书社，2018．
② 朱熹．论语集注[M]．济南：齐鲁书社，1992．
③ 孔子．论语[M]．杨伯峻，杨逢彬，注译．长沙：岳麓书社，2018．
④ 孔子．论语[M]．杨伯峻，杨逢彬，注译．长沙：岳麓书社，2018．
⑤ 孔子．论语[M]．杨伯峻，杨逢彬，注译．长沙：岳麓书社，2018．
⑥ 樊登．樊登讲论语　先进[M]．北京：北京联合出版有限责任公司，2021．
⑦ 孟子．孟子[M]．哈尔滨：北方文艺出版社，2019．
⑧ 孟子．孟子[M]．哈尔滨：北方文艺出版社，2019．
⑨ 南怀瑾．易经系传别讲[M]．上海：复旦大学出版社，2018．
⑩ 王廷信，崔大华．孝道文化与社会和谐[M]．郑州：大象出版社，2011．

子以自强不息”[①]也是这个意思。

儒家强调在现实中应有神圣的使命感和忧患意识，力促人们不断进取、实现人生的价值，也就是孔子所说的“君子疾没世而名不称焉”[②]，反对浑浑噩噩地度过一生，更强调持有一种“发愤忘食，乐以忘忧，不知老之将至”[③]的乐观进取态度，鼓励自己，充分实现自己的人生价值。这些都体现了儒家伦理的现实性。

三、和谐性

追求和谐，也是儒家伦理思想的一大特色。“取和去同”是先秦时期思想家坚持的方法论原则。“和”从哲学方法论上说，是要追求不同质的东西的统一和融合。《易传》中说：“乾道变化，各正性命，保合大和，乃利贞。”[④]“大和”亦作“太和”，是说万物受自然规律支配，各保持其性命之正。唯有如此，才能使天地万物保持“万物并育而不相害，道并行而不相悖”[⑤]的和谐景象，这就是《易》所追求的天之正道的境界。这方面反映在儒家伦理思想中，就是要把追求人与自然的和谐、人与人的和谐、人的身心和谐视为其伦理价值的终极目标。

就人与自然的关系而言，在夏商时期，“天”被视为至高的神，统治着万物生灵。在西周时期，人们认为“天”是拥有自己的意志的“人格神”，执掌人间世界。他们已经将道德的概念融入“天”中，强调领导者必须“以德配天”。在春秋战国时期，社会变革巨大，人们不再认为“天降万物”“天生烝民”，而是接受了“自然者天地”的观念，其总的趋势朝着认识自然现象、遵循自然规律的人文理性方向发展。

周叔兴所说的“是阴阳之事，非吉凶所生也。吉凶由人”[⑥]，子产所说的“天道远，人道迩，非所及也”[⑦]，就代表了这种思想发展的方向。同时，人们逐渐摆脱对天灾的恐惧，转而追寻人与天之间的连接点。《左传·庄公三十二年》记载史嚚预测虢国的命运，“虢其亡乎？吾闻之，国将兴，听于民；将亡，听于神。神，

① 王子娇．易经初解[M]．桂林：漓江出版社，2019．
② 孔子．论语[M]．杨伯峻，杨逢彬，注译．长沙：岳麓书社，2018．
③ 孔子．论语[M]．杨伯峻，杨逢彬，注译．长沙：岳麓书社，2018．
④ 施忠连．四书五经名句诵读[M]．上海：上海辞书出版社，2013．
⑤ 朱莉．先秦儒家思想与社会主义核心价值观[M]．青岛：中国海洋大学出版社，2021．
⑥ 左丘明．左传[M]．赵捷，译．赵英丽，注．武汉：崇文书局，2017．
⑦ 左丘明．左传[M]．赵捷，译．赵英丽，注．武汉：崇文书局，2017．

聪明正直而壹者也，依人而行”①，即认为人事不决定于“神意”“天命”，“天命”依人的意志而行。受这种理性思潮的影响，儒家思想的代表人物对“天命”的态度比较理性，认为“天”和人可以和谐相处。孟子关于“尽心、知性、知天”②以及“诚者，天之道；思诚者，人之道”③的观念，代表了心性论意义上的天人合一趋向。荀子的“天地生君子，君子理天地。君子者，天地之参也，万物之总也”④，“天有其时，地有其财，人有其治，夫是之谓能参。舍其所以参，而愿其所参，则惑矣”⑤，都既肯定了人与天的区别，同时又肯定了人可以参与天地自然的变化，肯定了人在自然界的地位和作用，注意到人与自然的统一性。荀子还强调了人在保持与自然的生态和谐方面应该坚持的一些行为原则，如“草木荣华滋硕之时，则斧斤不入山林，不夭其生，不绝其长也。鼋鼍、鱼鳖、鳅鳝孕别之时，罔罟毒药不入泽，不夭其生，不绝其长也。春耕、夏耘、秋收、冬藏四者不失时，故五谷不绝，而百姓有余食也。污池渊沼川泽，谨其时禁，故鱼鳖优多，而百姓有余用也。斩伐养长不失其时，故山林不童，而百姓有余材也”⑥。荀子认为，人们应该以顺应自然规律为基础，展现自身的主观能动性。荀子的这种思想，在《易传》中也有反映，《易传·文言》将它概括为：“大人者，与天地合其德，与日月合其明，与四时合其序，与鬼神合其吉凶。先天下而天弗违，后天而奉天时。”⑦显而易见，儒家主张人与自然之间的融合而不是对立。合的方式是在对自然规律进行把握基础之上的顺应和利用，即荀子所说的“所志于天者，已其见象之可以期者矣。所志于地者，已其见宜之可以息者矣。所志于四时者，已其见数之可以事者矣。所志于阴阳者，已其见知之可以治者矣”⑧。儒家代表人物的思想并未表现出控制或破坏大自然的倾向。他们强调人的主观意识，以合理掌握和利用自然规律为基础，实现人与自然的和谐共处。

保持人与人之间的和谐，力求建立良好的社会秩序，也是儒家一直追求的目标。儒家把求“和”作为处理人与人，特别是个体与群体之间关系的基本准则。

---

① 左丘明．左传[M]．赵捷，译．赵英丽，注．武汉：崇文书局，2017.

② 乐胜奎，李晓溪．中国文化元典选读[M]．武汉：崇文书局，2016.

③ 唐麒．中国名人名言总集[M]．长春：时代文艺出版社，2004.

④ 荀子．荀子[M]．沈阳：万卷出版公司，2009.

⑤ 荀子．荀子[M]．沈阳：万卷出版公司，2009.

⑥ 荀子．荀子[M]．沈阳：万卷出版公司，2009.

⑦ 赵安军．易经译注[M]．西安：三秦出版社，2018.

⑧ 荀子．荀子[M]．沈阳：万卷出版公司，2009.

“和”是实现“修身、齐家、治国、平天下”[①]的重要因素。孔子继承了这一传统，强调“礼之用，和为贵”[②]，认为礼的作用在于实现人与人之间的和谐。如何实现“和”？孔子认为要实现“和”的目标，就必须严格要求自己，宽容对待别人。孔子说：“躬自厚而薄责于人，则远怨矣。”[③]如果一个人对自己要求很高，对别人很宽容，别人就会少抱怨。如果我们能够理解他人，协助彼此，彼此之间充满着仁和友善，就不会有抱怨的存在。孟子亦说：“爱人不亲反其仁；治人不治反其智；礼人不答反其敬。行有不得者，皆反求诸己。”[④]换句话说，当我们的行为未能达到预期结果时，不应该责怪他人，而是应该自我反省并从自身方面寻找原因。荀子则说：“故君子之度己则以绳，接人则用抴（通‘拽’）。度己以绳，故足以为天下法则矣。接人用抴，故能宽容，因求以成天下之大事矣。”[⑤]通过以仁治理人、以义治理我，促进个体和群体之间的和谐相处。对此，唐代思想家韩愈在《原毁》一文中大力肯定：“古之君子，其责己也重以周，其待人也轻以约。重以周，故不怠；轻以约，故人乐为善。”[⑥]

儒家主张严格要求自我，但对他人宽容善良，不仅涉及美德和修养，也是一种伦理追求和境界，即人己和谐。这是因为，个体只有通过提高道德修养提升自己的思想境界，以群体的利益为个体行动的出发点，将个人的价值与维护社会整体利益联系起来，时时顾及他人的利益、考虑他人的感受，才能形成和谐的人际关系。不过儒家所说的群体，虽然也包括社会上的其他人，但主要指的是家族。追其根本，这是中国古代社会结构导致的。首先，中国古代社会以宗族血缘关系为基础，家族是构成个体生活的基本元素，而非个体，个体是群体的组成部分，只有通过群体，个体才能发挥自己的作用。因此形成的道德哲学强调整体和群体的价值观和和谐性，较少关注或忽略了个人价值和个人意愿。在儒家思想中，“人”的含义以群体为基础。在社会和家族的道德关系中，每个人都有自己的权利和义务。伦理是道德体系的关注点，所有的道德标准和规定都旨在维护伦理秩序、促进社会和谐与统一，而不是个人或个性的发展。其次，中国古代的家庭和国家不可分割，使得儒家思想注重集体的价值观。群体价值观认为家族是最主要和基本

---

① 朱祖延．引用语大辞典（增订本）[M]．武汉：武汉出版社，2010．
② 孔子．论语[M]．杨伯峻，杨逢彬，注译．长沙：岳麓书社，2018．
③ 孔子．论语[M]．杨伯峻，杨逢彬，注译．长沙：岳麓书社，2018．
④ 孟子．孟子[M]．哈尔滨：北方文艺出版社，2019．
⑤ 荀子．荀子[M]．沈阳：万卷出版公司，2009．
⑥ 韩愈．唐宋八大家散文[M]．四川：天地出版社，2022．

的群体。在先秦时期的社会中，人们最基本的伦理以血缘家庭关系为基础。在儒家伦理学体系中，家庭关系尤为重要。家庭关系包括父子、兄弟、夫妻等形式。可以说，儒家道德伦理的核心是仁义，以家庭为基点，追求的最终目标是让家族内部和谐有序。这些都充分彰显出其心性论意义上的“天人合一”，从侧面体现出中国儒家伦理的和谐性。

四、实践性

儒家伦理道德的一个重要特点是在现实生活中应用以维护社会秩序。任何一种道德学说，只有立足于现实、落实到具体的社会实践，才能为人们所遵循，从而发挥出伦理道德规范应有的作用。儒家贯彻积极的入世精神，注重道德修养的现实性，主张以积极的态度关心现实，投身于现实，在现实中实现自己的理想抱负。儒家注重社会实践的特色，主要体现在它的修身与处世道德哲学中。

首先，以修身为先。从儒学创立之初，孔子就十分重视实践。与道家的老子、庄子相比，孔子和孟子的学说缺乏高度的思辨性，他们往往针对现实生活，通过总结人们的日常生活体验，讲述许多平实的人生道理，因此，这些道理就很容易被人们接受，落实到人们的现实生活中。《论语》中多有这种平淡而真确的生活格言，体现在许多“以实事程实功”[①]的实践行为和日常生活中，而不求精妙抽象的思辨体系，因为那并不能解决生活中的具体问题和现实疑难。理论毕竟是灰色的，而现实之树常青。这是时贤们对儒学达成的共识之一。虽然孔子的理念并未完全被统治者接受，但他依旧在各地游历，不断传播和推广自己的主张。这种勇于冒险、鼓舞人心的实践精神，对于儒家思想后来的演进产生了深远影响。

尽管孔孟关于伦理道德实践的观点非常重要，但是他们尚未建立起一个完整的体系。《大学》是能够将儒家伦理道德付诸实践的重要文献。《大学》作为《礼记》的一部分，后来才分离出来。《大学》的基本思想在先秦时期已具雏形，因此该书可看作对先秦儒家思想的总结。《大学》在开篇就表达了观点：“大学之道，在明明德，在亲民，在止于至善……古之欲明明德于天下者，先治其国；欲治其国者，先齐其家；欲齐其家者，先修其身；欲修其身者，先正其心，欲正其心者，先诚其意；欲诚其意者，先致其知，致知在格物。格物而后知至，知至而后意诚，意诚而后心正，心正而后身修，身修而后家齐，家齐而后国治，国治而后天下平。

① 李泽厚．伦理学纲要续篇[M]．北京：生活·读书·新知三联书店，2017．

自天子以至于庶人，壹是皆以修身为本。”[①]“格物”是诸条目中的起点，其余七条按照逻辑顺序依次列出。为什么“壹是皆以修身为本”？这归因于儒家以道德为核心的立身和治国之道，认为所有人类活动都受道德标准约束，所以从一定的意义上说，它所讲的实践，主要是道德实践。“格物”“致知”与认知有关，关注主体与客体的认知，但儒家并不仅将它们看作知识理论的一部分，而把它规定为道德的活动。这对后世产生了广泛的影响，例如宋代的朱熹，就把“格物致知”解释为“即物穷理”“穷理尽性”，其认识对象世界并非为了获得关于世界的客观性知识，而是为了印证主体自身的道德本性。于是认识活动就成了主体道德修养的一个组成部分，求真即求善，认识的完成就是道德目标的实现，于是道德修养也就成为人类最基本的实践活动。

在儒家伦理思想中，品德的主体是道德，是人的自觉行为，换句话说，道德实践是主体自己的选择。人的善恶行为完全由自身决定，不是由他人决定。在他们看来，一个人只有努力提高自身的道德境界，养成良好的道德素质，方可以在社会中立足。同样，一个人只有拥有完善的道德，才有足够的人格力量去影响、感染、教化他人。故孔子说：“不能正其身，如正人何？”“其身正，不令而行；其身不正，虽令不从。”[②]“政者，正也。子帅以正，孰敢不正？”[③]因此，主体的道德修养是建立良好的人际关系从而经世济民、治国安邦的前提条件。

儒家道德修养的目的，是以自己的道德力量造福于他人和社会。所以它提倡以仁义立身，以仁义行天下，独善其身是前提，兼善天下才是道德修养的目的。道德之价值性，就在于人的本性及其行为中有善，即可造福于他人，有益于社会。如果一个人把自身的善仅仅局限于独自的生活和精神，对他人与社会漠不关心，那么，他就不是一个纯粹的、完善的人。人的道德完善在本质上是与他人、社会的发展联系在一起的。人不仅要内得于己，也要兼及于他人，兼及于人在一定意义上是检验一个人是否真正内得于己的重要条件，

其次，兼济天下。儒家的伦理实践中，最先关注的是家庭领域，即“齐家”。在中国古代社会中，血缘家族是组织单位，整个社会体系的建立基于家族。因此，家庭关系是构成社会最基本的关系。家庭是个体最先接触道德和知识的小型社会，也是个人生活的基本场地。家庭关系是一个人需要优先处理好的人际关系。我们可以把儒家的伦理道德理解为将亲情原则从家庭关系扩展到社会。古代农业社会

① 蒋维乔．宋明理学纲要[M]．长春：吉林出版社，2017．

② 孔子．论语[M]．杨伯峻，杨逢彬，注译．长沙：岳麓书社，2018．

③ 孔子．论语[M]．杨伯峻，杨逢彬，注译．长沙：岳麓书社，2018．

所遵循的基本道德准则：从父母的慈爱和子女的孝顺中得出了君主对臣民的仁慈和臣民对君主的忠诚；由父慈子孝演绎出君仁臣忠，由兄友弟恭演绎出朋友有义，加上夫义妇顺。另外，以社会伦理与家庭伦理为前提，维持家庭和睦是保持社会和谐及秩序的基石。《大学》中提到了“欲治其国者，先齐其家”[①]，意思是说只有先将家庭治理好，才能管好整个国家。因此，家庭的稳定和和谐是实现国家治理的基础和前提。然而，拥有和睦的家庭并不意味着就能治理好整个国家。要使道德理念完善，不仅要注重个人修养，更要“兼善天下”。因此，伦理实践不应局限于个人素养，还必须与社会的整体进步关联。孔子弘扬仁，不仅涵盖了情感和行为方面，强调把“爱人”的道德准则贯穿于社会生活中，旨在“泛爱众，而亲仁”[②]，关注民众的痛苦，为社会福利努力。孟子综合了孔子的思想，并归纳为“仁政”，他进一步解释说，“老吾老，以及人之老，幼吾幼，以及人之幼，天下可运于掌”[③]，且指出了儒家修养的最高境界和道德实践的最高目的在于“修身、齐家、治国、平天下”[④]。这一价值取向，在历史上不断激励着仁人志士积极投身于社会生活，关心和参与政治。不过，孔子、孟子又指出，这种价值选择与社会的政治环境有一定关系。孔子主张“天下有道则见，无道则隐”[⑤]，孟子主张“穷则独善其身，达则兼善天下”[⑥]，说明其实践性品格也具有历史的相对性。孔子和荀子都曾直接参与政治，并实践他们的政治理念。孔子尝试了政治实践却未能达到预期，于是采用教育实践来间接地传授思想，获得了惊人的成就。孔子去世后，子夏传承其教诲，在两河长期教学，培养了许多学生，其中不少成了政治家、军事家和社会改革家。据文献记载，子夏的弟子中有魏文侯、李悝、吴起等，他们都是那个时代在社会变革中大显身手的人物。

最后，知行统一。儒家道德的实践性，更多地体现在道德修养的具体实践活动中，强调学、思、行并重，知行统一。孔子要求学生对所学文化知识，要经常地温习和实践，鼓励学生在实践的过程中，提高认知能力与道德的实践能力。孔子对恪守道德规范的言行大为赞赏，倡导在道德的实践过程中，真诚恭敬，始终

① 彭健．中华传统美德的守望与接力 [M]．北京：新华出版社，2022．
② 孔子．论语 [M]．杨伯峻，杨逢彬，注译．长沙：岳麓书社，2018．
③ 孟子．孟子 [M]．哈尔滨：北方文艺出版社，2019．
④ 朱祖延．引用语大辞典（增订本）[M]．武汉：武汉出版社，2010．
⑤ 孔子．论语 [M]．杨伯峻，杨逢彬，注译．长沙：岳麓书社，2018．
⑥ 孟子．孟子 [M]．哈尔滨：北方文艺出版社，2019．

如一。孔子曾说，“听其言而观其行”①。判断一个人是否为有德之人，不能光听凭其言论，还要观察他的实际行动，看他能否做到言行一致。孔子还说：“有君子之道四焉：其行己也恭，其事上也敬，其养民也惠，其使民也义。”②“君子之道”更多地体现在具体的道德实践过程中，体现在恭、敬、惠、义等道德规范的实践应用过程中。孟子继承了孔子注重实践的传统，指出：“爱人不亲反其仁，治人不治反其智，礼人不答反其敬。行有不得者，皆反求诸己，其身正而天下归之。”③“求诸己”的道德修养论强调道德主体在社会实践过程中，通过内省反思，纠正过错、提高道德修养水平，为理想社会的实现做出自己的贡献。要能够做到“反身而诚”，同时要勉力而行，推己及人，这样就离仁德不远了。荀子也十分重视道德的实践性，荀子说：“不闻不若闻之，闻之不若见之，见之不若知之，知之不若行之。学至于行之而止矣。”④荀子所说的“知”包括礼仪，也包括对道德准则的认识和掌握，他认为对道德礼仪的认识固然重要，但是对道德礼仪的实践更为重要。只有付诸实践，才能达到认识和修养的最高境界。

第二节　儒家伦理思想的体系

儒家的伦理思想起源于春秋战国时期社会制度的大变革，它是一种道德哲学理论。它延续并拓展了中国上古文化，尤其是自西周以来的历史文化，适应了新的社会结构和关系。因此，儒家伦理观念体系有其独特性，这深刻地影响了中国古代的社会组织、政治制度、哲学思想和宗教信仰等。

一、伦理与宗教的结合

伦理与宗教的结合是儒家伦理思想体系的重要特色。虽然儒家文化具有鲜明的人本主义价值趋向，强调理性和道德自觉，但是儒学自产生之初就与殷周以来的宗教传统有着密不可分的关系，且在后来的发展过程中，也始终没有与这种宗教传统彻底决裂。关于儒家思想与宗教的渊源关系，典型体现在“儒”的起源上。孔子对儒的发展，及其对儒与宗教的分化有明确的认识。也是基于这种明确认识，

① 孔子．论语[M]．杨伯峻，杨逢彬，注译．长沙：岳麓书社，2018．

② 孔子．论语[M]．杨伯峻，杨逢彬，注译．长沙：岳麓书社，2018．

③ 孟子．孟子[M]．哈尔滨：北方文艺出版社，2019．

④ 荀子．荀子[M]．沈阳：万卷出版公司，2009．

孔子对子夏说："女（汝）为君子儒，无为小人儒。"[①] 这实际上是在春秋时代对儒这一社会阶层进行道德品位的提升，促进了传统儒的分化，由此创立了儒家学派。事实上，孔子对促进儒学发展的贡献，集中体现在以伦理道德思想、人本主义思想改造传统的宗教思想。

首先，孔子不再坚持以往宗教的神灵崇拜，而是采取了"敬鬼神而远之"的态度。孔子对鬼神的态度是理智的，他主张人们不要过多关注那些还难以说清的超现实之外的事情，而应把注意力放在社会人事方面，特别是把现实生活中的德性修养和道德实践看得更为重要。因此，可以说，孔子的学说主要是围绕着现实而展开的。儒学本质上是人学，而不是神学。孔子将宗教对上帝、神灵、鬼神的崇拜转化为对道德至上性的追求，并对传统宗教观念进行改造。这就是儒家伦理思想体系之所以具有强烈的人文性的根本原因。

其次，儒家对天、天命、天道的改造。在以往的宗教传统中，最为突出的是对"天""天帝"的论述。"天""天帝"往往被看作万物的主宰，看作至上神，认为它决定着万物以及人类的命运。而到儒家这里，特别是在孔子、孟子等人的思想中，虽然还保留了天命的权威性和至上性，如《论语・季氏》："君子有三畏：畏天命，畏大人，畏圣人之言。"[②] 但是，他们将天命抽象为带有客观规律性的"命运"，更多的是从人道的立场去谈论它。如孔子云："道之将行也与？命也；道之将废也与？命也。"[③]"天何言哉？四时行焉，百物生焉，天何言哉？"[④] 子夏说："死生有命，富贵在天。"[⑤] 孟子说："顺天者存，逆天者亡。"[⑥] 这些论述中，"天""天命"的至上神的意义已相当淡化。总的来看，在孔子、孟子等儒家思想家那里，"天"更多地被赋予了道德的至上性，是道德之源、价值之本，如孟子说，"诚者，天之道也；思诚者，人之道也"[⑦]，"尽其心者，知其性也；知其性，则知天矣"[⑧]。将人道与天道相贯通，认为至善之天决定了人具有善的本性，于是"天"具有了强烈的人文主义色彩。所以，他们谈及伦理，谈及道德，一般不是从天、上帝出发的，而是或者从人性出发（如孔子、孟子），或者从礼出发（如荀子）。不过，这方面

① 孔子．论语[M]．杨伯峻，杨逢彬，注译．长沙：岳麓书社，2018．
② 孔子．论语[M]．杨伯峻，杨逢彬，注译．长沙：岳麓书社，2018．
③ 孔子．论语[M]．杨伯峻，杨逢彬，注译．长沙：岳麓书社，2018．
④ 孔子．论语[M]．杨伯峻，杨逢彬，注译．长沙：岳麓书社，2018．
⑤ 孔子．论语[M]．杨伯峻，杨逢彬，注译．长沙：岳麓书社，2018．
⑥ 孟子．孟子[M]．哈尔滨：北方文艺出版社，2019．
⑦ 孟子．孟子[M]．哈尔滨：北方文艺出版社，2019．
⑧ 孟子．孟子[M]．哈尔滨：北方文艺出版社，2019．

的思想尚不够彻底，有时仍然保留着明显的宗教色彩。因此，儒家虽将宗教观念中上帝、天的“至善”提升和转化为人性道德上的“至善”，但是，仍然为宗教保留着余地，从而使儒家的伦理思想具有某种神秘主义的色彩。

最后，儒家对丧祭之礼的改造。丧祭之礼在传统礼仪当中具有突出的宗教特征，也是儒家宗教性的重要标志。儒家伦理的宗教性也与此有关。孔子及历代儒家均十分重视丧祭之礼，在这方面有过诸多的论述。《论语·阳货》记载孔子与宰我在讨论关于“三年之丧”的问题时说：“子生三年，然后免于父母之怀。夫三年之丧，天下之通丧也，予也有三年之爱于其父母乎！”① 孔子从人们内心的情感体验出发阐述“三年之丧”之礼的必要性，认为所以有“三年之丧”之礼，是由父母与子女之间的亲情所决定的。这种从人内心的情感需求来诠释外在的丧礼的方法，具有一定的合理性，既贴切人世间的生活实情，也消解了以往丧祭之礼所具有的某种宗教神秘性，而且也将现实社会中的伦理规范与人的心理需求结合起来了。基于这一理论，孔子又说，“祭思敬，丧思哀”②，“祭如在，祭神如神在”③。这些也是从社会生活的实情、从人的情感出发的，从而把宗教感情与道德理性融合在了一起。

综上，儒家的伦理思想与殷周时期的宗教传统有着深刻的内在渊源关系。同时，自孔子以来，又屡屡对以往的宗教传统加以改造，特别是对上帝、神灵、祭礼等核心内容加以改造与转化，遂使儒家伦理思想体系具有了更多的人文性与道德性。

二、伦理与宗法关系的结合

融合宗法和伦理，形成了以“孝”为核心的儒家伦理思想。中国古代社会在迈入文明时代时经历了一条不同于古希腊与罗马的特殊路径，家族关系依旧完整，成为国家存续的关键基石，国家与家族融合，是“家国一体”模式。在中国古代，政治伦理思想体系和宗法制度是互相关联的，这种特征诞生于家国一体的社会环境，反映了尊重家族道德原则的文化特征。

宗法制度对儒家伦理道德的影响主要体现在以下几个方面。第一，它规范了儒家伦理道德的基本原则和行为准则的性质和特点，父子有亲、君臣有义、长幼

① 孔子．论语[M]．杨伯峻，杨逢彬，注译．长沙：岳麓书社，2018．

② 孔子．论语[M]．杨伯峻，杨逢彬，注译．长沙：岳麓书社，2018．

③ 孔子．论语[M]．杨伯峻，杨逢彬，注译．长沙：岳麓书社，2018．

有序等宗法观念的目的是维护血缘关系和等级特权，它们始终是伦理道德的基本原则。第二，社会模式应该符合儒家伦理思想精髓中的“内圣外王”学说，个人通过“修身、齐家、治国、平天下”[①] 演绎了由孝至忠、忠孝结合的过程，将道德作为政治的基础，实现了道德生活和政治生活的完美融合。第三，古代中国先秦时期的伦理道德观念中，维护血缘宗族的孝悌等伦理道德规范至关重要。《孟子·滕文公上》所列关乎“人伦”的五个条目“父子有亲，君臣有义，夫妇有别，长幼有叙，朋友有信”[②] 中，父子关系、夫妇关系、长幼关系都是宗法等级制的要求，君臣关系则是前三种关系在政治生活中的延伸。可以说，儒家伦理基本上是围绕“孝”来展开的。第四，在伦理思想的体系架构上，始终以敬天法祖为中心，以“天人合一”为思维模式，从天人关系中探索道德的缘起及论证体现宗法关系的伦理道德的合理性和神圣性。《易传·序卦》展示了一幅能够体现这种思想观念的伦理建构图：“有天地，然后有万物；有万物，然后有男女；有男女，然后有夫妇；有夫妇，然后有父子；有父子，然后有君臣；有君臣，然后有上下；有上下，然后礼义有所错。”[③] 其指出人类由自然所生，最初只形成“男女”这种主要还是动物性的群体婚姻，一夫一妻制出现后，才有了社会的人伦关系；夫妇关系明确后才有了确定的“父子”之间的人伦关系，父子关系是家国一体的国家结构建立的基础，有了君臣这种国家结构中最重要的角色，才有了建立社会的上下尊卑伦理秩序的必要，于是礼仪之类的政治伦理原则才得以确立。可见，“五伦”的设计，既合天则，又合人伦，由此儒家学者找到了中国古代社会中伦理关系确立的基础，同时确立了处理各种人伦关系的原则，即“人伦之理”。

中国古代宗法伦理的本质特征着重表现在维护亲亲、尊尊的“孝亲”观念。孔子认为，“孝慈则忠”[④]，对父母孝顺，对年幼者慈爱，就可忠诚。孝和慈作为血缘家族中的生活准则，不断演变为儒家的核心政治伦理。它被视为忠诚和治理的基础和要点，这种伦理原则已经从家庭扩展到社会和政治生活领域，不仅仅是家庭内部关系的道德指导，还是社会行为的一般性准则。儒家思想中，五伦包括君臣关系和父子关系，纳入“孝”的适用范围，完全是适应了宗法等级制度的要求。《论语·颜渊》记载孔子在与齐景公对话时提出“君君、臣臣、父父、子

---

① 朱祖延．引用语大辞典[M]．增订本．武汉：武汉出版社，2010．

② 王其俊，孙聚友．传统礼俗与现代社会生活[M]．济南：济南出版社，1998．

③ 汪文学．中国传统人伦关系的现代诠释[M]．贵阳：贵州人民出版社，2019．

④ 孔子．论语[M]．杨伯峻，杨逢彬，注译．长沙：岳麓书社，2018．

子”[①]，把君臣、父子关系并列，这一点很重要，进一步印证了家国一体结构下的基本社会伦理关系是父子与君臣。《中庸》则把夫妇关系放在了重要的位置：“君子之道，造端乎夫妇，及其至也，察乎天地。”[②]“君子之道”缘于家庭结构的核心要素——夫妻关系，父子、兄弟由此而衍生，“有夫妇然后有父子，有父子然后有君臣”，因此，在讨论“家”时，必须强调夫妻关系的重要性，探究“君子之道”需要从夫妻关系出发。同时《中庸》也将君臣、父子、夫妇、朋友关系并举，提出“五伦”的社会关系说，将君臣和朋友关系视为家庭内部关系，与家庭关系等同看待。在宗法制度主宰的社会中，几乎所有社会关系都带有血缘关系的特征，受到宗法道德观念的影响。父子、君臣和朋友关系说明了“五伦”之间的联系，而且因为孝道原则的支配，这些关系也被纳入家庭伦理关系的范围，包括与政治和社会有关的君臣和朋友关系。可以说，“忠君”的原则是“孝亲”的推广和扩展。

三、伦理学与哲学的一体化

将哲学和伦理融合，是儒家道德体系的一个显著特征。一方面，在先秦时期，儒家的哲学问题和伦理学问题密不可分，其内容和概念系统相互交叉；另一方面，哲学研究以人伦道德关系为起点，论证人伦道德关系，涉及本体论，涉及认识论、人性善恶、道德修养以及道德教育等诸多议题。

中国古代思想传统中，天人关系一直是思想家们的重要议题，孕育了多种理论学派。一些人支持“天人合一”，另一些人主张天人分开。有人支持“天人合一”，但也包含众多意义，涵盖形而下宇宙论的“天人同构”“天人同类”“天人和谐”，也包括形而上本体论的“天人一体”“天人合德”的思想。在儒家思想中，就主流精神而言，“天人合一”基于道德心性论所建立的“天人一体”，旨在为人类生命的存在确立一个形而上学的基础。即使如主张“天人相分”的荀子，其在政治伦理和道德心性方面也没有脱离“天人合一”的思路。总之，儒家自孔孟以来，其关于天人关系论述的主流，都是在道德心性的基础上和系统内讲天人合一，“天”被赋予了伦理道德的属性。

事实上，在儒家的思想体系中，天道与人道始终没有严格分离。

孔子认为天命和人伦是密不可分的，这种理论近似于“天人合一”的表达方

① 孔子．论语[M]．杨伯峻，杨逢彬，注译．长沙：岳麓书社，2018．
② 陈明，邓中好．国学经典200句[M]．武汉：长江文艺出版社，2013．

式。一般而言，“仁”是与生俱来的道德信仰，因此孔子将“仁”定义为个人情感：“我欲仁，斯仁至矣。”① 在《论语·季氏》中，孔子提到了“君子三畏”②，其中“畏大人”是因为王公大人被“天”赋予了神圣的地位和职责，值得人们尊敬和畏惧。“畏圣人言”的原因在于他们代表了道德，他们的言论代表道德原则，值得敬重。“畏天命”与“畏大人”“畏圣人之言”在观念上具有相似之处，三者结合在一起也就是天命和道德的结合，这也说明“仁”不仅仅是一般的道德规范和行为准则，而且具有世界观的哲学意义。同样，也使得“命”带有伦理道德方面的内涵。

中国古代思想史认为“天”与“人”具有自然和社会属性，这在一定程度上抑制了哲学家对自然哲学领域的研究，同时也加强了以伦理道德为基础的哲学思想。孔子之后的时代开始将天人关系演化为天道和人性的关系，人性问题越来越受关注，成了道德的理论基础以及沟通天人关系的媒介。子思根据天、命、性、情、道的逻辑关联，得出了结论——“性自命出，命自天降。道始于情，情生于性”③。人性由上天给予，体现为先天的好恶，即内在的喜怒哀乐，这些表现在外部，就称为情，而当一个人的情感与内心的中和相符合时，则符合道德规范，性合乎中节便是道。这种方法是从人的天性出发来探讨性的方法，类似于自然人性论，开辟了天人关系的新视角。

孟子进一步认为，“尽其心者，知其性也。知其性，则知天矣。存其心，养其性，所以事天也”④，探讨了新的道德观念，基于逻辑顺序阐述了尽心、知性、知天的概念，以道德心性模式阐述天人关系。据孟子的看法，每个人都有天生的道德理性，在人性上体现为“善”，故人都有仁、义、礼、智“四德”。尽心即充分使善良拓展，以“知性”，进而“知天”，达到天人合一的道德高度。孟子开创的“天人合一”思想，是儒家伦理思想史上的里程碑。

第三节　儒家思想与其他伦理思想的对比

在中国古代，春秋战国时期的思想最为活跃。在社会政治环境剧烈变化的背景下，儒、道、法等不同学派相继提出自己的理论观点，进行激烈的辩论和交锋。

① 孔子．论语[M]．杨伯峻，杨逢彬，注译．长沙：岳麓书社，2018．
② 孔子．论语[M]．杨伯峻，杨逢彬，注译．长沙：岳麓书社，2018．
③ 许建良．中华传统美德的现代传扬[M]．南京：东南大学出版社，2021．
④ 孟子．孟子[M]．哈尔滨：北方文艺出版社，2019．

伦理思想的不同流派针对道德观、义利观、公私观、爱、忠、孝等伦理范畴都有各自不同的阐述，因此存在着明显的差异。以下拟将儒家伦理思想与其他诸家择要做一比较。

一、与道家伦理思想之比较

司马迁的《史记·老子韩非列传》云："世之学老子者则绌儒学，儒学亦绌老子。'道不同不相为谋'，岂谓是邪？"[①] 此语虽然说的是汉初的思想状况，但也可以窥见自战国中期以来儒、道之间思想交锋对峙的情况。对于儒、道两学派而言，"道不同"也体现在其伦理思想上。故而，这里拟从道德观、修养论、义利观三个方面揭示两学派伦理思想的不同。

（一）道德观

儒家所说的道德，是以仁、义为核心的伦理规范，即仁义之道，这是儒家所倡导的人们应该遵循的基本道德规范。孔子、孟子都肯定人有基本的应该遵循的道德规范，这一道德规范最核心的是仁与义。儒学认为，礼仪文明、仁义道德，本身是天道运行的结果，也是社会演进的必然产物。在儒家看来，这些社会规范乃天地万物逐步演化的产物，它们的存在有其合理性、必然性。

老子（见图 1–3–1）则提出了与儒家完全不同的道德观。老子所说的"道"是指宇宙最根本的法则，自然界和人类都应听命于这个最高的道，他说："人法地，地法天，天法道，道法自然。"[②] 是说天、地、人都应该以道为法则，而道的本性则是自然，即"无为"。老子所说的"德"是指人的本性或品德等一切都要遵循自然原则，即保持自然的、本真的状态。遵循自然的本性和规律，是老子的基本观念。由此，老子认为，他所说的道德是与儒家的仁义之道相对立的，儒家的仁义之道，不但不合于自然，而且是自然之道丧失之后的结果，是对大道的背离。在老子看来，儒家所肯定的所谓体现社会文明的仁义忠孝之类的道德原则、道德规范，都是"大道"丧失之后的产物，都是自然本性被破坏的结果，这些不仅不是人类文明的标志，反而是人类社会走向堕落的原因。要真正回归到人类本真的状态，必须反其道而行之，取消这些所谓的伦理道德。故："绝圣弃智，民利百倍；绝仁弃义，民复孝慈；绝巧弃利，盗贼无有。"[③] 取消这些规范，放弃已有的"文

① 司马迁．史记 [M]．蔡琳杉，译．北京：北京联合出版公司，2015.

② 王家春．画说道德经 [M]．北京：人民美术出版社，2020.

③ 袁振保．中华民族的传统思维方式 [M]．北京：北京时代华文书局，2016.

明”，做到“见素抱朴，少私寡欲”①，人才能回归到自然、质朴、本真的状态，才合乎大道。

图 1-3-1　老子

从道德评价上说，儒与道也是根本不同的。儒家以“善”为基本的价值取向。孔子说：“择其善者而从之，其不善者而改之。”② 又说：“举善而教不能，则劝。”③ 孔子评价《韶》，说：“尽美矣，又尽善也。”④ 而评价《武》，则说：“尽美矣，未尽善也。”⑤ 又说：“见善如不及，见不善如探汤。”⑥ 孔子评价事物是有原则的，善则善之，恶则恶之，善恶分明，坚持反对那种不讲原则的“乡愿”态度。但是老子则以自然原则为评价的基本标准，在善恶问题上，主张“圣人无心，以百姓心为心。善者吾善之，不善者吾亦善之，得善”⑦。他主张“无心”“以百姓心为心”⑧，自己像一个小孩子，无知无欲，当然也就没有是非的标准和原则。按老子的话说，就是“挫其锐，解其纷，和其光，同其尘”⑨。到了庄子，则更是远离是非之分，

① 刘康德. 老子鉴赏辞典 [M]. 上海：上海辞书出版社，2010.
② 孔子. 论语 [M]. 杨伯峻，杨逢彬，注译. 长沙：岳麓书社，2018.
③ 孔子. 论语 [M]. 杨伯峻，杨逢彬，注译. 长沙：岳麓书社，2018.
④ 孔子. 论语 [M]. 杨伯峻，杨逢彬，注译. 长沙：岳麓书社，2018.
⑤ 孔子. 论语 [M]. 杨伯峻，杨逢彬，注译. 长沙：岳麓书社，2018.
⑥ 孔子. 论语 [M]. 杨伯峻，杨逢彬，注译. 长沙：岳麓书社，2018.
⑦ 李耳. 老子 [M]. 李王波，巩洪波，译注. 长春：吉林人民出版社，2005.
⑧ 王家春. 画说《道德经》[M]. 北京：人民美术出版社，2020.
⑨ 李耳. 老子 [M]. 李王波，巩洪波，译注. 长春：吉林人民出版社，2005.

其基本态度就是“不谴是非，以与世俗处”[①]。甚至认为“彼亦一是非，此亦一是非”[②]。

在力命观上，孔子的“知其不可而为之”[③]、孟子所说的“申之以孝悌之义”[④]、荀子所说的“制天命而用之”[⑤]，都旨在强调人应该积极作为、刚健进取、行仁讲义，这样社会才能得到治理，人类才能走向文明。但是道家的主张则与此不同，其强调自然原则的同时，却抹杀了人的主观努力的意义，强调人们“惟道是从”，把天道的自然原则与人道的原则完全等同起来，而没有看到人类社会与自然的根本区别。“天地不仁，以万物为刍狗；圣人不仁，以百姓为刍狗。”[⑥]所说“天地不仁”，强调的是自然法则是不依人的意志为转移的，故对于人的生死祸福、富贵贫贱，皆任其自然，不加干预；所说“圣人不仁”，即作为道家心目中的圣人，也像对待自然界一样，视人如草木。老子的这种说法，事实上抹杀了人与自然的本质区别，否定了人的道德价值。庄子则进一步认为，人的一生“终身役役而不见其成功，　然疲役而不知其所归”[⑦]，一切都是命运使然。由此，他进而否定人的主观努力，把放弃人的主观努力、听天安命视为“至德”，说，“知其不可奈何而安之若命，德之至也”（《庄子·人间世》）。所以，他在天人观、力命观上的基本主张就是“无以人灭天，无以故灭命”[⑧]。

荀子对人与自然万物关系的论述，在一定程度上对道家提出了批评。他指出人与动物是俨然有别的。“人之所以为人者，非特以二足而无毛也，以其有辩也。夫禽兽有父子而无父子之亲，有牝牡而无男女之别。故人道莫不有辩。”[⑨]荀子认为，人区别于动物的根本之处，在于人有社会性从而形成“群”即人类社会，他说：“人力不若牛，走不若马，而牛马为用，何也？”曰：“人能群，彼不能群也。”人何以能群？曰：“分。”分何以能行？曰：“义。”[⑩]荀子的上述说法告诉人们，人与动物的根本区别，首先在于人有社会性，因而能够建立起有社会礼义法度等制度

---

① 庄子．庄子[M]．贾云，编译．西安：三秦出版社，2018．

② 庄子．庄子[M]．贾云，编译．西安：三秦出版社，2018．

③ 樊登．樊登讲论语　先进[M]．北京：北京联合出版有限责任公司，2021．

④ 彭健．中华传统美德的守望与接力[M]．北京：新华出版社，2022．

⑤ 廖名春．走近荀子[M]．济南：济南出版社，2020．

⑥ 赵杏根．老庄经典百句[M]．合肥：黄山书社，2009．

⑦ 庄子．庄子[M]．贾云，编译．西安：三秦出版社，2018．

⑧ 庄子．庄子[M]．贾云，编译．西安：三秦出版社，2018．

⑨ 荀子．荀子[M]．沈阳：万卷出版公司，2009．

⑩ 荀子．荀子[M]．沈阳：万卷出版公司，2009．

保障和仁义等道德规范的群体，从而能以社会群体的方式与自然界相抗争。其次，人具有认识和分析判断事物的思维能力，从而能够认识自然规律，分辨是非曲直。由此荀子肯定人“最为天下贵也”①。可见，儒家在力命观上与老子那种主张放弃人类文明而回到原始自然状态的理想追求相去甚远。总之，儒家强调人的社会性，而道家强调人的自然性，这是在社会伦理方面的根本不同。

（二）修养论

修养论是先秦儒、道伦理思想的核心，也最能体现两学派的差异所在。儒家伦理思想的核心是“仁”，其道德修养的目标在于达到“仁”的境界；而道家伦理思想的核心是“道”，其修养的目标在于明“道”，合于大道。以孔子、老子为例，在《论语》中，“仁”字出现110次，为孔子伦理学的核心与根本。孔子说：“志于道，据于德，依于仁，游于艺。”②在孔子那里，“道”虽然存在“天道”“人道”的区别；但是，“人道”才是其伦理学的根本所在，即所谓的“志于道”。“道”见之于社会行为的属性则为“德”，“仁”为“德”的根本，礼、乐、射、御、书、数“六艺”皆以符合“仁”道为准则。依此看，达“仁”则是明人道，这也是儒家成就君子、贤人乃至圣人的道德要求。而在老子的思想中，“道”不仅是宇宙万物的本体，也是道德修养的最高目标；不仅体现于万事万物之中，也具有成就万事万物的功用——“德”。故老子云：“道生之，德畜之，物形之，势成之。”③“道生之”，指万物由“道”而生，“德畜之”指万物形成后又靠自己的本性（道）而生长，即所谓“万物莫不尊道而贵德”④。据此知，在老子的思想中，明道、达道、尊道为其修养的最高目标。

如何达“仁”、明“道”？儒、道两学派又采取了不同的修养进路。儒家遵循了“中庸”的基本原则和“学”“思”结合的方法。孔子说，“中庸之为德也，其至矣乎！民鲜久矣”⑤，“不得中行而与之，必也狂狷乎！狂者进取，狷者有所不为也”⑥。在孔子看来，中庸是道德修养的基本原则，也是修养的“至德”。遵循“中庸”的原则，既可以不偏于“狂”，也能避免“狷”，以“中行”而行之。此即仁人、君子的修养要求，也是君子与小人之别的标志。如《中庸》云：“君子中庸，小人

---

① 荀子．荀子[M]．沈阳：万卷出版公司，2009．
② 孔子．论语[M]．杨伯峻，杨逢彬，注译．长沙：岳麓书社，2018．
③ 李耳．老子[M]．李王波，巩洪波，译注．长春：吉林人民出版社，2005．
④ 李耳．老子[M]．李王波，巩洪波，译注．长春：吉林人民出版社，2005．
⑤ 孔子．论语[M]．杨伯峻，杨逢彬，注译．长沙：岳麓书社，2018．
⑥ 孔子．论语[M]．杨伯峻，杨逢彬，注译．长沙：岳麓书社，2018．

反中庸。”[①] 如何通过实践中庸的原则而达仁？在儒家看来，需要学、思并进的修养方法。孔子说：“好仁不好学，其蔽也愚。”[②] 仅仅好仁不行，而重要的是要通过学习，“博学于文”，并进而去思考，不断俭省自己，不断地去“蔽”，从而提高自己的道德修养，所谓“见贤思齐焉，见不贤而内自省也”[③]。故而，在孔子看来，道德修养是一个要努力学习、不断反思的过程，《论语·为政》说：“吾十有五而志于学，三十而立，四十而不惑，五十而知天命，六十而耳顺，七十而从心所欲，不逾矩。”[④] 即一个人在十五岁时就要立志学道，再通过不断学习、反思，经历“不惑”“知天命”“耳顺”的历程，只有这样，才能达到“从心所欲，不逾矩”。这时，一个人不仅具有了成熟的人格，同时也达到了与天道契合、自由自觉的道德境界。

道德修养的基本方法是“为人由己”，即强调道德的自觉，孔子说：“君子求诸己，小人求诸人。”[⑤] 即强调道德修养应该是尽力要求自己而不去强求他人。又说：“为仁由己，而由人乎哉？”[⑥] 道德的修养主要靠自己的内在自觉，而不是要由别人去约束。由此孔子提出了“躬自厚而薄责于人”[⑦] 的要求，强调严于律己，宽以待人。孔子的弟子曾子说“吾日三省吾身”[⑧]，自我反省，是儒家道德修养的基本原则。不过这也是一个很高的境界，连孔子的得意门生颜渊，也只能做到“其心三月不违仁，其余则日月至焉而已矣”[⑨]。孟子强调“尽心”“求放心”“反求诸己”。《中庸》则强调“思诚”，说：“诚者，天之道也；诚之者，人之道也。”[⑩] 总之，内在自觉和主观反省，是儒家修养论的核心精神。

与儒家相较，道家则将“无为”作为修养的基本原则。老子主张将“至虚守静”“绝学弃智”作为基本的修养方法。认为“道法自然”，所谓的“自然”即遵循万物的本性，坚持“无为”的原则。但是“无为”并非一切无所作为，而是“无为而无不为”的意思。如《老子·三十八章》云：“上德不德，是以有德。下德

---

① 罗宇. 中庸思想新解 [M]. 北京：中国广播电视出版社，2014.
② 孔子. 论语 [M]. 杨伯峻，杨逢彬，注译. 长沙：岳麓书社，2018.
③ 孔子. 论语 [M]. 杨伯峻，杨逢彬，注译. 长沙：岳麓书社，2018.
④ 孔子. 论语 [M]. 杨伯峻，杨逢彬，注译. 长沙：岳麓书社，2018.
⑤ 孔子. 论语 [M]. 杨伯峻，杨逢彬，注译. 长沙：岳麓书社，2018.
⑥ 孔子. 论语 [M]. 杨伯峻，杨逢彬，注译. 长沙：岳麓书社，2018.
⑦ 孔子. 论语 [M]. 杨伯峻，杨逢彬，注译. 长沙：岳麓书社，2018.
⑧ 孔子. 论语 [M]. 杨伯峻，杨逢彬，注译. 长沙：岳麓书社，2018.
⑨ 孔子. 论语 [M]. 杨伯峻，杨逢彬，注译. 长沙：岳麓书社，2018.
⑩ 程皓月. 儒魂：当代儒家的新古诗 [M]. 北京：东方出版社，2021.

不失德，是以无德。上德无为，而无以为，下德为之而有以为。”[①]上德体现无为的原则，这是老子心目中具有至高修养境界的圣人行为，而圣人的活动则是“以辅万物之自然而不敢为”[②]。圣人按照“无为”的原则辅助万物自然运行，不加任何的主观造作。体现在修养方法上，老子主张“静观”“玄览”。“静观”，就是保持心的虚静，说“致虚极，守静笃”[③]。“虚”指“虚其心”，“静”指使心灵保持虚静的状态。通过“虚”“静”以明“道”，体会到宇宙的根本，故老子又云“归根曰静”[④]，“虚静”“归根”都是讲明道的途径与方法。“玄览”，即玄鉴，即只有把心这面镜子打扫干净，才能使之与“道”玄同。而做到这一点的根本方法是“无欲”，强调要“常使民无知无欲”[⑤]“我无欲，人自朴”[⑥]。要做到“无欲”，必须“绝学”“弃智”。“绝学”[⑦]，即不为种种巧智所误导，这样才能排除种种杂念欲望，从而达到与道为一的境界。故《老子》说：“绝圣弃智，民利百倍；绝仁弃义，民复孝慈；绝巧弃利，盗贼无有。”[⑧]老子这种“静观”“玄览”“无欲”“守静”的修养方法，虽然主要是服从于体道的需要，但在客观上否认了人的“耳目之实”和学思的理性实践，而且排斥了儒家所强调的仁、义、礼、智、忠、孝等伦理道德观念的认识和实践。此后庄子沿着老子的思路，更提出“心斋”“坐忘”的修养方法，把修养引向神秘主义的体道方向。显然儒、道在修养进路上呈现出两种不同的取向。不过，二者有一点是共通的，就是都强调对人的欲望加以制约、限制。

（三）义利观

义利观是中国传统伦理学中的重要主题，围绕义利观，不同的学派、不同的思想家展开了诸多的阐述。在先秦儒、道伦理思想中，也存在两种迥异的义利观。总体而言，儒家主张“以义制利”，而道家则主张“义利皆弃”。

首先，看儒家的义利观。“以义制利”是儒家义利观的基本精神。肇自孔子，经由孟子发展，至荀子则集其大成。在《论语》中，孔子讲“利”仅有6次，最

---

① 齐豫生，夏于全．老子庄子[M]．长春：北方妇女儿童出版社，2006．

② 袁洪江．道德经要义解读[M]．北京：华龄出版社，2022．

③ 李耳．老子[M]．李王波，巩洪波，译注．长春：吉林人民出版社，2005．

④ 李耳．老子[M]．李王波，巩洪波，译注．长春：吉林人民出版社，2005．

⑤ 袁洪江．道德经要义解读[M]．北京：华龄出版社，2022．

⑥ 蓝进．老子哲学[M]．青岛：中国海洋大学出版社，2019．

⑦ 叶舒宪．《庄子》的文化解析[M]．西安：陕西人民出版社，2020．

⑧ 李耳．老子[M]．李王波，巩洪波，译注．长春：吉林人民出版社，2005．

典型的为“子罕言利，与命与仁”[①]。为何孔子“罕言”利呢？这与孔子的义利观密切相关。孔子认为，对义与利所持的态度是区别君子与小人的重要标志，《论语·里仁》：“君子喻于义，小人喻于利。”[②]意即君子作为儒家的人格典范，将“义”作为处世的根本标准，而小人则相反。孔子说，“君子之于天下也，无适也，无莫也，义之与比”[③]，“君子义以为上”[④]，“君子义以为质”[⑤]，强调“义”具有内在价值，因此不必寻找义存在的道德根据。它所指的外部因素，主要是指利益。

可见，孔子将“义”提到高于“利”的地位，认为坚持“义”是君子应有的道德品格，以义制利是孔子处理义利关系的基本原则。作为君子、仁人，为了追求“义”，即使牺牲自己的生命也在所不惜，故孔子说：“志士仁人，无求生以害仁，有杀身以成仁。”[⑥]不过，孔子虽如此重视“义”，但并不是说孔子完全否认了“利”的价值和意义，他要说明的是，追求“利”要受“义”的制约，要以符合“义”为前提和标准。《论语》云：“君子谋道不谋食。耕也，馁在其中矣；学也，禄在其中矣。君子忧道不忧贫。”[⑦]君子之所以为君子，在于追求道，而不是饮食。如果认识到“以义为上”“以义为质”，那么，即便是“饭疏食饮水，曲肱而枕之”[⑧]“乐亦在其中”[⑨]；如果“不义而富且贵”[⑩]，则“于我如浮云”[⑪]。

孔子这种以“义”为上的义利观被后世儒家学者广泛继承。《孟子·尽心上》：“鸡鸣而起，孳孳为善者，舜之徒也；鸡鸣而起，孳孳为利者，跖之徒也。欲知舜与跖之分，无他，利与善之间也。”[⑫]显然，孟子继承了孔子以“义”区别君子与小人的思想，以“义”区分“舜之徒”（君子）与“瞭之徒”（小人）。同时，孟子也如孔子般重义弘道，如《孟子·告子上》云：“生，亦我所欲也；义，亦我所欲也，二者不可得兼，舍生而取义者也。”[⑬]当义、利不可兼得之时，孟子则强

① 孔子．论语[M]．杨伯峻，杨逢彬，注译．长沙：岳麓书社，2018．
② 孔子．论语[M]．杨伯峻，杨逢彬，注译．长沙：岳麓书社，2018．
③ 孔子．论语[M]．杨伯峻，杨逢彬，注译．长沙：岳麓书社，2018．
④ 孔子．论语[M]．杨伯峻，杨逢彬，注译．长沙：岳麓书社，2018．
⑤ 孔子．论语[M]．杨伯峻，杨逢彬，注译．长沙：岳麓书社，2018．
⑥ 孔子．论语[M]．杨伯峻，杨逢彬，注译．长沙：岳麓书社，2018．
⑦ 华杉．华杉讲透《论语》：下[M]．南京：江苏凤凰文艺出版社，2022．
⑧ 朱祖延．引用语大辞典[M]．武汉：武汉出版社，2000．
⑨ 朱祖延．引用语大辞典（增订本）[M]．武汉：武汉出版社，2010．
⑩ 乙力．中国古代名言警句[M]．西安：三秦出版社，2012．
⑪ 何伟俊．孟子的理想国[M]．桂林：广西师范大学出版社，2017．
⑫ 张定浩．孟子读法[M]．南京：译林出版社，2020．
⑬ 孟子．孟子[M]．哈尔滨：北方文艺出版社，2019．

调坚持“舍生取义”的原则。甚至孟子将“义”提高到治理国家的高度。如孟子回答梁惠王：“王何必曰利？亦有仁义而已矣。”① 至荀子，其义利观较之孔、孟更为丰富。和孔子、孟子一样，荀子也不否认“利”的存在，他说：“义与利者，人之所两有也。虽尧舜不能去民之欲利；然而能使其欲利不克其好义也。虽桀纣不能去民之好义；然而能使其好义不胜其欲利也。”② 荀子从人的生理本性出发，认为每个人的本性中均有对“欲利”的要求，这是不可磨灭的客观事实；但是，“欲利”虽不可磨灭，但并不意味着任其随意发展，而是需要用“义”来加以节制：“先义后利”“以义取利”。故荀子云，“君子之求利也略，其远害也早，其避辱也惧，其行道理也勇……此言君子之能以公义胜私欲也”③，“先义而后利者荣，先利而后义者辱；荣者常通，辱者常穷；通者常制人，穷者常制于人：是荣辱之大分也”④。在荀子看来，君子为了保全“义”应当不惧怕祸害，甚至可以不惜生命。值得注意的是，荀子看到了义、利统一的方面，《荀子·富国》云：“德必称位，位必称禄，禄必称用。由士以上，则必以礼乐节之；众庶百姓，则必以法数制之。量地而立国，计利而畜民，度人力而授事。使民必胜事，事必出利，利足以生民，皆使衣食百用出入相　，必时臧余，谓之称数。”⑤ 荀子认为，在治理国家的时候，应根据阶层的不同，采取不同的礼法，不能忽视“利”对治理国民的重要作用。只有为百姓谋利，才能义利并举，达到弘扬道义、兴盛天下的目的。可见，孔子、孟子、荀子等儒家学者均注重“以义制利”，将“义”作为道德实践和社会治理的重要原则。

其次，看道家的义利观。与儒家“以义制利”的伦理思想不同，道家则倾向于“义利皆弃”。在老子的思想中，最典型的论述如“绝圣弃智，民利百倍；绝仁弃义，民复孝慈；绝巧弃利，盗贼无有”⑥“大道废，有仁义”⑦ 等。显然，老子立足于“天道”，对仁义等具有功利色彩的伦理道德进行了强烈的谴责。老子这种思想也为庄子所继承。庄子云：“夫至德之世，同与禽兽居，族与万物并。恶乎知君子小人哉！同乎无知，其德不离；同乎无欲，是谓素朴。素朴而民性得矣。

---

① 孟子．孟子[M]．哈尔滨：北方文艺出版社，2019.

② 荀子．荀子[M]．沈阳：万卷出版公司，2009.

③ 荀子．荀子[M]．沈阳：万卷出版公司，2009.

④ 荀子．荀子[M]．沈阳．万卷出版公司，2009.

⑤ 荀子．荀子[M]．沈阳：万卷出版公司，2009.

⑥ 袁振保．中华民族的传统思维方式[M]．北京：北京时代华文书局，2016.

⑦ 王家春．画说《道德经》[M]．北京：人民美术出版社，2020.

及至圣人，蹩　为仁，踶　为义，而天下始疑矣。澶漫为乐，摘僻为礼，而天下始分矣。故纯朴不残，孰为牺尊！白玉不毁，孰为　璋！道德不废，安取仁义！性情不离，安用礼乐！五色不乱，孰为文采！五声不乱，孰应六律！夫残朴以为器，工匠之罪也；毁道德以为仁义，圣人之过也。”[①] 庄子认为在至德之世，人们按照自己的自然本性生活，纯朴无欺，根本不需要仁义。然而，自从圣人制定了礼乐制度、提倡仁义道德之后，人们便有了欲望，逐名谋利的现象开始出现，而且愈演愈烈。故庄子对“天下莫不奔命于仁义”[②] 的现象加以痛斥与批判。在庄子看来，仁义不过是强权者的附属品，是俗见。如同田成子弑齐君，连仁义之名也一并盗去，故庄子说：“彼窃钩者诛，窃国者为诸侯，诸侯之门而仁义存焉。则是非窃仁义圣知邪？故逐于大盗、揭诸侯、窃仁义并斗斛权衡符玺之利者，虽有轩冕之赏弗能劝，斧钺之威弗能禁。此重利盗跖而使不可禁者，是乃圣人之过也。”[③] 显然，与老子相较，庄子对仁义的批判更为激烈，甚至说“圣人不死，大盗不止”[④]，将圣人与盗跖、仁义与窃国等相联系。

总之，儒、道的义利观存在不同的取向，儒家的义利观自足于社会德性的成就，“以义制利”，具有强烈的入世色彩；而道家的义利观，则立足于万物的自然本性，摒弃一切好义好利的行为与欲望，具有超功利性。

综上，先秦儒、道两学派在修养论、义利观上存在诸多的差异。儒家主张达“仁”“以义制利”“仁民爱物”；而道家则主张明“道”“义利皆弃”“万物一体”。但是，其差异并非不可相通。道家对“道”、对“万物一体”境界的追求、对超越义利、虚静、逍遥境界的追求，也不乏是一剂治疗社会物欲横流现象的良药，可以有效地与儒家思想相通互补。

二、与杨朱伦理思想之比较

杨朱（见图 1–3–2）的学说在先秦时期曾一度为显学，孟子对此有过描述：“圣王不作，诸侯放恣，处士横议，杨朱、墨翟之言盈天下；天下之言不归杨，则归墨。”[⑤]（《孟子·滕文公下》）然而，杨朱的著作并没有流传下来，故而只能根据《孟子》《吕氏春秋》《淮南子》《列子》等书中的寥寥几处记载窥探其伦理思

① 庄子．庄子[M]．贯云，编译．西安：三秦出版社，2018．
② 庄子．庄子[M]．贯云，编译．西安：三秦出版社，2018．
③ 庄子．庄子[M]．贯云，编译．西安：三秦出版社，2018．
④ 庄子．庄子[M]．贯云，编译．西安：三秦出版社，2018．
⑤ 孟子．孟子[M]．哈尔滨：北方文艺出版社，2019．

想与儒家的区别。总体看来，这两派伦理思想的区别，主要体现在对待人己关系方面。

图 1-3-2　杨朱

儒家伦理中的人己论主要体现在对“仁爱”思想的阐述方面。孔子释“仁”为“爱人”，又提出“泛爱众而亲仁”①“修己以安人”②，“修己以安百姓”③。孔子将人我关系，视为由“爱己”进而“爱他”，强调“博施于民而能济众”④。孟子更强调“乐以天下，忧以天下”⑤“老吾老以及人之老，幼吾幼以及人之幼”⑥。他所说的“仁政”，即要把仁爱的原则推之于整个社会。这一由内而外的推广过程，贯穿着一种利他主义的伦理精神。对此，韩非评价云：“仁者，谓其中心欣然爱人也。其喜人之有福，而恶人之有祸也。生心之所不能已也，非求其报也。”⑦韩非所论的确可以说较为准确地阐发了儒家的“仁”的内涵。“仁”在本质上是恻隐、慈悲之心，而此心的外在表现，必然涉及与他人之间的关系。儒家这种利他主义的人己观，对中国古代伦理思想产生了重大的影响。

然而，与儒家充满温情的人己观相较，杨朱则显得十分冷峻。杨朱思想的宗

① 孔子．论语[M]．杨伯峻，杨逢彬，注译．长沙：岳麓书社，2018.

② 孔子．论语[M]．杨伯峻，杨逢彬，注译．长沙：岳麓书社，2018.

③ 孔子．论语[M]．杨伯峻，杨逢彬，注译．长沙：岳麓书社，2018.

④ 朱莉．先秦儒家思想与社会主义核心价值观[M]．青岛：中国海洋大学出版社，2021.

⑤ 陈桂蓉．中国传统道德概论[M]．济南：山东大学出版社，2000.

⑥ 乙力．中国古代名言警句[M]．西安：三秦出版社，2012.

⑦ 韩非子．韩非子[M]．长沙：岳麓书社，2015.

旨是贵己、为我。现存史料载，“杨子取为我，拔一毛而利天下，不为也”[①]，“阳生贵己”[②]。阳生，即杨朱。“贵己”，即为我。《列子·杨朱》记载了一件为杨朱所赞同的伯成子高的事：“伯成子高不以一毫利物，舍国而隐耕。大禹不以一身自利，一体偏枯。古之人损一毫利天下不与也，悉天下奉一身不取也。人人不损一毫，人人不利天下，天下治矣。”[③]可见，杨朱的核心思想是“轻物重生”“全性保真”，即对个人生命的看重远超过其他。所谓“不损一毛”“不利天下”，按照孟子的解释，就是哪怕拔其身体上的一根毫毛来换取天下的大利，杨朱也绝不肯为。《韩非子·显学》：“今有人于此，义不入危城，不处军旅，不以天下大利易其胫一毛，世主必从而礼之，贵其智而高其行，以为轻物重生之士也。”[④]韩非认为杨朱不愿拔一毛而享受天下之利，是“轻物重生”的表现。看来，贵己、贵生，是杨朱伦理思想的核心。既然如此之贵己，杨朱在处理人我关系上，必然对他人、对外物持极端冷漠的态度。然而这种冷漠，并非说杨朱提倡损人利己。杨朱认为，人人不利天下，人人也不害天下，则天下治。也就是说，天下人都能贵己，不受外物所累，保全自己的肉体和生命的完整，那么天下则不会出现为利人而自我牺牲的现象，也不会存在为争名夺利而损人利己的现象，社会也就自然趋于太平了。杨朱的这种思想，不可简单地理解为“自私”，应该说是一种个人本位主义的伦理观。但是，杨朱试图通过脱离人际关系，取消人与人之间的互利互爱，来达到“贵己”“重生”，是不切实际的，也是不可能实现的。这与儒家所说的以仁爱、利他来处理人际关系，其境界无法相及。从一定意义上说，杨朱的“贵己”“重生”的观念，与道家思想有诸多相通之处，故冯友兰将他视为道家的先驱。朱熹说：“杨朱之学出于老子，盖是杨朱曾就老子学来，故庄列之书皆说杨朱。孟子辟杨朱，便是辟庄老了。”[⑤]“人皆言孟子不排老子，老子便是杨氏。”[⑥]在朱熹看来，孟子与杨朱的争论，带有儒道论争的性质。

综上所述，儒家与杨朱在处理人己关系上的观点俨然有别。儒家追求的是群体价值，强调通过个人的德行修养去立己达人、关爱他人，最终以实现“大同”理想为目标；而杨朱则追求个体价值和个人本位，否定个体对他人的价值与意义。

---

① 孟子．孟子[M]．哈尔滨：北方文艺出版社，2019．

② 吕不韦．吕氏春秋[M]．哈尔滨：北方文艺出版社，2018．

③ 张耀南．中国慈善哲学概论[M]．北京：中国社会出版社，2019．

④ 陈柱．陈柱讲诸子学论[M]．南京：河海大学出版社，2021．

⑤ 黎静德．朱子语类：第 8 册[M]．武汉：崇文书局，2018．

⑥ 黎静德．朱子语类：第 8 册[M]．武汉：崇文书局，2018．

如果说儒家的人己观具有进取、奉献的特点，有利于社会的进步与和谐；那么杨朱的人己观则呈现出保守、封闭的特点，其对社会的消极作用不可低估。

三、与法家伦理思想之比较

儒、法是先秦时期既对立，又具有互通性的两大思想流派。其伦理思想上的对立主要体现在义利观与公私观方面。

（一）义利观

儒家义利观具有重义轻利、“以义制利”的特点，而法家义利观则呈现出“贵利轻义”的特点。《管子·禁藏》云：“夫凡人之情，见利莫能勿就，见害莫能勿避。”[①] 商人通贾，渔人入海，不畏险恶，皆是求利所致。故而，管子认为唯有立法才能规范人们的行为。商鞅则认为：“礼乐，淫佚之征也；慈仁，过之母也。”[②] 显然，管子、商鞅之论有悖于儒家那种“仁者能仁于人，而不能使人仁；义者能爱于人，而不能使人爱”[③] 的仁义观。此种思想，在法家思想的集大成者韩非那里论述得更为系统，韩非认为“恶劳而乐佚”[④]，“安利者就之，危害者去之，此人之情也”[⑤]。韩非将趋利避害视为人的本性，基于此，韩非否定伦理道德的功用，反对将儒家的仁义作为社会的指导思想，他说：“夫施与贫困者，此世之所谓仁义；哀怜百姓不忍诛罚者，此世之所谓惠爱也。夫有施与贫困，则无功者得赏；不忍诛罚，则暴乱者不止。国有无功得赏者，则民不外务当敌斩首，内不急力田疾作，皆欲行货财，事富贵，为私善，立名誉，以取尊官厚俸。故奸私之臣愈众，而暴乱之徒愈胜，不亡何待？”[⑥] 在韩非看来，儒家主张的仁义道德不过是徒有虚名，不仅不能有效地治理国家，反而会给国家带来动乱。故而，韩非主张“以法代德”“以利兴德”“以法为教”等。可见，较之以往的法家学者，韩非对儒家思想的批评更为深入，其以“利”为主导的义利观也更为彻底。

儒、法两学派义利观的对立，主要是基于其理论基础和实践目的。儒家义利观以成仁、实践人道为理论基础和实践归宿；而法家义利观则从人性私欲出发，

---

① 左飚，张月仲．中华智慧与现代管理 [M]．上海：复旦大学出版社，2021．

② 商鞅．商君书 [M]．章诗同，注．上海：上海人民出版社，1974．

③ 孟子．孟子 [M]．哈尔滨：北方文艺出版社，2019．

④ 韩非子．韩非子 [M]．长沙：岳麓书社，2015．

⑤ 韩非子．韩非子 [M]．长沙：岳麓书社，2015．

⑥ 韩非子．韩非子 [M]．长沙：岳麓书社，2015．

从社会治理的角度去论述法制的重要性。因此，两学派义利观相比较，儒家更侧重于道德，属于道德伦理；而法家更侧重政治，属于政治伦理。

（二）公私观

与义利观相联系的还有公私观的问题。从本质上看，“义”多指公义，而“利”则多指私利。在儒、法伦理思想中，公私观的对立表现得十分突出。

儒家自孔子以来就十分突出“公义”，轻视“私利”。在孔子的思想中，最为突出“仁”，突出“爱人”的德行，这种德行不仅是人们的行为规范，而且也要求统治者“修己以安百姓”①、“因民之利而利之”②。显然，孔子注重的是维护百姓的“公义”，而非一己的私利。孟子追求公义与私利的统一。据《孟子·万章上》载，舜的弟弟象不仁，屡屡加害于舜，而舜立为天子却加封象，但不许像治理其属地的百姓，而是另派官员代为治理，以免象危害百姓。孟子意甚明，在于表明兄弟之间的私利、私恩，不能影响公义的实现；同时，在公义的范围内又留下私恩的余地，有效地将公私统一起来。荀子则进一步对公、私观念做出了系统阐释。在荀子那里，“公”不仅代表“公利”“公义”，而且又具有“公道”“公平”的含义。据荀子的观点，公与私利相对，因此，“圣臣”应该维护公道和公利，“上则能尊君，下则能爱民”③，而“上不忠乎君，下善取誉乎民，不恤公道通义，朋党比周，以环主图私为务”④，这些都是“篡臣”的行为。公道、公义对于荀子来说是衡量君主是否明智的关键指标。荀子又认为“能以公义胜私欲”⑤，则是君子的品行，并将“公正无私”推广到道德的领域。可见，在荀子那里，虽然继承了孔、孟以来的公义思想，又同时引入了“公正”的观念。

法家的公私观主要体现在法治思想中，认为法治是公，人治则是私。商鞅云：“君臣释法任私，必乱。故立法明分，而不以私害法，则治；权制独断于君，则威；民信其赏则事功成，信其刑则奸无端。惟明主爱权重信，而不以私害法。”⑥商鞅批评这种“释法任私”的做法，“任私”则背法，以“私”胜“公”，国家必然会产生动乱，故他又说：“公私之交，存亡之本也。”⑦将法家的观点与黄老道家

---

① 孔子．论语[M]．杨伯峻，杨逢彬，注译．长沙：岳麓书社，2018．

② 孔子．论语[M]．杨伯峻，杨逢彬，注译．长沙：岳麓书社，2018．

③ 荀子．荀子[M]．沈阳：万卷出版公司，2009．

④ 荀子．荀子[M]．沈阳：万卷出版公司，2009．

⑤ 荀子．荀子[M]．沈阳：万卷出版公司，2009．

⑥ 商鞅．商君书[M]．章诗同，注．上海：上海人民出版社，1974．

⑦ 商鞅．商君书[M]．章诗同，注．上海：上海人民出版社，1974．

的思想结合起来，慎到认为“君道无知无为”[1]就是“公”，而摒弃个人的偏见，按照统一的标准行事，则体现了“至公大定”的原则。慎到又认为，“官不私亲，法不遗爱，上下无事，唯法所在”[2]，以法治为“公”，人治为“私”，公私不两立。韩非子（见图 1–3–3）更对公私观做了广泛的阐述，如他说：“匹夫有私便，人主有公利。不作而养足，不仕而名显，此私便也。息文学而明法度，塞私便而一功劳，此公利也。”[3]他又说，“私行立而公利灭矣”。[4]“禁主之道，必明于公私之分，明法制，去私恩。夫令必行，禁必止，人主之公义也；必行其私，信于朋友，不可为赏劝，不可为罚沮，人臣之私义也。私义行则乱，公义行则治，故公私有分。”[5]韩非认为公、私是对立的，公、私对立的基础在于利益的不同，而“明于公私之分”、持守公义治理国家，即维护国家和君主的利益。可见，韩非子延续了管子、商鞅等人的公私观，不过他们都以法治为着眼点，仍属于政治伦理的领域。

图 1–3–3　韩非子

综上，儒、法两家在义利观、公私观上存在着差异，又有一些相通之处。在义利观上，儒家重视以义制利，法家追求贵利轻义；在公私观上，从表面上看，儒、法两家均具有崇公抑私的思想，虽然具有表面的相似性，但本质上又存在不同，儒家从道德理性出发，而法家则从政治理性出发。

---

① 萨孟武．儒家政论衍义 [M]．北京：生活·读书·新知三联书店，2022.

② 申笑梅、王凯旋．诸子百家名言名典 [M]．沈阳：沈阳出版社，2004.

③ 韩非子．韩非子 [M]．长沙：岳麓书社，2015.

④ 韩非子．韩非子 [M]．长沙：岳麓书社，2015.

⑤ 韩非子．韩非子 [M]．长沙：岳麓书社，2015.

第四节　现代新儒家思想

一、现代新儒家思想的特征

这里，我们根据海内外研究现代新儒家思想学说特质或内在本质的诸多成果，认为现代新儒家思想的基本特征主要表现在以下几个方面。

（一）学脉传承

现代新儒家的特点在于尊崇孔子和儒家学说，认为儒家思想是中国文化的正统和主要支柱。其目标是继承儒家传统，宣扬并传播儒家理念。现代中国的儒家学者，身处近代以来儒家思想受到挤压和打击的情境，认为自己有责任承担“为往圣继绝学，为万世开太平”[①]的使命，为了明晰儒家传统和现代化的关系，现代新儒家学者用心研究和发掘儒学的悠久历史，以不同的方式探索儒家思想在当代的意义，将东西方文化元素结合，以使儒学在当今社会得到“第三期之发扬”。

（二）时代风格

与宋明儒学将佛家思想融入儒家体系不同，现代新儒学则更加倾向于吸收西方学说。现代新儒家是在被欧风美雨所浸润的20世纪中国土壤上所产生的一种力图以儒家思想为主体来吸收、融合、改造西方近现代学术文化，进而使儒家思想现代化的思想理论学说。它一方面高度认同儒家传统思想，抱有浓厚的文化本位主义和中心主义的观念；另一方面又能以较为开放的心灵接纳西方近现代思想文化，强调对儒家传统思想的创新。

在现代新儒家看来，儒家思想的新发展不以反对西方文化为前提，而是以彻底把握西洋文化为基础。只有深刻领悟西方文化，才能超越西方文化。只有领悟西方文化，才能在吸取、转化和利用西方文化的基础上创新儒家思想和民族文化。为了扩展儒家思想的范围，有必要汲取西方哲学，发扬儒家的理学传统，增加儒家哲学的内涵，使其体系更加严谨和条理分明，不仅能够成为道德的理论基础，还能成为科学研究的理论基础。

现代新儒家的代表人物不同于国粹派、复古派的地方在于，他们意识到了西方文化的重要价值，积极倡导将西方文化的优点融入中国文化中，而且还在于他

① 朱祖延．引用语大辞典（增订本）[M]．武汉：武汉出版社，2010．

们大多对西方思想文化有较深入的学习与研究，冯友兰、贺麟、张君劢、牟宗三、唐君毅等人都学贯中西，并在西方国家留学考察或进修访问，受到过较为系统的西方思想文化的教育和训练，故能通中西。至于像杜维明、成中英、余英时等第三代新儒家学者更是长期留学并执教于西方国家，对西方学术文化有更深切的了解。正因为现代新儒家学者对中西思想文化有较系统、全面的了解与把握，故他们才能提出返本开新、重建现代化的儒家思想的命题或目标。

（三）致思倾向

现代新儒家的道德观念强调内省和以直觉为主的道德思维。在现代新儒家看来，这种内省的道德认识和以直觉为主要特征的道德思维是达到超功利主义的唯一道德进路。在个体的内省认识和直觉体验中，人们可以在顿悟中超越功利的感性，将自己的生命与宇宙本体相融合，从而实现自我价值。

现代新儒学倡导采用主观研究方法，强调同情和敬意，呼吁研究中国伦理文化的全球人士，不应采取客观冷静的研究态度，而是应该以敬畏之心去研究儒家的思想文化。我们需要有对人世一切事物的同情和敬意，这种敬意就像指引我们思想的光芒，引导我们去探究其他生命的内在世界。随着敬意的增加，我们的智慧和了解也会随之增长。如果不表达敬意，那么智慧的应用也无法进步。当代新儒家认为儒家传统伦理注重生命，因此研究生命伦理不应依赖科学方法，而应更注重对生命体本身的同情和尊重。如果对儒家伦理文化进行科学研究，可能会忽略生命的本质，使儒家文化成为纯客观的外在材料，会导致对儒家伦理文化的毁灭。只有以同情和尊重之心研究儒家道德文化，才能确保研究的实用性和深刻性。

现代新儒家思想的基本特征，除上述几个方面外，还具有思想体系的完整性。它通过吸收西方文化来补充和发扬儒家的心性之学，构造自己的新儒学思想体系。梁漱溟的新孔学、张君劢的新玄学、冯友兰的新理学、贺麟的新心学、熊十力的新唯识学、唐君毅的新人文主义、牟宗三的新理想主义，都是会通中西、博大精深的儒学思想体系。也正因为如此，现代新儒家站到了一个立足传统、面对现实、放眼世界的理论视点上，其思想学说具有开创性意义，从而高于固守传统的国粹派和复古派，同时也比西化派激进的反传统态度和浅薄的理论功底高出一筹。

二、现代新儒家思想的价值

现代新儒家是在辛亥革命、五四运动以来的 20 世纪的中国学术土壤上所产生的，其目标是恢复孔孟以及宋明儒学思想的全球影响力，在此基础上结合西方思想以实现现代化。

在 20 世纪 20 年代，中西文化不断碰撞，一些热衷于儒学的学者在新的历史时期，使中国在走向现代化的过程中没有“全盘西化”，坚持儒学传统的文化思潮。经过多年演变，现代新儒学已成为具有相当影响力的学术文化思潮。近年来，探究现代新儒学已成为一种潮流。人们利用先进的研究视角和方法，寻求现代新儒学立足本国与世界的精神动力与价值支撑，通过审视现代新儒学的理论，为新时期思想文化的建设提供了借鉴、参考和启迪。

随着经济全球化的深入发展，现代新儒学和传统儒学间最主要的差异在于前者致力于儒学现代性和世界性的凝结，积极与各种思潮对话，在当前时代和世界吸收儒家价值。现代新儒学学者的主要工作和贡献是将西方价值观与传统文化相融合，主要体现在以下几个方面。首先，证明传统文化在现代社会的价值，突破了传统文化和现代化的二元对立。其次，彰显民族文化的独特性，推动文化的比较、交流和融合，积极促进跨文化交流，展现“中国文化”的独特精神魅力。最后，积极参与建立“全球伦理”。

现代新儒学是一种重要的社会学术思潮，探索了哲学、政治、文化、经济、伦理等方面。它本身是道德伦理的学问。现代新儒学的代表人物通常是哲学伦理学或文化伦理学的学者，他们探究社会伦理和道德文化问题。面对西方文明的挑战，他们运用伦理学进行强有力的回应。现代新儒学不仅是对传统伦理道德的阐述，还是对现代伦理道德的反思以及对新伦理道德的构建，既受传统思想的影响，又面向现实问题，也注重面向未来和全球视野，在当代伦理道德文化中不可或缺。当前我国非常关注道德建设，要借鉴各种学术思想流派的实践经验。

随着未成年人生活质量的改善，现代未成年人的道德观呈现健康、积极向上的趋势。他们提倡遵守社会公德，正确理解并重视道德的重要性。他们的行为符合社会期望，并且持有与社会发展同步的道德价值观，表现出高度的道德责任心和积极的正能量。

自改革开放以来，无论是外来文化的冲击还是国内应对这些变化所做的改变，都不可避免地影响了未成年人。考虑到这种情形，青少年的思想道德不仅会受到正向影响，还会受到负面影响，从而造成道德方面的挑战，因此青少年应该提高对自身的重视程度，并采取自我教育措施。

现代新儒家学者信奉传统儒学的道德理念，注重构建覆盖全面的道德框架，并着重研究宋明儒学的心性思想在现代社会中的实际应用价值。他们结合了西方哲学的一些观点，致力于完善和阐述儒学的伦理思想，以期推动儒学的再次繁荣。

他们特别注重将真实和善良、存在和价值、个体和宇宙有机地融合在一起，并相信透过在道德层面上的不断实践，不仅可以加强个人精神层面的实际运用，而且可以体验到更高层次的超越境界。此外，一旦掌握了宇宙的精髓，就能够将自然界中的宇宙转化为道德的宇宙，这就是“天人合德”。“天人合德”是儒家思想的核心，强调人与自然的和谐，在实践中强调遵守道德准则，这是儒家道德的基石。

在现代新儒学中，“天人合德”是指将个人的道德修养与社会和宇宙道德之间的联系加强，这需要逐渐认识自我。在追求“天人合德”的过程中，需要坚定自己的信念和信仰。在当下社会，人们因缺乏道德信仰而浮躁，“天人合德”的理念，为未成年人树立坚定的道德信念提供了启示和帮助。除了向未成年人传授正确的道德知识以外，也需要指导他们建立正确的道德信仰。

尽管科技工具的应用越来越普及，但过度依赖它们会导致人们观念的缺失，道义观念难以明晰，进而使人陷入道德困境，人际沟通也会变得单薄，与自然的关系也会越来越紧张。现代新儒学学者重新思考了个人与社会的关系，将个人视为社会群体的一部分，并探讨了在社会群体中如何定位个人的问题。他们发现，西方伦理世界中个人与社会之间的矛盾导致个人可能会感到孤立无助。因而，在这个社会中，个人主义和利己主义没有立足之地。要实现目标，必须遵循儒家倡导的“两利主义”道德原则，这是唯一可行的途径。这种准则能够使个人和社会共同受益。儒家思想认为，个人不应该只关注自己的利益，而应该将自身融入广阔的社会和宇宙中，尽可能为其他人和社会做出更大的贡献。这种做法能够让我们展现“人性”，推动社会和谐稳定地发展。

虽然科学知识具有重要的意义，但如果我们过分强调科学而轻视人文领域，那么社会的进步将受阻。要实现全人类的发展和建立一个和谐的社会，就必须将科学和人文知识相互结合起来。未成年人在社会中不可或缺，他们代表着国家的未来。由于他们擅长模仿，周围环境对他们产生的影响非常显著。因此，为未成年人的成长营造一个和睦、恰当的科学和人文环境至关重要。通过这种方式，未成年人可以潜移默化地接受积极的影响，自然而然地形成符合社会期望的道德观。

儒家思想认为，“道”是人生追求的理想境界，在《论语》中有一句话：“朝闻道，夕可死矣。”①从中可以看出，它是一个人毕生追求的目标。在探索“道”的道路上，人是积极主动的，不是消极被动的；是基于实践的探索与研究，而非仅停留于理论上的讨论。若人们有远大理想，便会在实践中表现出主动进取和坚

---

① 申笑梅，王凯旋．诸子百家名言名典[M]．沈阳：沈阳出版社，2004．

毅不屈的态度。这种敢于面对困难并积极克服的态度对于塑造青少年的价值观有着至关重要的影响。中国近代非常注重培养中华民族“自强不息”的精神。红军在长征时就很好地展现了这种精神，他们无所畏惧地穿越崎岖的山脉和广袤的草原，甚至被迫吃树皮求生，这充分彰显了他们坚定不移、不屈不挠的革命意识。尽管目前处于和平时期，但仍需要强调持续自我成长和发展，特别是对于未成年人来说，他们正处于形成道德观念的关键阶段。因此，我们需要鼓励他们设立宏伟目标，追求高尚品德，协助他们在实现个人和社会的价值之路上克服困难，培养他们坚定不移、毫不屈挠的民族精神。

根据现代新儒学的学说，一个人的最崇高的境界是达到道德高尚的水平，即被尊称为“君子”。“君子”仁慈、品德高尚，人们喜欢模仿和学习这种典范，这也是成为“圣人”的前提。为了成为“君子”，需要在内在和外在两个方面都加以磨炼和提高，不仅要拥有高尚、纯洁的内心，还需要具备外在的掌控和管理能力。“内圣”是指人们追求高尚精神的享受，而“外王”则是指人们主观上践行道德规范。只有将道德与品行完美结合，一个人才能达到真正的贵族风范。这段文字表明，现代新儒学所崇尚的优秀品格与传统儒家对“君子”的理解相似，但更加强调每个人在社会、国家和他人方面的责任和作用，不过这并没有改变原先的含义。这意味着，个人的完善不仅限于自身的提升，还包括对社会、国家和他人的影响以及与他们之间的和谐相处。在培育未成年人理想人格方面，需要让他们明白只有通过积极地为社会做出贡献，才能最大化地体现个人的修养。作为一个有道德风范的人，“君子”应当注重与周围环境的和谐状态，同时要关注自身的贡献，并保持内心的纯真，不断提升自我修养。

第二章　儒家伦理思想学的核心要素

儒家思想认为人具有主体价值，将道德看作人的本质属性，在此基础之上，建立人类社会的基本秩序。本章主要内容为儒家伦理思想学的核心要素，包括五个方面的内容，分别是仁、义、礼、智、信。

第一节　仁

“仁”是儒家伦理学最重要的基础概念，代表了最崇高的美德，践行“仁”就是展现人类伦理价值的行为。在儒家思想中，“仁”是一个非常复杂的概念，可以从广义和狭义两个视角来加以解析。“仁”可以被看作儒家道德观中最全面的概括，涵盖了儒家伦理中的几乎所有美德和道德准则。因此，可以说，儒家所推崇的一切美德都可以追溯到“仁”的中心思想。“仁”是五常之一，是涵盖在道德品质中的一个重要概念，它表达的是人与人之间的情感联系，即相互关爱和尊重。下面将从几个方面对其内蕴加以阐述。

一、“忠恕”的践仁之道

仁的基本含义是爱人，而把“爱人”的原则运用到实践中则转化为“忠”和“恕”的做人原则。朱熹《论语集注》释“忠恕”，谓“尽己之谓忠，推己之谓恕”[①]。朱熹对“忠恕”的解释，实际上是对儒家思想的继承与发展。孔子认为，“忠诚”意味着要像仁德之人一样，不仅要关心自己的努力和成长，还要促进别人的自立和通达。因此，“忠诚”的含义来自“仁道”，是一种推己及人的品德表现。换一种说法：他解释了“恕”的含义，即借鉴了孔子所提倡的“夫仁者，己欲立而立人，己欲达而达人”[②] 的理念，强调不要让自己不喜欢的事情发生在他人身上。“忠”体现为让人与自己相似；“恕”的含义体现了对自己和他人的谅解与宽容。总的来

① 朱熹．论语集注[M]．济南：齐鲁书社，1992．

② 申笑梅，王凯旋．诸子百家名言名典[M]．沈阳：沈阳出版社，2004．

说，忠恕之道要求我们在考虑自己的行为时，必须意识到其对他人可能造成的影响，并确保这种影响能够被其他人所接受。

如果说在孔子的思想中“仁”的内在性还不是很明确的话，那么，在孟子的思想中已是十分明显了。在孟子看来，“恻隐之心，仁也”[①]。“仁”其实就是自己固有的“恻隐之心”。所以，推己及人就是将内心固有的仁爱之情向外推衍，以行为主体自身为起始点，以自身利益和需求来推断他人的利益与需求。儒家提倡的推己及人的方法，是一种建立在心理体验基础上的以自我为本位换位思考的行为模式，体现了儒学广博深远的仁爱精神。

儒家主张的实行仁德的方法是推崇自己并关心他人的方式，这个方法建立在一个理论基础之上：认为人类共同具有良善的本性，这一观点由孟子提出并称之为“性善论”。在孟子看来“人皆可以为尧舜”[②]，因为仁、义、礼、智之性乃人人同具，即其所谓的“仁义礼智，非由外铄（化）我也，我固有之也”[③]。实现仁德的前提是肯定人类共同的本性。儒家提倡仁者爱人，强调爱人以德，爱人以道，以“忠恕”之道为“一以贯之”的方针，要求士人君子在道德实践的过程中，行仁践仁，将“仁者爱人”作为人生最高的道德追求。

二、“为仁由己”的修养方法

儒家提倡的“忠恕”的践仁之道，首先要求道德主体的思想品质要符合道德、仁爱，并提高道德主体自身的修养。孔子认为一个人只有通过主观的不断努力，提高自身的道德修养，方能达到仁者的理想目标，“仁远乎哉？我欲仁，斯仁至矣”(《论语·述而》)。他说：“君子求诸己，小人求诸人。”[④]（《论语·卫灵公》）即强调道德修养应该是要尽力要求自己而不去强求他人。他还说：“为仁由己，而由人乎哉？”（《论语·颜渊》）亦指明道德的修养主要靠自己的内在自觉，而不是要由别人去约束。孔子的“躬自厚而薄责于人”[⑤]（《论语·卫灵公》）亦在强调在道德修养上要严于律己，宽以待人。思孟学派亦把孔子“为仁由己”的道德修养方法看作践仁的前提条件。

孟子认为人要想保持和发扬先天具有的良能良知，即仁义等道德品质，就要

① 孟子．孟子[M]．哈尔滨：北方文艺出版社，2019．
② 孟子．孟子[M]．哈尔滨：北方文艺出版社，2019．
③ 孟子．孟子[M]．哈尔滨：北方文艺出版社，2019．
④ 孔子．论语[M]．杨伯峻，杨逢彬，注译．长沙：岳麓书社，2018．
⑤ 孔子．论语[M]．杨伯峻，杨逢彬，注译．长沙：岳麓书社，2018．

在后天不断地进行修养，他说："君子以仁存心，以礼存心。"[①]"存心"即保有一颗仁、义之心。如何"存心"呢？孟子提出了"求放心""反求诸己"的道德修养方法。《孟子·告子上》记载："仁，人心也；义，人路也……学问之道无他，求其放心而已矣。"[②]要提高道德素质就需要定期反思自己的行为和思想，以找回失落的道德信仰，也就是"求放心"。《孟子·离娄上》记载："行有不得者，皆反求诸己，其身正而天下归之。"[③]《中庸》则强调"思诚"，说："诚者，天之道也；诚之者，人之道也。"[④]孟子的从良能、良知的把持，到求诸己、求放心、思诚的道德修养方法，都在强调"为人由己"的道德自觉性，把实现仁道的理想落实在了道德主体自我的要求上来，都是以道德理性来控制情欲对人生的损害。用孔子的话来说："君子去仁，恶乎成名？君子无终食之间违仁，造次必于是，颠沛必于是。"[⑤]君子人格的本质特征是仁，而达到仁的境界即实现了君子人格。"为仁由已"的道德修养方法为实现"止于至善"的理想境界创造了条件。

儒家学者主张以仁义为准则，以保持人与人之间的和谐关系为目标。他们认为仁爱是人类内在的道德情感，因此最基本的关爱他人的方式是以仁义之心对待他人，彼此关心、宽容、照顾，以此建立和谐的人际关系。此外，仁德的内涵还包括更广泛的生命意义，即先关注个人的需求，再关注他人的需求，最终关注整个物质世界的需求，以达到个体、社会及自然的和谐与统一。

第二节　义

在儒家的理念中，义不仅象征着所有的道德行为，更是界定善恶的具体标准，与仁、礼、智、信等道德范畴并立，成为儒家伦理思想中的一个重要核心要素。

儒家提出的判断行为善恶的价值标准就是"义"。孔子强调了义的重要性，将其视作最高的道德标准之一，认为只有遵循义的要求，才能达到较高的道德水准，他说："君子之于天下也，无适也，无莫也，义之与比。"[⑥]又说："君子义以为

① 孟子．孟子[M]．哈尔滨：北方文艺出版社，2019．

② 孟子．孟子[M]．哈尔滨：北方文艺出版社，2019．

③ 孟子．孟子[M]．哈尔滨：北方文艺出版社，2019．

④ 张定浩．孟子读法[M]．南京：译林出版社，2020．

⑤ 孔子．论语[M]．杨伯峻，杨逢彬，注译．长沙：岳麓书社，2018．

⑥ 孔子．论语[M]．杨伯峻，杨逢彬，注译．长沙：岳麓书社，2018．

上。"[①]有道德修养的人不会拘泥于一成不变的行为模式，他们会根据情境和道德标准来灵活处理人际关系。孟子进一步深化了孔子的思想，强调了"羞耻心"是人类固有的一种品德，是道德行为的本源。他认为人类天生就具备了这种品质。

孟子强调"居仁由义"[②]，即人性本善，具备仁爱之心，而后经由追求正义的道路，才能实现完美的人生。他认为，仁是天生的善性，而义则是人生之路的正确方向，他还说："大人者，言不必信，行不必果，惟义所在。"[③]他强调只有符合"道义标准"的行为才能被认为是正确的；荀子也有"义之所在，不倾于权，不顾其利，举国而与之不为改视，重死持义而不挠"[④]的表述。《论语·公冶长》记载孔子评论子产的四种德行时说："有君子之道四焉：其行己也恭，其事上也敬，其养民也惠，其使民也义。"[⑤]朱熹在《四书章句集注》中释"使民也义"说："如都鄙有章，上下有服，田有封洫，庐井有伍之类。"[⑥]在井田制度崩溃的时期，作为郑国的执政大夫，子产大胆进行了改革，通过改变赋税制度来增加政府的财政收入。他实行了"田有封洫，庐井有伍"[⑦]的政策来加强对种植和建房的限制，从而推动了社会的经济发展。孔子视因时而变的革新举措为体现仁政的具体表现，称之为"义"举。

另外，唐人孔颖达在《周易正义》中将"利者，义之和也"疏解为"言天能利益庶物，使物各得其宜而和同也"[⑧]，并将"利物足以和义"疏解为"言君子利益万物，使物各得其宜，足以和合于义"[⑨]。可见，"义"乃为合理、适宜的事。

通过以上的例子，我们得出结论，"义"是有合理性且合适的。然而，什么样的具体标准可以被视为合理而适宜的呢？除去宋儒们的注释，从孔子的言论来看，他对"义"的表述并不十分清晰。尽管孔子提出"义"是一种德性原则，但并未明确说明这种德性原则所需遵循的道德规范。道德的基本原则指出，如果一个社会的道德观念被广泛接受和遵守，那么必须有一系列具体的道德规则来支持这些原则。在前文中提到了儒家思想中关于"仁"的讨论，该概念不仅涵盖了"爱

① 孔子．论语[M]．杨伯峻，杨逢彬，注译．长沙：岳麓书社，2018．
② 孟子．孟子[M]．哈尔滨：北方文艺出版社，2019．
③ 孟子．孟子[M]．哈尔滨：北方文艺出版社，2019．
④ 荀子．荀子[M]．沈阳：万卷出版公司，2009．
⑤ 孔子．论语[M]．杨伯峻，杨逢彬，注译．长沙：岳麓书社，2018．
⑥ 朱熹．四书章句集注[M]．杭州：浙江古籍出版社，2014．
⑦ 童书业．春秋左传研究[M]．上海：上海人民出版社，2019．
⑧ 孔颖达．周易正义[M]．北京：中国书店，1987．
⑨ 孔颖达．周易正义[M]．北京：中国书店，1987．

人”的含义，还强调了“爱人”的具体实践方式，即忠恕的道路。然而，在孔子看来，“义”并没有被明确规定为特定的道德行为准则。

从“义”之本义加以推测，不难发现，“义”包括多种具体的德目。如许慎在《说文解字》中说：“义者，己之威义也。从我，从羊。”①“威”所蕴含的义项包括权威与压迫，而“仪”则指举止和态度。“义”字在繁体中的写法为“義”，是由“羊”和“我”两个部分组成的。“我”部分突显了自我意识，而“羊”部分则传达了美好和善良的涵义。“义”所象征的外在形式既庄重威严，引人尊敬，同时也包含着正义和美好的意味。刘熙在《释名》卷二中说：“义，宜也。裁制事物使合宜也。”②这种说法意在表达，所述之思维、言论和行为均符合适宜之标准。

事实上，汉代郑玄为《周礼》作注时就曾说过：“古者书仪但为义，今时所谓义为谊。”③可见“仪”“义”“谊”在古代是通假字。仪，既指远古以来就相袭的各种祭典礼仪，同时，又指人的容貌仪表。该定义的最初形式对后续解释产生了直接影响，并且定义的合理性和适当性标准是随着人物、事件、时间和地点的具体变化而变化的。因此，义是儒家伦理思想中非常特殊的一种道德范畴。

相比于孔子的论述，郭店楚墓竹简对于“义”的阐述更加详尽，并且常常将“义”和“仁”放在一起。孔子强调的“仁”几乎包括了所有的德目，一切美德几乎都可以归结为“仁”。然而，因着对仁的过分重视，也可能会忽略其他道德领域的影响。虽然孔子具备了各种道德素养，但这些素养并没有得到充分的体现和发挥。在郭店楚墓竹简中，情况有了较大的变化，人们开始广泛关注各种道德问题。可以以《五行》篇为例，这一篇文献详细阐述了仁、义、礼、智、圣这五种道德行为的重要性。

在孟子的年代，人们更加强调“义”的价值，并将其视为处理人与人之间关系的根本原则。而这一“义”就是人内在的判断是非善恶的价值标准。如前所述，孟子有“羞恶之心，义之端也”的论断。这里孟子把“羞恶之心”说成“义”的开端。所谓羞恶，即指知善知恶的道德判断及其态度，它是对善的肯定和喜好，对恶的否定和排斥。故而，孟子有“心之所同然者何也？谓理也，义也”④的论断。正因为“义”就其内容来看是知善知恶的，所以“义”就必然成为人们行为的准则。

---

① 许慎．说文解字[M]．桂林：漓江出版社，2018．

② 刘熙．释名[M]．北京：中华书局，1985．

③ 许建良．中华传统美德的现代传扬[M]．南京：东南大学出版社，2021．

④ 孟子．孟子[M]．哈尔滨：北方文艺出版社，2019．

正基于此，孟子不但说“义，人路也”[①]，而且强调“义，人之正路也”[②]。又因为这一知善知恶的心即“羞恶之心”，是人先天所具有的，所以孟子反对告子的“义，外也，非内也”[③]的观点，而强调义如仁一样也是“内也”。这就充分地说明“义”就是内在的价值标准。

那么，以道德规范为准绳来调整人际关系，即要求人们尽可能确保自己的言行符合公认的道德标准，不断努力追求道德正确性，并完全消除任何违反道德规范的恶行，以义为自己的行为准则，并努力实行。孔子要求弟子“徙义”，他以人们“闻义不能徙”[④]而为己之所忧，认为那种“见义不为”的行为是“无勇”的表现。因为在他看来，“君子义以为质”[⑤]“君子义以为上”[⑥]；“君子之仕也，行其义也”[⑦]，治理国家者也应当“行义以达其道”[⑧]。孟子亦复如是，《孟子·告子上》记载：“仁，人心也；义，人路也。舍其路而弗由，放其心而不知求，哀哉！”[⑨]

孟子认为，道德义理是人类应该遵守的重要原则，如果违背道德导向而走向歧途，将是非常悲惨的。实际上，那些离开正道的人，他们的行为不仅极具反叛和独特性，而且也违背了大多数人的共同利益，因此广大群众对他们非常不满，甚至对他们的行为深感伤心和不屑。孟子强调道德是人类行为的指导原则，认为人的言行举止应该与道义相一致。然而，关于“道”的具体道德规范是什么，存在疑问。孟子没有进一步探讨。

仁学体系从孔子建立，到孟子发展为仁政学说，经过了超过一百个年头的发展历程。此时期处于春秋战国时期，新旧制度快速转换，各大小诸侯国皆在试图变革以求更强大，是一个历史性的巨变时代。尽管在孔子的时代，周天子名义上仍是天下的主宰者，但实际上，王室的权力已经大不如前，因为各个诸侯国通过礼乐和战争的手段，已经掌控了自己的疆土。即使是最强大的诸侯国也需要强调“尊王”，以增强其政治影响力。孔子认为自己有责任恢复周礼，同时提倡执行严格的等级制度，其中包括奴隶制。他将自己的政治信念与道德观念相融合，将“尊

① 孟子．孟子[M]．哈尔滨：北方文艺出版社，2019．
② 孟子．孟子[M]．哈尔滨：北方文艺出版社，2019．
③ 孟子．孟子[M]．哈尔滨：北方文艺出版社，2019．
④ 苏育生．中华妙语大辞典[M]．西安：陕西人民教育出版社，1990．
⑤ 孔子．论语[M]．杨伯峻，杨逢彬，注译．长沙：岳麓书社，2018．
⑥ 孔子．论语[M]．杨伯峻，杨逢彬，注译．长沙：岳麓书社，2018．
⑦ 孔子．论语[M]．杨伯峻，杨逢彬，注译．长沙：岳麓书社，2018．
⑧ 孔子．论语[M]．杨伯峻，杨逢彬，注译．长沙：岳麓书社，2018．
⑨ 孟子．孟子[M]．哈尔滨：北方文艺出版社，2019．

尊”原则运用于伦理道德，赋予了周礼中注重亲密和尊敬的原则更广泛的道德含义。孔子提出“不学礼，无以立”①，“不知礼，无以立也”②，将礼视为士人君子安身立命的行为准则，并提出“非礼勿视，非礼勿听，非礼勿言，非礼勿动”③，孔子主张君子应当将礼作为准则，必须严格遵守礼仪规范，谨言慎行。在战国时期，各国相继实行变法运动，推动了社会生产关系的变革，新兴地主阶级在政治上崭露头角，他们深刻认识到要巩固政权，必须消除旧有制度和观念的限制。因而，那种倾向于固守传统的“礼”的观念逐渐衰落，而那种能够随机应变的“义”则备受重视。“义”所宣扬的灵活处理人际关系的原则，为人们不经意打破传统礼仪的行为提供了一种合理的解释。因此，孟子的哲学中，将应对事务娴熟视为对“义”的完整诠释。然而，这一准则并非一成不变的，它可以根据具体情况做出一些必要的调整，如《孟子·离娄上》有如下记载。

淳于髡曰：“男女授受不亲，礼与？”孟子曰：“礼也。”曰：“嫂溺，则援之以手乎？”曰：“嫂溺不援，是豺狼也。男女授受不亲，礼也；嫂溺，援之以手者，权也。”曰：“今天下溺矣，夫子之不援，何也？”曰：“天下溺，援之以道；嫂溺，援之以手。子欲手援天下乎？”④

尽管存在男女授受不亲的规定，但具体情况下可以用灵活的方式适度修改礼仪。当嫂子落水时，用手救她并没有任何不妥，相反，这是一种符合道德准则的行为。可见“礼”在孟子的思想中，已不似先前那么僵化、刻板。孔子提出的处理人际关系时的“非礼不为”被孟子做了权变的新阐释，礼听、礼视、礼言、礼动发展为灵活处置的“义”，显示出礼的规范、礼的严格界限受到新时代的冲击而日渐松动，为给人们打破传统礼俗的行为做合理性的诠释找到了托词，也决定了“义”这一道德范畴在新的时代条件下日益被人们所看重，成为重要的要素之一。难怪乎孔子晚年也慨叹：“事君尽礼，人以为谄也。”⑤侍奉国君，一切按照礼制，别人却误以为是谄媚。世易时移，固守旧礼、不知权变是不足效法的，新的符合社会发展要求的道德规范终将出现，并为人们所认同、接受。“义”这一德性范畴即如此。

儒家讲到“义”，往往将其与“利”相提并论，并形成了重义轻利的价值取向。

---

① 孔子．论语[M]．杨伯峻，杨逢彬，注译．长沙：岳麓书社，2018．
② 孔子．论语[M]．杨伯峻，杨逢彬，注译．长沙：岳麓书社，2018．
③ 孔子．论语[M]．杨伯峻，杨逢彬，注译．长沙：岳麓书社，2018．
④ 王向辉．战国变法运动研究[M]．哈尔滨：黑龙江人民出版社，2021．
⑤ 孔子．论语[M]．杨伯峻，杨逢彬，注译．长沙：岳麓书社，2018．

这种价值取向，具体到孔子、孟子和荀子的伦理学中，其表现又不完全相同，下面分而论之。

孔子是将义作为人们为与不为的行为标准的，这从其“君子之于天下也，无适也，无莫也，义之于比”[①]一语中可窥见。根据孔子“义之于比”的主张可知，对于无伤于“义”的则取，否则则不取。趋利是人们的本能，孔子为了克制人们那种有损道德而求利的行为，而倡导“见利思义”，他说，“君子喻于义，小人喻于利”[②]，孔子视义为至高的道德准则，相比之下，他对利的态度较为轻视，以至于“子罕言利”[③]，不过这并不表示他完全抛弃了利的价值。在面临利益选择时，应该考虑利益是否符合道德规范，并以此为标准决定是否获取。如果符合道德规范，就可以获取，不符合则舍，即其所谓的“义然后取，人不厌其取”[④]。

孔子的思想被后来的学生发扬光大，比如在郭店楚墓竹简的《鲁穆公问子思》中，就提到了“为义而远禄爵”的观点。孟子把孔子所倡导的重义轻利深化为重义贱利，《孟子·梁惠王上》对梁惠王向孟子问及“利”这一故事进行了记载，孟子急忙以“王何必曰利，亦有仁义而已矣”[⑤]而拒绝，因为在他看来“上下交征利而国危矣”[⑥]。孟子主张人们应该以仁义为准则来引导自己的行为，避免只考虑自身利益。他认为，如果社会的价值观就是这样，那么就可以建立一种理想的仁政社会，从而实现天下太平。孟子说：“是君臣、父子、兄弟去利，怀仁义以相接也。然而不王者，未之有也，何必曰利？”[⑦]。此外，孟子将孔子的按义区分君子、小人的观点进一步发展，强调义与利是划分善恶的标准，表现出把义与利完全对立起来的倾向。

与孟子将义与利相对立而主张“去利”不同，荀子尽管依然十分重视义，但仍认为义与利并非完全对立。荀子将义作为区分人禽的标准，认为“禽兽有知而无义，人有气、有生、有知，亦且有义，故最为天下贵也”。[⑧]他还提出，“义之所在，不倾于权，不顾其利，举国而与之不为改视，重死持义而不挠，是士君子

---

① 孔子．论语[M]．杨伯峻，杨逢彬，注译．长沙：岳麓书社，2018．
② 孔子．论语[M]．杨伯峻，杨逢彬，注译．长沙：岳麓书社，2018．
③ 孔子．论语[M]．杨伯峻，杨逢彬，注译．长沙：岳麓书社，2018．
④ 申笑梅，王凯旋．诸子百家名言名典[M]．沈阳：沈阳出版社，2004．
⑤ 孟子．孟子[M]．哈尔滨：北方文艺出版社，2019．
⑥ 孟子．孟子[M]．哈尔滨：北方文艺出版社，2019．
⑦ 孟子．孟子[M]．哈尔滨：北方文艺出版社，2019．
⑧ 荀子．荀子[M]．沈阳：万卷出版公司，2009．

之勇也”。[①] 荀子还提出，“君子苟能无以利害义，则耻辱亦无由至矣”[②]，指出士人君子如能做到重义轻利，就不会给自身招来耻辱；反之，如果“保利弃义，谓之至贼”[③]。不过，荀子并未将义与利绝对对立，荀子在倡导“惟义之为行”[④]的同时也主张“取利”，认为“饥而欲食，寒而欲暖，劳而欲息，好利而恶害，是人之所生而有也，是无待而然者也，是禹桀之所同也”[⑤]。荀子看到了人们在客观上需要用物质利益来满足，因此，要求统治者“一天下，财万物，长养人民，兼利天下[⑥]”，“量地而立国，计利而畜民，度人力而授事，使民必胜事，事必出利，利足以生民[⑦]”，主张通过“计利”实现“畜民”“生民”的目的，可见，荀子对“利”不是一概排斥的。

尽管荀子主张“取利”，但前提是无伤于“义”，在他看来，只要义多于利就可以义利并取，即其所谓的“利少而义多，为之”[⑧]。同时，荀子还认为对义利的选择也存在一个先后的问题，“先义而后利者荣，先利而后义者辱”[⑨]，可见先取义之后，还是可以兼顾利的。正是基于对义利关系的这一认识，荀子要求统治者应当“修其道，行其义，兴天下同利，除天下同害”[⑩]。

儒家所涉及的义与利问题涉及道德与利益关系的核心问题，即伦理学的基本问题。这一问题牵涉道德本质论，换言之，涉及道德与物质利益哪一个更为重要的问题，同时还涉及在道德方向上做何选择的问题，亦即，社会的整体利益是服从于哪一方面的问题。儒家学者将道德观念放在至高的价值观位置，认为个人私利只是一己之利，而社会整体利益才更重要。因此，他们强调个人利益必须顺从于社会整体利益，要求能够以公义之心对待利益问题，追求真理而非钱财。从总体上看，以义为前提的观念表明，在解决与个人利益有关的问题时，首要考虑社会整体利益是否受到了影响，而不应只从个人利益出发去考虑。然而，这种观点

---

① 荀子．荀子[M]．沈阳：万卷出版公司，2009．
② 荀子．荀子[M]．沈阳：万卷出版公司，2009．
③ 荀子．荀子[M]．沈阳：万卷出版公司，2009．
④ 荀子．荀子[M]．沈阳：万卷出版公司，2009．
⑤ 荀子．荀子[M]．沈阳：万卷出版公司，2009．
⑥ 荀子．荀子[M]．沈阳：万卷出版公司，2009．
⑦ 荀子．荀子[M]．沈阳：万卷出版公司，2009．
⑧ 荀子．荀子[M]．沈阳：万卷出版公司，2009．
⑨ 荀子．荀子[M]．沈阳：万卷出版公司，2009．
⑩ 荀子．荀子[M]．沈阳：万卷出版公司，2009．

明显倾向于道义论，强调需要区分义和利，但未充分考虑二者之间的关联，可能会导致把义和利对立起来，给后代的行为价值选择带来不利的影响。

第三节　礼

由于上古时期只有贵族阶层才拥有祭祀权，所以祭祀仪式又演化为标志人们身份和地位的等级制度。这种等级制度规范着人们的行为举止，因而，使“礼”具有行为规范的伦理涵义。本节主要就儒家之礼的内在道德意蕴和礼在性质上的发展变化加以展开讨论。

儒家特别重视礼，礼不仅仅是士人君子的行为规范，也是圣王的治国之道。在孔子看来，“不知礼，无以立也”①。孔子要求君子要“博学于文，约之以礼”②，因为他认为“动之不以礼，未善也”③。对于君主治理国家也应当“义以为质，礼以行之”④。君主对百姓要“道之以德，齐之以礼”⑤，因为“上好礼，则民莫敢不敬”⑥，“上好礼，则民易使也”⑦。孟子认为：“不信仁贤，则国空虚。无礼义，则上下乱。”⑧他又说：“动容周旋中礼者，盛德之至也。”⑨可见，孔、孟是十分重视并大力提倡礼的。

战国中后期，以荀子为代表的儒家学者，遵循儒家重礼崇礼的传统做法，给礼注入了新的道德内涵，将之放在了十分重要的地位。荀子说：“礼者，人道之极也。然而不法礼，不足礼，谓之无方之民；法礼，足礼，谓之有方之士。”⑩荀子明确指出礼是人道的极致，是做人的规范，不依照礼仪行事，不知道礼仪的规范界限，就是没有教养的庶民；反之，就是有教养的义士。“法礼”“足礼”成为士人君子与众庶百姓的分界线。就像荀子在《荀子·修身》中说到的：“人无礼则不

① 孔子．论语[M]．杨伯峻，杨逢彬，注译．长沙：岳麓书社，2018．
② 孔子．论语[M]．杨伯峻，杨逢彬，注译．长沙：岳麓书社，2018．
③ 孔子．论语[M]．杨伯峻，杨逢彬，注译．长沙：岳麓书社，2018．
④ 孔子．论语[M]．杨伯峻，杨逢彬，注译．长沙：岳麓书社，2018．
⑤ 孔子．论语[M]．杨伯峻，杨逢彬，注译．长沙：岳麓书社，2018．
⑥ 孔子．论语[M]．杨伯峻，杨逢彬，注译．长沙：岳麓书社，2018．
⑦ 孔子．论语[M]．杨伯峻，杨逢彬，注译．长沙：岳麓书社，2018．
⑧ 孟子．孟子[M]．哈尔滨：北方文艺出版社，2019．
⑨ 孟子．孟子[M]．哈尔滨：北方文艺出版社，2019．
⑩ 荀子．荀子[M]．沈阳：万卷出版公司，2009．

生，事无礼则不成，国无礼则不宁。”①礼不但可以“正身”，还可以“正国”，即其所谓的“礼者，所以正身也”②和“礼之所以正国也”③。“礼”不但是人的“治气养心之术”，而且也是“人主之所以为群臣寸尺寻丈检式也”④。荀子对礼的起源以及功能有自己独特的见解，认为：“礼起于何也？曰：人生而有欲，欲而不得，则不能无求。求而无度量分界，则不能不争；争则乱，乱则穷。先王恶其乱也，故制礼义以分之，以养人之欲，给人之求。使欲必不穷于物，物必不屈于欲。两者相持而长，是礼之所起也。”⑤“人生而有欲”是礼起源的前提和根本原因，“制礼义以分之”⑥是礼的功用。

从起源说，人一生下来就有欲望，有欲望就会有追求，如果追求没有限度和止境，那么就不可能不引起争夺，争夺必然带来混乱和贫穷。古代圣王厌恶这种混乱，所以制定礼义这种社会行为规范来约束和调整人们的行为。因此，礼是圣人为了调节人们的行为、平息纷争而制定的行为规范。荀子还说，“礼者，贵贱有等，长幼有差，贫富轻重皆有称者也。故天子　　衣冕，诸侯玄　衣冕，大夫裨冕，士皮弁服。德必称位，位必称禄，禄必称用。由士以上，则必以礼乐节之；众庶百姓，则必以法数制之”⑦，指出礼是用来序尊卑、别贵贱的政治标准。荀子所谓的“礼”除却丰富的道德内涵外，在一定意义上还具有“法”的性质。由此可知，无论就礼对个体道德修养的功用看，还是从礼对整个社会的规范作用看，荀子的“礼”在思想内容上都超越了前人，隆“礼”成为荀子伦理思想中的一大特色。

一、礼之践行

在人际关系方面，仁慈和善良是驱使人们遵从道德准则和原则的内在动力，礼仪则是用来规范和引导具体的行为方式的。由于人与人之间存在纷繁复杂的关联，因此在不同的人际关系中，人们需要承担各自独特的道德义务和责任。因此，我们也会对人类的行为制定出各种不同的伦理规范。不同的道德标准和规范会被

---

① 荀子. 荀子[M]. 沈阳：万卷出版公司，2009.
② 荀子. 荀子[M]. 沈阳：万卷出版公司，2009.
③ 荀子. 荀子[M]. 沈阳：万卷出版公司，2009.
④ 荀子. 荀子[M]. 沈阳：万卷出版公司，2009.
⑤ 荀子. 荀子[M]. 沈阳：万卷出版公司，2009.
⑥ 朱贻庭. 应用伦理学辞典[M]. 上海：上海辞书出版社，2013.
⑦ 荀子. 荀子[M]. 沈阳：万卷出版公司，2009.

具象化为实际行为规则，这些规则可引导人们在不同人际关系中遵循适当的行为模式，从而形成固定的社交行为准则。儒家将仁爱作为处理人际关系的最基本的道德要求，一方面重视血缘亲情的自然情感，提倡“亲亲”“急亲贤之为务”[①]的朴素道德实践过程；另一方面又以“亲亲”为起点，秉持着“忠恕”的信念，将自我奉献的精神融入社会各个领域，推动仁爱精神在整个社会范围内得到弘扬和传承，实现道德伦理的全面社会化。因此，儒家注重阐述伦理道德对社会的作用和意义。儒家伦理思想最好的道德指南就是“礼”。

儒家对礼的讨论非常广泛且深入，建立了一个庞大而完整的礼仪体系。《礼记·礼运》载：“故圣人所以治人七情，修十义，讲信修睦，尚辞让，去争夺，舍礼何以治之？”[②]七种“人情”为喜、怒、哀、惧、爱、恶、欲。而父亲的慈爱、儿子的孝顺、兄长的善良、弟弟的顺从、丈夫的担当、妻子的聆听、长者的恩惠、年幼者的顺从、君王的仁慈和臣子的忠诚，被称为“人义”。礼仪的目的在于管理人之情，培养人的道德情操。主旨是“讲信修睦、尚辞让、去争夺”，使尊重礼仪和和谐共处的价值观念贯穿在整个儒家伦理思想体系中。这些行为规范成了整个社会人际交往的标准，同时还对于亲子、兄弟、夫妻、君臣等各种社会关系提出了具体的道德标准与要求，如父子关系中，子女对父母之礼就包含有孝顺、孝敬、孝养等道德内蕴。如《论语·为政》记载孔子谈论子女对父母尽孝心应该遵循怎样的原则时说：“孟懿子问孝。子曰：‘无违。’……‘生，事之以礼；死，葬之以礼，祭之以礼。’”“子游问孝。子曰：‘今之孝者，是谓能养。至于犬马，皆能有养；不敬，何以别乎？’”“子夏问孝。子曰：‘色难。有事，弟子服其劳；有酒，食先生馔，曾是以为孝乎？’”[③]诸如此类各种主要社会伦常关系，儒家都有着非常明确的道德意义上的规定。

如上所述，礼所涵盖的意义非常丰富，远远超越了任何一种道德标准所能涵盖的范围。礼是道德的基石，能够启迪人的思想，是区分是非的准则。此外，礼在政治和人际关系中具有界限的意义，同时还能够规范行为。若没有礼仪，仁爱的道德准则只能是空洞的口号。礼节如果没有基于包容和关爱的道德价值，那么它只会变成没有意义的表面形式。因此，儒家学者所强调的礼，并非只关注表面上的仪式形式，而是更加注重传达内心的道德涵义。他们并没有将礼仪看作僵化、不可违反的准则，而是视其为仁爱道德的体现和表达方式。因此，他们极为重视

① 申笑梅，王凯旋．诸子百家名言名典[M]．沈阳：沈阳出版社，2004．
② 姜军，孙镇平．中国伦理化法律的思考[M]．北京：华文出版社，1999．
③ 孔子．论语[M]．杨伯峻，杨逢彬，注译．长沙：岳麓书社，2018．

礼仪所代表的道德内涵在行为规范中的体现。如同孔子所言："礼云礼云，玉帛云乎哉？乐云乐云，钟鼓云乎哉？"[①]"人而不仁，如礼何？人而不仁，如乐何？"[②]礼乐不仅是表面上的祭祀和舞蹈形式，更应该是以仁为核心的道德信念的象征。

总之，儒家所谓的礼是以仁、义、忠、信等道德意蕴为内质特征的，绝非单纯地指外在形式上的礼仪。儒家重视礼，与礼所提倡的道德内蕴是分不开的。儒家将礼与仁义道德联系在一起，强调其统一性、不可分割性，使礼成为一个德性涵义十足的行为规范。正是因为礼是仁义的外在形式，所以要守仁行义就必须在日常生活中循礼守礼。

二、礼之要义

先秦儒家对礼的重视，使得礼逐渐演变出一种深刻的道德内涵，并成为一种重要的伦理规范。如果仅仅局限于礼仪规范的层面来探究儒家礼文化所传递的道德思想，可能会忽略其中更为深邃、广泛的道德内涵。礼文化之所以受到人们的高度关注并长期传承，真正的原因在于其所包含的精神和核心价值，以及其在适应不同时代需求方面所做出的内容和性质的改变。

首先，儒家礼教强调尊敬和谦让。《论语·里仁》说："能以礼让为国乎？何有？不能以礼让为国，如礼何？"[③]刘宝楠的《论语正义》说："'让'者，礼之实；礼者，让之文。先王虑民之有争也，故制为礼以治之。礼者，所以整壹人之心志，而抑制其血气，使之咸于中和也。"[④]

让为礼之主旨，展现了礼的具体内容和精神根本。礼之所以能"教俗正俗"、决"分争辩讼"、定"君臣上下，父子兄弟"，实与礼之精神实质——"让"分不开，也与孟子所主张的"辞让之心，礼之端也"[⑤]的思想观点相一致。"让"这种方式可以约束人们的行为，促进彼此和谐相处。"让"可以使行为主体的内在道德与外在表现得到高度协调，既能符合礼仪行为的规范，又能展现其内心的仁、义等道德品质。这说明，孔子在传承古老礼仪的同时，注入了仁慈的内涵，使得"礼"这一儒家伦理道德的核心概念显示出更加充实和深刻的仁爱思想。这种精神能够从人的内心深处唤醒道德觉悟，让人们自发地尊重和关爱彼此，并自觉规范自己

① 孔子．论语[M]．杨伯峻，杨逢彬，注译．长沙：岳麓书社，2018．
② 孔子．论语[M]．杨伯峻，杨逢彬，注译．长沙：岳麓书社，2018．
③ 孔子．论语[M]．杨伯峻，杨逢彬，注译．长沙：岳麓书社，2018．
④ 刘宝楠．论语正义[M]．北京：中华书局，1957．
⑤ 张定浩．孟子读法[M]．南京：译林出版社，2020．

的行为。实际上，要培养礼和义，需要从内心的道德修养以及外在的行为表现这两个方面入手，而“让”恰恰可以帮助我们在这两方面进行提升。在内心深处，需要保持冷静，培养愿意让步的情感与胸怀。在外表上，通过控制行为举止和仪态姿势，展现出彬彬有礼、谦虚的形象。可以说“让”这个词体现了礼仪和道德的高度融合。

既然礼的本质或者主旨是谦让、节制，那么行礼主体就不能仅遵从礼的外在形式，而必须在行礼之时心怀谦让。儒家特别强调为礼以敬，如孔子曾在《论语·八佾》中说：“居上不宽，为礼不敬，临丧不哀，吾何以观之哉？”[①]朱熹的《论语集注》为此作注时说：“居上主于爱人，故以宽为本。为礼以敬为本，临丧以哀为本。既无其本，则以何者而观其所行之得失哉？”[②]“为礼以敬为本”一语精确地道出了孔子之“礼”的精神实质。孟子继承了孔子的礼观念，认为“恭敬之心，礼也”[③]。在他看来礼的本质就是恭敬，所以他认为“有礼者敬人”（《孟子·离娄下》）和“礼人不答，反其敬”[④]。荀子也有“礼之敬文也”[⑤]的说法。对于礼只要能体现其仁义的内在本质，对其形式可以更改而不必拘泥，但若其形式能体现内在的仁义就必须恪守不移，正如孔子在《论语·子罕》中所说的：“麻冕，礼也；今也纯，俭，吾从众。拜下，礼也；今拜乎上，泰也。虽违众，吾从下。”[⑥]孔子之所以然，就在于他深悉礼内在的精神以及礼的功能。亦如《论语·先进》所载孔子的话：“先进于礼乐，野人也；后进于礼乐，君子也。如用之，则吾从先进。”[⑦]朱熹的《论语集注》引用了程颐的精辟解释：“先进于礼乐，文质得宜，今反谓之质朴，而以为野人。后进之于礼乐，文过其质，今反谓其彬彬，而以为君子。盖周末文胜，故时人之言如此，不自知其过于文也。”[⑧]可见，“先进”恰恰体现了礼所固有的内在精神，发挥了礼所具有的实际功用，而“后进”则不然。

其次，礼之要义在先秦时期经历了一个较明显的转变过程。在孔子的仁学哲学中，礼指最高的道德规范之一，孔子曾以“非礼勿视，非礼勿听，非礼勿言，

① 孔子. 论语 [M]. 杨伯峻，杨逢彬，注译. 长沙：岳麓书社，2018.
② 朱熹. 论语集注 [M]. 济南：齐鲁书社，1992.
③ 孟子. 孟子 [M]. 哈尔滨：北方文艺出版社，2019.
④ 孟子. 孟子 [M]. 哈尔滨：北方文艺出版社，2019.
⑤ 荀子. 荀子：精华本 [M]. 沈阳：万卷出版公司，2009.
⑥ 孔子. 论语 [M]. 杨伯峻，杨逢彬，注译. 长沙：岳麓书社，2018.
⑦ 孔子. 论语 [M]. 杨伯峻，杨逢彬，注译. 长沙：岳麓书社，2018.
⑧ 朱熹. 论语集注 [M]. 济南：齐鲁书社，1992.

非礼勿动”[①]的话，要求我们的行为和思想应符合礼仪之道。孔子主张综合运用德行和礼仪去治理国家，目的是促使人们在言行举止和心态信仰方面都秉持道德操守，以此达到文明有序的和谐境界，反对将惩罚和政治手段作为建立社会秩序的手段。在孔子之后，孟子主张人性本来就是善良的，并提出了“四端”的概念。他高度推崇实施“仁政”，并主张通过礼治达成这一理念。

荀子由性恶论出发而提出“化性起伪”，认为矫治人性最有力的手段是“礼义”，主张“国之命在礼”[②]，要求时君世主“隆礼贵义”。然而，荀子将礼的内涵与法相混淆，认为应该用礼来规范王朝的管理，忽视了孔子和孟子强调的仁义道德是礼的内在精神和基础。荀子认为，人类社会的关键在于“分”，否则，“群而无分则争，争则乱”[③]。为了确保“分”能够有效实施，必须遵循礼制的标准和程序。礼的关键在于“分”，这不仅是礼的主要功能，也是其本质属性。根据荀子的观点，这种“分”不仅包括符合个人身份和职责的分配，而且也涉及按照地位和等级进行的差别对待。在古代宗法社会中，人们的身份地位是根据等级名分制度来区分的，这种制度是根据宗法血缘关系建立的。

荀子的观点是将礼分解为不同的部分，同时将法规和礼仪作为整体进行讨论，不同于孔子和孟子强调的守规矩。在《荀子·大略》中有这样一句话：“礼也者，贵者敬焉，老者孝焉，长者弟焉，幼者慈焉，贱者惠焉。”[④]尊敬、孝顺、尊重兄长或长辈，都涵盖于道德观念之内，并且都是杰出的表现之一。礼是展现各种美德的综合体，因此在道德上具有深刻的意义。荀子所赞美的礼是“人道之极”。“故绳者，直之至；衡者，平之至；规矩者，方圆之至；礼者，人道之极也。”[⑤]所谓的“人道”是指人类的与“天道”和“地道”相对应的道路、规范，也是人类所应遵循的原则和准则。“人道”是指在对待其他生物时，所遵守的道德准则和行为规范，也被称为人伦道德。礼仪被认为是最高尚的人际道德。礼仪被视为人性的巅峰，不仅是其他行为准则和法律条例的起源，而且是衡量标准。《荀子·性恶》指出，“礼义生而制法度”[⑥]，这句话表达了法律的来源在于礼和义，也表明了礼仪有着法律的意义。荀子认为礼的道德规范是具有永久的“道德法则”属性的，而

---

① 孔子．论语[M]．杨伯峻，杨逢彬，注译．长沙：岳麓书社，2018．

② 荀子．荀子[M]．沈阳：万卷出版公司，2009．

③ 荀子．荀子[M]．沈阳：万卷出版公司，2009．

④ 荀子．荀子[M]．沈阳：万卷出版公司，2009．

⑤ 荀子．荀子[M]．沈阳：万卷出版公司，2009．

⑥ 荀子．荀子[M]．沈阳：万卷出版公司，2009．

这一属性使得它可以被视为人类社会中的至高法则，并与法律意义上的规范联系起来。

荀子将法制的特点融入了礼制之中，从而使得礼制不仅包含伦理规范，而且还涵盖了法律规范，成为一个独具特色的概念。荀子在阐述礼仪的同时，强调了法律在维护社会秩序方面的重要作用，弥补了孔、孟主张行德政、行仁政而忽视法治理论的不足。这个强调法律维持秩序的主张对于儒家的伦理思想，特别是政治方面的思想意义重大，使得其内涵有了显著的转变。这为儒家思想成为统治思想的正统奠定了基础。

第四节　智

“智”是儒家尤其是思孟学派极为重视的道德范畴之一。在孔子的思想中，“仁”与“智”的融合是人们修身养性的终极目的，也是一个人最高思想境界的体现。“智”通常表达的意思是智慧、智识、智谋、智巧、智能等，从这些词语可以看出，一般情况下，“智”更倾向于知性思维的体现，而不是应用于道德领域。后来，随着“智”字意义的拓展和内涵的延伸，思孟学派把“智”加入“四德”或“五行”之中，与仁、义等道德概念等同视之，将有德有智作为人的本质性规定。尤其是孟子通过对人性善的论证，把“智”看作人们区分是非曲直以及善恶的能力，强调了“智”的德性意义，并充实了其道德内涵。

一、智的认知

在整部《论语》中，虽然通篇没有提一个“智”字，但有不少“知”字出现，在书中，有的“知”就通“智”，能够表达“智”的意思。孔子经常把智和仁相提并论，比如《论语·里仁》里面的“里仁为美。择不处仁，焉得知？”①“仁者安仁，知者利仁”② 等。从这些内容可以看出孔子对仁和智的见解及对二者关系的思考，即“仁”是了解人的本质后的结果，是君子高尚品格的体现；知（智）则用来分辨是非好坏，剖析人与人之间能用道德评价的社会关系。而且，智和仁是相辅相成的，有了“智”，就能更容易、更好地做到“仁”。《韩诗外传》卷一记

① 孔子．论语[M]．杨伯峻，杨逢彬，注译．长沙：岳麓书社，2018．

② 孔子．论语[M]．杨伯峻，杨逢彬，注译．长沙：岳麓书社，2018．

载哀公问孔子有没有“智寿”者？孔子做了肯定的回答，认为聪明的人处事合宜，所以也往往长寿，并举了三种人的例子说明不聪明会导致一个人“非命”。从孔子的谈话中可以看出，他所说的“知”（智）是从智慧、聪明、贤能、智巧、智谋等意义上使用“智”的，属于认知或知性的层面。其所谓“仁智统一”，是指仁的道德修养与理性认知的统一，“爱人”与“知人”的统一，同时包含着人道原则与理性原则的一致。其中，仁是核心，智作为对人自身的认识、对人与人的伦理关系的认识，而成为仁得以实现的重要条件。可见，“智”在此虽然主要属于认知的范畴，却是一个与道德有关的范畴。

在先秦时期，“智”与道德的关系还不明显，主要还是归类于认知、智识的领域，这从当时的一些著作中可以看出。例如春秋时期老子所著的《道德经》（又名《老子》）中的“绝圣弃智”“民复孝慈”①，战国时期庄子所著的《庄子》（又名《南华经》）中的“小知不及大知”② 等，都是包含“智”字的语句。在这些句子里，智都主要是聪明、才智之类的意思，与道德并无太大联系。

长沙马王堆帛书和郭店楚墓竹简的出土，为研究儒家伦理思想提供了丰富的资料。二书都有《五行》篇，帛书本《五行》篇以仁、智、义、礼、圣为序，郭店楚墓竹简本《五行》篇以仁、义、礼、智、圣为序。虽然这五种儒家思想在两本书中排序略有不同，但相同的是，二者都把“智”列为儒家所提倡的重要思想之一。在郭店楚墓竹简《五行》篇一开始就提道：“五行：仁形于内谓之德之行，不形于内谓之行；义形于内谓之德之行，不形于内谓之行；礼形于内谓之德之行，不形于内谓之行；智形于内谓之德之行，不形于内谓之行；圣形于内谓之德之行，不形于内谓之（德之）行。”③ 这段话根据“形于内”和“不形于内”的区别，把仁、义、礼、智、圣这“五行”分成了“德之行”和“行”两部分。关于“形于内”和“不形于内”“德之行”和“行”所代表的意义，可以参考东汉末年儒家学者、经学大师郑玄在《周礼·地官·师氏》中的一段注释：“德行，内外之称，在心为德，施之为行。”④ 结合注释，我们不难理解，“形于内”就是指人内心当中自然而然、顺着本性形成的道德观念，所以称为“德之行”；而“不行于内”是指后天对各种规范进行学习并付诸实践，所以称为“行”。

在这里，“智”与仁、义、礼、圣一样，都分为“德之行”与“行”。而其中的“德

① 李耳．老子 [M]．李王波，巩洪波，译注．长春：吉林人民出版社，2005.

② 庄子．庄子 [M]．贾云，编译．西安：三秦出版社，2018.

③ 肖滨．现代政治与传统资源 [M]．北京：中央编译出版社，2004.

④ 许建良．中华传统美德的现代传扬 [M]．南京：东南大学出版社，2021.

之行”，就是指人内心的德性，体现了“智”所包含的道德意义。郭店楚墓竹简《五行》篇中还说：“见而知之，智也。知而安之，仁也。安而行之，义也。行而敬之，礼也。[①]”这里所讲的智是与仁、义、礼等道德范畴相并列的范畴，而且彼此之间有着密切的联系，所论多从“智”的道德意义上展开，故其更多地表现为一个德性范畴。“见”本是一种经验认知，先秦时也常称此为“智”，如《墨子·经说下》：“见之，智也。”[②]《五行》篇所说的“见而知之”[③]，意思是说对有品德者的行为举止能理解和认知，即认为能领悟有品德者的美德，是一种智慧的表现。能认知有德之人的德行并愿意与其相处，表现了仁慈的品质；学习有德之人的道德并将其付诸行动，是道义的体现；以行动实现道德并且恭敬对待有德之人，这是礼的表现。可见“智”是“仁、义、礼”产生的基础，只有以“智”为基石，“仁、义、礼”才不会成为无源之水、无根之木，“五行”才能水乳交融、和谐共生；反之，如果人们缺乏“智”，就很难做到“安”和“乐”，“不安”“不乐”就很可能导致仁、义、礼等德性的动摇。

根据上文可知，一方面，“见而知之”的经验认知是“智”向德性转化的开端，也使仁、义、礼具备现实意义；反之，在“见而知之”后，只有通过“仁”，“智”才能发生由外而内的德性转化。另一方面，智作为其他仁、义、礼诸德形成的基础而使之德性化进一步强化。这些都体现了“智”与德性的密切联系。郭店楚墓竹简《五行》篇中还说：“智之思也长，长则得，得则不忘，不忘则明，明则见贤人，见贤人则玉色，玉色则形，形则智。”[④]根据文中所述，“智”有思的功用，而“智之思”是一个长久的过程，思之长久则必然得其所思，使之“形于内”而成为人的德性。不忘这种德性则会使之显明，显明其德性则能发见贤人。发见贤人即见贤人之气象（玉色），这种贤人气象表现出来就是智。仁、义、礼都需要经过“智”之思而“形于内”，“智”从经验之知开始，经过“思”的扩充、发展，再通过“仁”“义”等环节的推动，最终实现了其德性的现实转化，初步完成了转智识为德性的过程。

在孟子的著述中，虽然对“智”提及较少，但其对“智”的论述往往能抓住关键，切中要害。他在《孟子·告子上》中说：“恻隐之心，仁也；羞恶之心，义也；恭敬之心，礼也；是非之心，智也。仁义礼智，非由外铄（化）我也，我固有之

① 孙希国．简帛文献《五行》篇与思孟学派[M]．哈尔滨：黑龙江人民出版社，2020．
② 刘精盛．王念孙之训诂学研究[M]．长春：吉林大学出版社，2011．
③ 孙希国．简帛文献《五行》篇与思孟学派[M]．哈尔滨：黑龙江人民出版社，2020．
④ 孙希国．简帛文献《五行》篇与思孟学派[M]．哈尔滨：黑龙江人民出版社，2020．

也，弗思耳矣。”① 在这里，孟子认为“智”是道德的内在性。把“智”定义为“是非之心”，是孟子的典型说法。此“智”如仁一样，非由“外铄”，而是“根于心”的。孟子关于智的先验实质和德性本质，还有如下之论断：“仁之实，事亲是也；义之实，从兄是也。智之实，知斯二者弗去是也；礼之实，节文斯二者是也。”② 从《孟子·离娄上》的这段话中可以看出，孟子将“智之实”规定为对“仁之实”和“义之实”之“知”，即对仁、义这些德性的认知，这样孟子所说的智则基本上属于德性之知，是主体对自身德性的认识或体认。显而易见，孟子所谓的“智”与孔子所说已有所不同，是一个与德性相关的概念，属于伦理学范畴。

此外，孟子对作为聪明、智谋意义上的“智”，即脱离道德意义的智是持批评态度的，如《孟子·离娄下》中的如下一段话。

孟子曰：“天下之言性也，则故而已矣。故者以利为本。所恶于智者，为其凿也。如智者若禹之行水也，则无恶于智矣。禹之行水也，行其所无事也。如智者亦行其所无事，则智亦大矣。天之高也，星辰之远也，苟求其故，千岁之日至，可坐而致也。”③ 这段话的意思是说，普天下所谈论的人性，不过是行为的本原而已。本原的东西以顺乎自然为原则。之所以厌恶聪明的人，是因为聪明人往往易于穿凿附会。如果聪明人能像大禹疏通河水那样治水，就不必厌恶了。大禹疏通河流治水，是让水不违背自然而流动。如果聪明人也使自己不违背自然而行事，那么岂不更聪明了。天如此之高，星辰如此之远，假如导求他们运行的本原，千年以后的事都可以坐而得知。孟子之所以厌恶这种所谓的聪明人，是因为“其凿也”，即穿凿附会。那么，也就是说在孟子看来“智”者易“凿”，或者说智具有穿凿附会这一属性。正是由于这一原因，他厌恶有智之人。因为在孟子看来人性本善，所以只要遵循固有的本性就可以成德成仁，无须穿凿附会，从而在成就智的道德意义的同时表现出了一定程度的重仁轻智倾向。

通过上述分析可知，儒家尤其是思孟学派所论之“智”主要围绕其道德意义展开，是一个德性范畴，属于伦理学的范畴。郭店楚墓竹简《六德》有“智为夫德”的说法，就直接以“智”为德。

当然，“智”在一般的意义上主要还是一个知性范畴，有其认识论的意义，这一点，在荀子的思想中表现得更为突出。荀子对“智”的论述相对于孔子、孟子而言是比较多的，同时，也看得出他对“智”比孔、孟更加重视，这在他的著

---

① 孟子．孟子[M]．哈尔滨：北方文艺出版社，2019．

② 孟子．孟子[M]．哈尔滨：北方文艺出版社，2019．

③ 张定浩．孟子读法[M]．南京：译林出版社，2020．

作中多所体现，如《荀子・非十二子》中说：“言而当，知也。默而当，亦知也。”《荀子・儒效》中说：“我欲贱而贵，愚而智，贫而富，可乎？”[①]《荀子・正名》中说：“所以知之在人者谓之知，知有所合谓之智。”[②]这些都是荀子对“智”的论述。

可以看出，荀子所论之“智”重在认识论的层面。在荀子看来，智就是“知有所合”，即其所谓的“所以知之在人者谓之知，知有所合谓之智”[③]，“是是、非非谓之知，非是、是非谓之愚”[④]。他认为“智之极”就是“明达用天地、理万变而不疑”[⑤]。显然，这样的“智”都是认识论上的知识，不涉及伦理学意义。这与思孟学派有着明显的不同。

二、智的境界意义

孟子把智规定为人的先验的道德属性之一，谓：“仁义礼智，非由外铄我也，我固有之也，弗思耳矣。”[⑥]事实上，智除了其本身的道德义之外，还由于其兼具的认知义，所以，在先秦时期往往表现出了一种认知义与德性义融为一体后的独特功用，呈现出了一种深邃幽远的境界意义。

首先，“智”是达至天人合一理想境界的桥梁。儒家追求的最高境界是天与人合一的境界，即承认人的道德来自天，并通过“尽心”“知性”“尽性”“知天”“事天”的道德实践而使心与天同一。孟子所谓的“万物皆备于我矣。反身而诚，乐莫大焉”[⑦]以及尽心、知性、知天的心性论；《中庸》所谓的“天命之谓性，率性之谓道，修道之谓教”[⑧]，以及“诚者，天之道也；诚之者，人之道也”[⑨]等性命说，都是对这种建立在道德心性论基础上的天人合一的揭示。但是，“尽心”“知性”“诚之”“事天”等道德修养环节，都与人的智这一德性“能力”有关。只有主体具有“智”这一先验德性，才能体悟人道与天道的本体同一，才能尽人之性、尽物之性，才能“和顺于道德而理于义，穷理尽性以至于命”[⑩]。通过“智”的体

① 孟子．孟子[M]．哈尔滨：北方文艺出版社，2019．
② 孟子．孟子[M]．哈尔滨：北方文艺出版社，2019．
③ 孟子．孟子[M]．哈尔滨：北方文艺出版社，2019．
④ 孟子．孟子[M]．哈尔滨：北方文艺出版社，2019．
⑤ 孟子．孟子[M]．哈尔滨：北方文艺出版社，2019．
⑥ 孟子．孟子[M]．哈尔滨：北方文艺出版社，2019．
⑦ 孟子．孟子[M]．哈尔滨：北方文艺出版社，2019．
⑧ 程皓月．儒魂：当代儒家的新古诗[M]．北京：东方出版社，2021．
⑨ 程皓月．儒魂：当代儒家的新古诗[M]．北京：东方出版社，2021．
⑩ 李兴，李尚儒．周易[M]．西安：三秦出版社，2018．

悟能力达到对于天道的领会与契合，从而达到人生道德的最高境界。这就是儒家所说的天人合一境界，亦即圣人的境界。可见，“智”在孟子、《易传》的作者那里，已经具有了道德境界的意义。宋儒张载将其概括为“惟大人为能尽其道”①，此大人就是包括智的德性在内的能“尽心知性”的人。

其次，“智”是德性不断臻于完善的重要条件。孔子说“知者利仁”②，从某种意义上说，对道德律则的体认、选择，对善恶是非的判断和对道德实践的指导，都离不开“智”的参与。德、智同一应该是不言而喻的道德进境。对道德律则的深入认识、正确的善恶判断都会对道德实践起到指导并使之完美的作用。荀子说：“是是、非非谓之知，非是、是非谓之愚。”③对是非善恶做出正确判断、选择的人是真正的智者，否则就是愚人。

最后，“智”有利于道德审美境界的提升。有德之人往往需要通过学习对道德境界加以提升，所以孔子曾对子路说：“好仁不好学，其蔽也愚。”④他曾对颜回有“不愚”之德性大加赞赏，说：“吾与回言终日，不违，如愚。退而省其私，亦足以发。回也不愚。”⑤孔子对“闻一以知十”的颜回大加赞赏，甚至认为自己与之“弗如”⑥。但对智不足而仁厚有余的弟子他表现出异常的冷漠，甚至批评说“柴也愚”，即认为高柴这个弟子就有这个短处。孟子承继了孔子这一点，如孟子引子贡的话说：“学不厌，智也；教不倦，仁也。仁且智，夫子既圣矣！”⑦这里“仁且智”就成为“圣人”的一个重要德性和衡量道德的一个重要标准，也说明仅仅有仁德是难以达到最高的道德境界的，需要“智”这一能力与之配合。

总之，“智”本来是作为认知的范畴来被广泛认同和使用的，但是在儒家那里被一步步德性化了，成为与仁、义、礼等相并列的德性范畴之一，这从一般的意义上确实令人费解。但是，如果联系到以道德理性为主导的儒家，联系到儒家的天人合一的心性论体系，这个问题就不难理解了。

事实上，道德修养离不开道德判断和对道德准则的选择与理解，这就需要“智”与德性的结合从而使“智”德性化。当人们在修养层面上充分发挥自己的

---

① 张岱年．中国人的人文精神[M]．贵阳：贵州人民出版社，2016．

② 孔子．论语[M]．杨伯峻，杨逢彬，注译．长沙：岳麓书社，2018．

③ 荀子．荀子[M]．沈阳：万卷出版公司，2009．

④ 孔子．论语[M]．杨伯峻，杨逢彬，注译．长沙：岳麓书社，2018．

⑤ 孔子．论语[M]．杨伯峻，杨逢彬，注译．长沙：岳麓书社，2018．

⑥ 孔子．论语[M]．杨伯峻，杨逢彬，注译．长沙：岳麓书社，2018．

⑦ 孟子．孟子[M]．哈尔滨：北方文艺出版社，2019．

主动性、创造性之后，道德才可能达至更高的境界，从而“智”也获得了道德境界的意义。“仁且智”于是就成为儒家特别是思孟学派所推尊的理想目标和人格境界。

第五节　信

信虽然在先秦尚未纳入“五常”之中，但作为儒家基本道德范畴之一，在先秦时期就已出现，并因其特有的文化内涵和社会功用受到思想家的重视。一些思想家和学者已经深刻意识到“信”的社会功能意义非凡。西汉时期，儒学家董仲舒在对儒家伦理思想进行系统性整理和改进时，就将信与仁、义、礼、智并列，共同纳入“五常”当中，从此“信”成为对后世影响深远的一个道德范畴。

儒家认为，“信”是肯定人类本性和存在真实性的一种价值观，要求人们遵从真实本性，行事时要与所处的社会地位、社会责任和道德义务相符，从而成为立身立国的基础。孔子站在社会生活的平实立场上提倡“主忠信”。思孟学派则将“诚”看作天之道也，对“诚”做了道德本原上的说明，并提出“思诚”“反求诸己”的道德修养原则。荀子将“信”视为成就霸业的必备条件，他说：“义立而王，信立而霸。”① 这都是从不同层面和角度对“信”的道德功用展开讨论的，旨在通过这一道德规范，对春秋战国诸侯混战的历史背景下人们朝秦暮楚、尔虞我诈、口是心非的违背诚信之德的行为加以约束与教化，让人们树立正确的诚信观，以期建立一种良好的社会人际关系。“信”的道德功用具体表现在如下三个方面。

一、“信”是立人之本

孔子曰：“人而无信，不知其可也。”② 意思是说，如果一个人没有诚信，必将一事无成，且为社会所不容。孔子又说“信则人任焉”③，认为诚实就会得到他人的信任。《论语·学而》载：“君子不重则不威，学则不固。主忠信。”君子不庄重就不威严，所学就不稳固。君子要以忠诚守信为主。《论语·卫灵公》载：“言忠信，

---

① 荀子．荀子[M]．沈阳：万卷出版公司，2009．
② 孔子．论语[M]．杨伯峻，杨逢彬，注译．长沙：岳麓书社，2018．
③ 孔子．论语[M]．杨伯峻，杨逢彬，注译．长沙：岳麓书社，2018．

行笃敬，虽蛮貊之邦，行矣。言不忠信，行不笃敬，虽州里，行乎哉？”[①] 言而有信，行为笃实，即使在蛮夷之地也行得通。如果言而无信，行为不笃实，即使在自己的家乡也行不通。信成为一个人在社会上能否立得住的重要衡量标准。

二、“信”是立国之本

《论语·颜渊》载：“子贡问政。子曰：‘足食，足兵，民信之矣。’子贡曰：‘必不得已而去，于斯三者何先？’曰：‘去兵。’子贡曰：‘必不得已而去，于斯二者何先？’曰：‘去食。自古皆有死，民无信不立。’”[②] 孔子认为一个国家可以无兵，可以无粮，却不可以无信。因为“民无信不立”，民众不信任就无以立国。《论语·学而》载：“道千乘之国：敬事而信，节用而爱人，使民以时。”治理千乘之国，首要之急就是谨慎处事而守信。郭店楚墓竹简的《忠信之道》《六德》和《尊德义》等篇目都涉及忠、信的道德思想内容。特别是《忠信之道》，将忠、信作为统治者的最基本的政治伦理原则。

可见，在郭店楚墓竹简中，“信”被视为统治者获得民心的至关重要的品质。一个社会的组织结构以及行为准则应当是真实有序的，并且应具备能抗拒外界干扰的稳定性。一个代表着国家、社会利益的君主应该拥有坚定可靠、恒久稳定的道德思想和行为表现，而不应该频繁改变。只有这样做，才能确保社会正常运转，并建立健康的人际关系。荀子认为，“禹汤本义务信而天下治，桀纣弃义倍信而天下乱”。[③] 统治者如果能够做到以义为根本、以信为当务，天下必然会得到大治；反之，背信弃义必然导致天下大乱。他还说，“义立而王，信立而霸”。[④] 奉行道义必将为王，恪守诚信必将称霸。这些都从不同的层面论述了“信”在治国施政中的重要作用。

三、“信”是交友之道

诚信是人际交往中的基本行为规范之一。孔门弟子子夏说：“与朋友交，言而有信。”[⑤] 曾子也说：“吾日三省吾身，为人谋而不忠乎？与朋友交而不信乎？传不

① 孔子．论语[M]．杨伯峻，杨逢彬，注译．长沙：岳麓书社，2018.
② 孔子．论语[M]．杨伯峻，杨逢彬，注译．长沙：岳麓书社，2018.
③ 荀子．荀子[M]．沈阳：万卷出版公司，2009.
④ 荀子．荀子[M]．沈阳：万卷出版公司，2009.
⑤ 孔子．论语[M]．杨伯峻，杨逢彬，注译．长沙：岳麓书社，2018.

习乎？”[①]与朋友交往要恪守诚信之道。相反，如果朋友之间存在欺骗，那么这样的关系就不能算是真正的友谊，因为真正的友谊应该建立在诚实守信的基础上。

在儒家学派内部，不同代表人物对仁、义、礼、智、信等核心要素的重视程度和具体运用并不完全一致，但这恰恰表现了这“五常”具有历史发展性。而且相同的是，不管在哪个发展阶段，仁、义、礼、智、信都在营造健康、融洽、完美的人际关系方面功不可没。它们对人们的思想和行为进行合理的规范和制约，为古代中国塑造了一种推崇仁爱、重视礼仪、遵守道德和理性思考的传统伦理思想文化。

① 孔子．论语[M]．杨伯峻，杨逢彬，注译．长沙：岳麓书社，2018．

第三章 儒家生命伦理思想

本章为儒家生命伦理思想，包括四个方面的内容，分别是儒学语境中的“生命”、儒家生命伦理思想的结构、《诗经》《尚书》中的生命伦理思想、儒家生命伦理思想的应用。

第一节 儒学语境中的“生命”

以儒学进路探究生命伦理问题，首先需要我们对儒学语境下的“生命”概念有一个准确的解读，在此前提之下，我们才能建构一种真正意义上的儒家生命伦理学。儒学语境下的“生命”概念，不同于当代生命伦理学语境下的“生命”概念，儒家是借助一些特别的概念及其相互的关系来表达它对生命问题的认识的。这些概念，内涵相对独立，又彼此联系，构成了儒家言说其思想义理的一套特有的概念系统。儒家有关生命的基本观点和深刻洞见，就完全蕴含在儒家这一特有的概念系统之中。我们今日所说的“生命”一词，其实并不见诸原始儒家文献，儒家解读“生命”问题，主要借助的是“天”“生”“性”“命”等这几个概念，而从语义的相近性说，“生”“性”“命”与今日所谓的“生命”更有直接的关系。因此，要说明儒家有关“生命”的思想观点，就不能不对这些概念及其在儒家语境中的特殊内涵有所认识和了解，这是我们探究儒家生命伦理思想的基本前提之一。本节的意图，即通过对儒家言说“生命”问题所涉及的一些主要概念进行解读，来揭示儒家言说“生命”问题的基本方式和儒家语境下的“生命”的基本内涵，从而为我们进一步探究儒家生命伦理问题创造条件。

一、儒学语境中的生命观

在儒家的文化环境中，“生命”所指涉的意义与当代所理解的“生命”有着显著不同。这种不同不仅仅体现在语言的古今差异上，更是从思维方式和表达机制的根本性层面上区别开来。儒家对生命的解说，一方面有它一套独有的话语系统，另一方面它本身就表现为一种深刻的伦理思想体系。儒家并不是单纯地使用一种描述性的语言来阐说生命本身，而是用一套均具独立意义但又彼此关联的概念来解读生命。这种差异具体表现在以下几个方面。

首先，作为一个独立的合成的词汇，当代语境下的“生命”一词，并不见诸原始儒家文献。在儒家文献中，我们未能发现“生命”一词。在先秦文献或反映先秦时期的思想事件的其他文献中，“生命”作为合成词使用，似乎也仅见《战国策·秦策三》中，在《蔡泽见逐于赵》一节中，蔡泽回答应侯时说：“富贵显荣，成理万物，万物各得其所；生命寿长，终其年而不夭伤。”[①] 这里面提到了“生命”一词。除此之外，“生命”作为合成词使用，鲜见于秦汉之前的文献，大概是在东汉之后，“生命”才正式开始作为合成词使用。

其次，虽然在原始儒家文献中很少出现“生命”一词，但有一些意义与今日“生命”一词的内涵颇为接近，并且能够在诸多方面取代今日“生命”一词用法的概念，如“生”“命”“性命”等。我们今日所说的生命的内涵和用法，在特定的情况下，均可为儒家的这些概念所取代。但是我们不能一般地将之与当代语境下的生命概念等同起来。儒家所说的“生”“命”“性”等均有独立内涵，而且涉及儒家特有的思维方式，整体表现为天道人伦的思想机制。这些词的相互组合，如“性命”和日后出现的“生命”连用的情况，也是在这种特定思维下产生的。这些概念组合在一起使用时，虽然表明了它们内在的联系性，但其独立意义并没有消失。因此，这些概念，一般而言，不能与今日所谓的“生命”同日而语。这些概念的独立性和关联性，使之本身就表现为一个思想系统。

最后，儒家对于生命的界定，并不像当代生命观那样侧重于从结构和功能角度来阐释生命的内涵和性征。

在当代生命观中，根据学科侧重点的不同，生命学说可以分为从结构角度阐释的“结构主义”生命说和从功能角度阐释的“功能主义”生命说。“结构主义”认为生命是一种具有特殊结构、携带特定遗传信息并且能自我复制的物质；“功能主义”更注重生命的性质和功能，其典型观点认为生命是一种能够进食、排泄、呼吸、运动、生长、生殖和具备反应性功能的系统。这两种生命说都有一定的合理性，但也都有其局限性。所以，人们尝试着把现有的各种生命学说综合起来，形成一种更合理、更全面的生命学说。比较简洁的方式是把“结构主义”和“功能主义”两种对生命定义的方法结合起来。比如《不列颠百科全书》结合这两种

① 杨子彦．战国策正宗：上[M]．北京：华夏出版社，2014．

方法试图给出一个普遍性的生命定义，在这里，生命被视为某种物质复合体或个体的状态，其存在是为了执行特定功能。此外，生命还可以被看作由有机分子的聚合体组成的一种状态。这种定义对生命的看法是将其视为有机体的存在形态，包括组成特征、功能表现等一系列生命现象。它强调有机体的生存方式是动态的，其有能力繁殖后代、与外界交换能量以及持续适应环境以保证生存。简单来说，就是将生命看作“活的有机体”。

不同于当代社会从生物学角度阐述的生命观，儒家对生命的定义是以道德哲学、伦理学、宇宙生化论为基础的。儒家的生命观侧重追溯生命的本源、演化，阐释生命的存在、价值，讨论生命现象和生命之间的联系。就其目的而言，它是要借助一套天人哲学说明生命产生的根源、生命存在的本质和意义、生命实现的方式，以及各种生命之间和谐共生的生命境界，也即儒家所谓的“太和”境界。也就是说，儒家使用的这些概念，本身是和儒家的价值观念和伦理目的融为一体的。它也体现了儒家的认知方式和思维方法。这就使得儒家对生命的阐释具备了一种宏大的叙事特征，也即它并不注重从细微处探讨生命的夭寿长短等问题，而是强调从宇宙时空演化规律的角度把握生命的性质、意义和开展方式。应当说，这是儒家有关生命的理解非常有特色的一个地方。所以，我们对于儒家关于“生命”的解读，就不能局限于对生命语义的解释，而是应当在儒家阐述生命的思维方式和整体机制中去把握儒家语境下的生命内涵，这就需要我们对与之直接相涉的几个重要概念如“天”“生”“性”“命”等的内涵及其相互关系有较为充分的认识。

不过，儒家的生命观与当代的生命观相比，也并不总是表现为相异的一面，它们也有相合的一面。儒家这套生命观，实际上我们可以理解为一种系统的生命观，从系统的生命观角度来说，儒家对于生命的理解，与今日系统生命观的基本认识是相合的。这样一种情况，颇有益于我们对当代生命伦理学与儒家生命伦理学之关系做一种融通性的理解。

当代的系统生命观是伴随着对传统的定义生命的方法之弊端的认识不断深入而产生的。伴随着人类对人与自然关系认识的深入，传统上基于学科视域对生命进行定义的方法，实际上已经表现出诸多弊端。这样的生命观实际上是一种狭隘的生命观，它不仅人为地缩小了“生命”的范围，也很难让我们在纷繁复杂的生命现象中注意到生命之间以及生命与其生长条件之间的普遍联系性。当代人类对其生存环境的长远考虑，开始让我们跳出旧有的生命观念之囿。比如上述提到的“结构主义”和“功能主义”的生命观，这些观点实际上都是从局部对生命进行定义的，由于采取的标准和视域不同，对生命的认识也必然五花八门，对非此“结构”和“功能”的“生命”之间的相关性往往也缺乏相应的关注。

又比如前面提到的将“生命”理解为“活的有机物”的生命观点，这种观点也面临着严峻的挑战。因为按照这种观点，我们很难截然区分出有机物与非有机物的界限，很难把“生命”绝对地理解为一种有机物的构成，或是无机物的存在。比如无机物的世界实际上同样存在着一种与外界进行物质形式的转换的现象。以唯物史观的发展变化的观点来看，作为一种特定的物质形式，也总是处在生成变化的过程中，都有其生成、发展、消亡的过程和规律。并且，对于无机世界的特定存在状态和条件的改变与破坏，不仅可以直接改变无机物如土壤、岩石、金属等的存在状态，也可能引发一系列的生存危机。如滥采矿产导致的环境破坏，直接会改变特定区域的土壤构成，从而引发生态危机。同样，从进化论的观点来看，高级存在物均由低级存在物进化而来，有机物也是从无机世界中进化来的，这也说明，“活的有机物”的世界和“死的非生物”世界似乎并不存在泾渭分明的界限。并且我们还应看到，自然宇宙中的任何存在，实际上都是相互关联的，这种关联有的是直接的，有的是间接的，无论是有机物还是无机物，它们都以某种形式储藏着能量并与他者发生着能量转换，它们互为基础，也经常性地相互转化。没有“死物”，“活物”就没有生存的空间和基础。“活物”也经常转化为“死物”，而“死物”则是一种新的物质形式，同样有它的“生命周期”。现代科技的发展，也让我们对这种“死物”的“生命”性征有了更深刻的认识。比如人工智能机械不仅可以具备自我复制、自我更新的能力，甚至还能“思考”，乃至可以取代人类在诸多领域的位置。

可以看出，在有些情况下，生命现象和非生命现象是可以相互转化的，两者之间无法做到泾渭分明。我们难以通过对生命进行定义来明确区分这两种现象。因为如果生命的定义太宽泛，容易把某些非生命现象也囊括进来，定义太狭窄则会漏掉某些生命现象。伴随着这种意识的加深和人们对人与自然之关系的深刻反思，人们开始提出一种新的系统生命观。

首先，新的系统生命观要求打破旧有生命定义中所存在的生命与非生命现象之间的“非连续性”，充分注意到天地万物均有某种“命”的形式而且彼此存在着紧密的联系，从而在生命的范围上，赋予了自然万物某种“生命”意义。按照这种观点，山石、河流、太阳、地球等也都是有生命的，只不过它们的生命特征和规定性不尽相同而已。

其次，新的系统生命观注重生命的层级结构，即认为万物之间存在一种相互制约和依赖关系，万物整体间存在这样一种系统关系，万物中又可分出许多亚系统，如各式各样的生物圈。也就是这种生命观把各种生命现象看成了具有层级结构和序列的不同的生态系统，这种生态系统，也是一种“生命”形式，也是有“生命”的。小到一个具体的由不同动植物构成的生物圈，大到太阳系乃至宇宙，都可以说是一种生命形式。各生命圈之间彼此关联，又有着各自的规律和独立性。这种生命观，可以使我们在研究生命现象时，既能注意到各层次之间的关系性，也能充分意识到它们之间的独立性，同时它也提示我们要注重从整体角度来理解生命的存在本质和意义，以及生命演化的方式和目的。很显然，这种系统生命观是以生命的共有性质或“家族相似性”为前提的，是以一种整体的、有机联系的、发展的眼光看待各种生命现象的，实际上是一种辩证的生命观念。

儒家的生命观在很大程度上和这种系统生命观的认识存在相合之处。儒家的生命观实际上是一种整体的生命观，在儒家的“生命”话语体系中，儒家视天地生成的一切均具有某种生命的形式，所谓“大凡生于天地之间者，皆曰命”[①]，而一切生命、或曰生于天地间的一切也均具有普遍的、一致的生成根源和性质。此外，儒家还承认各种生命之间存在着分层结构，因此会区分不同的生命体系，例如人类、动物和植物等。尽管如此，儒家依旧保持着普遍联系和整体性的生命观。儒家既不单纯从个体角度分析生命现象，亦不从“静态”角度理解各种生命现象，而是倾向于从复合性和动态性角度理解生命。《易经》里的“易道生生”的生命观念，充分说明了这一点。

总体来看，儒家对生命的理解，主要是一种存在主义的和辩证主义的生命观念，即把生命理解为宇宙法则的一种展现状态，由这种宇宙法则创生的一切事物，都具有“生命”的特征，且这种“生命”是整体联系的、发展的、变动的。所以儒家十分注重生命的“理一”，同时也强调生命的“万殊”，一方面它注重运用“同一性”的观点来揭示生命的本源、本质和内在价值，另一方面又善于在矛盾中处理各种生命存在之间的相互关系，这突出体现在儒家的“阴阳”观念中。

综上可见，儒家关于“生命”的认识，并不局限于某种功能和结构的定义，也不追求对生命现象的整全描述，它实际上是在一种“生”的伦理思维中，用一种哲学伦理学的“善的目的论”导引的生命观。凡是“生命”，皆天造地设阴阳互动之结果，这是“天地之性”，这也就是“生生”，“生生”就是万有的生命世界，继此“天地之性”、体现天地之“生”者，即现实的种种生命，它们的存在本身

① 张晓芝，王慧颖．中国传统文化十六讲[M]．重庆：重庆大学出版社，2019．

即一种“应然”，所谓“一阴一阳之谓道，继之者善也，成之者性也”[①]。这是儒家生命观的一个基本特色。

如前所述，儒家这种生命观是借助“天”“生”“性”“命”等这些概念及其相互关系得以说明的。因此，我们只有对这些概念有清晰的认识，才可能真正做到对儒家有关生命理解的认识，以及把握住儒家生命观的基本精神。除此之外，通过对这些概念的文本考述，我们不仅能抓住儒家生命伦理的关键信息，也能比较清晰地意识到这些概念与当今语境中的生命概念的差异性和相关性。不过，关于这些概念的字形演化和意义发展，学界已考究颇多，我们不必再做相同的工作。在这里，笔者主要是结合当代语境中的生命内涵，来挖掘这些概念所蕴含的儒家独特的生命意识以及生命伦理意蕴，以便我们对儒家言说生命的方式能有一个基础性的理解，并以这种理解来系统分析儒家关于生命伦理问题的可能立场。

二、儒家文献中的“生”

“生”在儒家伦理中，实际上具有伦理总纲的意义。儒家对宇宙的生成、世界的本体、生命的根源以及个体生命的意向性和规定性中都离不开这个“生”，我们平常所说的“生命”，在儒学中很多情况下也常常可以简约为一个“生”字。所以讨论儒家生命伦理思想，了解这一“生”的概念十分重要。鉴于此，这里我们把“生”作为考察儒家对生命认识的基点，通过对原始儒家文献中“生”的意义考述，明确儒家言说生命的方式。

（一）“生”之本义

从儒学的思想体系来看，儒家的“生”主要是一个伦理学概念，儒家十分注重挖掘“生”的德性内涵，并围绕着它诠释对生命和天、地、人、我相互关系的看法。但是考之原始义，“生”并没有这些复杂的内涵。

“生”在先秦文献中，使用得相当频繁，从甲骨文时代直至秦兴，“生”广泛见诸各类文献之中。从“生”的构字内涵来看，在甲骨文中，“生”字上部是一个象征草木形状的“中”，下部从“一”，象征土地之形，有的则直接把这个“一”写成“土”，从而形成会意，其意思就是草木生长于土地之上。金文中，“生”的写法也都承接了甲骨文的这个写法，即一个象征草的形状的符号加一个土字，草在土上，象征草木长于土地之上。所以，从甲骨文和金文中“生”字的构意来看，

① 张定浩．孟子读法[M]．南京：译林出版社，2020．

“生”的本义就是指“诞生”“出生”或“长出”。许慎在《说文解字》中将“生”字解释为“生，进也。象草木生出土上”[①]。它的基本意思即长、进、向上或往前发展。因此，从语源学的角度来看，“生”的本义即“长进”“生长”“长出”“从无到有”。后来关于“生”的许多意思，大都是从这里引申出来的。凡事物从无到有，或涉及事物这一过程的性征，往往都可以用“生”或围绕“生”来构词加以称谓。这样“生”的词性就发生了变化，从最初的动词衍生出名词和形容词的意义。从语源学的角度看，“生”的引申义，在名词方面，主要有“生命”“生存”“生活”“生性”“生机”“生气”等意思；在动词方面，主要有“出生”“产生”“生成”“生育”“发生”“养生”等意思；在形容词方面，主要有“活的”“不成熟的”“在世的”等意思。从原始儒家文献中“生”的使用情况来看，原始儒家文献中的“生”，多是在这种引申意义上使用的“生”。

后来，由于人们普遍性思维的增强，人们渐渐从“生”中悟出“万物之始”的意义来，这样“生”就逐渐具备了哲学的含义，慢慢地“生”开始有了万物本源之意义。在儒学中，儒家常常用“生”来指称万物得以生的最初原动力，并把决定事物生长的这种原动力称为“生意”，比如二程尝曰“万物之生意最可观”[②]。在儒家思想里，天地万物都具有活泼的生机和生意，这种生机和生意是最值得观赏的，并且，儒家还会有意识地维持和保护这种“生意”，因为只有具备了“生意”，生命才能生长，才能壮大，反之，如果没有了“生意”，生命也就不复存在。

儒家倡导珍惜、爱护生命，让具有“生意”的万物得到充分发展的条件和环境，是儒家核心思想中的“厚生”的体现。这种具有哲学思维的“生”，后来逐渐衍生出一系列与生命意义相关的词语。比如我们现在经常使用的“生气”“生意”“生活”“生动”“生长”“生成”“生育”“生发”“生机”，都蕴含着“生”的最基本意义。我们今天所谓的“生命”，之所以在儒学中有时可以用一个“生”字来表示，很大程度上就是由于“生命”承载着“生”的主要意思。“生命”这个词汇首先表示一个生命体的诞生和产生，随后它也包含了生长和延续的意思。生命由幼小脆弱到稳健成熟的生长过程以及以后的延续，都需要生命力的支持。而这即万物之“生”，也即万物之“生命”，这是从“生”的角度推测“生命”概念的产生和内涵上的关联性的。但是儒家对于生命的诠释，往往并不是直接用这个“生”字，或者说单纯用这个“生”字并不能揭示儒家对于生命的重大看法。

---

① 许慎．说文解字[M]．桂林：漓江出版社，2018．

② 尹真．传统修身法理[M]．北京：中国发展出版社，2016．

接下来我们就立足原始儒家的经典文献，对“生”字的使用情况进行一下考察，我们的目的是要揭示儒家是在何种意义上用“生”的，“生”是如何与“生命”发生联系的，或者说儒家是怎样借助“生”来言说有关生命的问题的。

（二）《诗经》《尚书》中的“生”

这里所谓的先秦“五经”是指孔子创立儒学前就已存在的中华上古典籍《诗经》《尚书》《礼记》《春秋》和《易经》。“五经”原本是“六经”，但因《乐》失传，故这里只以“五经”为论。由于《仪礼》和《春秋》中的“生”主要用于人名或称谓，《易经》中的两处“生”也没有特殊意义，故这里论述“五经”中的“生”，主要以《诗经》《尚书》这两部文献为主。

1.《诗经》中的“生”

《诗经》中的“生”多数都是在基本引申义上来使用的，就其内涵来说和我们今日所谓的“生”字区别不大，主要是“出生”“产生”“生长”“生活”“生存”“发生”的意思。但是有几种现象也值得我们特别注意。

其一，《诗经》中的“生”和其“天命”观念息息相关，如“天之生我，我辰安在”①“天命玄鸟，降而生商”②“昊天孔昭，我生靡乐”③ 等句。这里明显表达了一种对左右自我生命状态的终极力量的追问，均触及儒家对于生命本源和生命法则的思考，可以说是儒家生命伦理本体论思想的一种流露。

其二，《诗经》中的“生”也涉及儒家对于现实生命的血亲基础和情感纽带的说明，如“哀哀父母，生我劬劳”④“父兮生我，母兮鞠我”⑤“鲜民之生，不如死之久矣”⑥，这几句已经透露出关怀父母、不辱父母的孝道意识。对自然血亲情感的重视，事关儒家伦理生成的现实根据，在许多方面，儒家的“生命”意识均与此有关。

其三，《诗经》中的“生”已经和“德”发生了联系，开始具备道德内涵，如“生刍一束，其人如玉”⑦一句。这里的“生”指“初生”，引申为“嫩的”意思，“生刍”可释为“嫩的、青绿的草”。“生”如何由“长”“进”“初出”的基本义演化

---

① 周家丞．诗经全解[M]．北京：中国言实出版社，2020．

② 朱祖延．引用语大辞典（增订本）[M]．武汉：武汉出版社，2010．

③ 周家丞．诗经全解[M]．北京：中国言实出版社，2020．

④ 朱祖延．引用语大辞典[M]．武汉：武汉出版社，2000．

⑤ 朱祖延．引用语大辞典（增订本）[M]．武汉：武汉出版社，2010．

⑥ 周家丞．诗经全解[M]．北京：中国言实出版社，2020．

⑦ 朱祖延．引用语大辞典（增订本）[M]．武汉：武汉出版社，2010．

出与“老”“旧”“熟”相对的意思，并没有直接的文献说明，但有一种合理的推测，即初生或正在生长之物，显示出一种生机、生意，有一种蓬勃的、清新的气息，从而具备了一种与老、旧等意思相对的意蕴。而本句中，作者也正是借助“生刍”这一物理特性，喻示了人德的可贵。“生刍一束，其人如玉”[①]，这里面已经把人天生、纯真的清新之气看成可堪比人的德行的东西。“生”是相对“不生”的，而有“生”才有“德”，以“生”喻德，这也是《诗经》的一个思想特色。

总的来说，《诗经》中的“生”已经触及儒家伦理的一些议题，但是这里的哲学伦理含义还不甚明显，“生”还不能说是显而易见的伦理概念，儒家那种“重生”“厚生”的生命意识和伦理观念，还没有特别鲜明地突显出来。这种情况在《尚书》中则发生了较为明显的变化。

2.《尚书》中的“生”

《尚书》中，“生”主要见于以下各句。

“修五礼、五玉、三帛、二生、一死贽。”[②]

“舜生三十征，庸三十，在位五十载，陟方乃死。”[③]

这两句见《尚书·舜典》，第一句中的“生”通“牲”，“二生”是指羊羔和雁二牲。这里的“生”当为“出生”之义。

《尚书》中的“生”，除去一些通假借用的情况，主要有“出生”“产生”“生命”“生活”“生存”“使之生”等意思。我们可以看到，相对于《诗经》而言，《尚书》中的“生”，已经较为频繁地在“生命”意义上使用了，而且更多地与“德性”相连，“重生”“爱生”已经成为一种明确的生命意识和道德品性。同时，具备这种生命意识或者“德性”也被视为“在位者”应有的素养，是“在位者”能在其位的伦理基础。爱护生命、以天下苍生为重，使“生民”能够“遂其生”，是儒家“德治”的重要内容。在这里，“生”已经具备了现代日常语言中的“生命”的含义，而且附着了明显的道德的属性。

可以说，《尚书》中的“生”已经显示出了儒家生命伦理的基调。“上天有好生之德”，这句广为流传的中华民族劝善之语，实滥觞于此，这也充分表明《尚书》具有一种十分明确的以生命为本的伦理意识。但这种意识的明确表达，则有赖于后人的发展。

---

① 朱祖延. 引用语大辞典（增订本）[M]. 武汉：武汉出版社，2010.

② 陈戍国. 尚书[M]. 长沙：岳麓书社，2019.

③ 陈戍国. 尚书[M]. 长沙：岳麓书社，2019

（三）孔子、孟子、荀子论“生”

孔子、孟子、荀子是原始儒家学派的主要代表人物。儒学由孔子开创，以后孟子和荀子开出两种不同路向发挥其义，二者承上启下，又以一种互补姿态完善着整个儒学体系，儒学显著于当时及后世，二子功不可没。故这里我们把孔子、孟子和荀子放在一起来论。孔子、孟子和荀子的思想集中体现在《论语》《孟子》《荀子》中。所以，这里我们主要以《论语》《孟子》和《荀子》为基础，来讨论孔子、孟子和荀子所说的“生”。

1. 孔子论“生”

孔子对“生”的论述，我们主要以《论语》为据。其中，重要的句子如下。

“君子务本，本立而道生。”①

“天何言哉？四时行焉，百物生焉，天何言哉？”②

“天生德于予，桓　其如予何？”③

“生，事之以礼；死，葬之以礼。”④

“志士仁人，无求生以害仁，有杀身以成仁。”⑤

“爱之欲其生，恶之欲其死。”⑥

综合《论语》里的“生”可知，在《论语》中“生”显然是一个很重要的概念，这里面的“生”多是围绕着“生命”问题而发，这说明孔子的伦理思想，在很大程度上也是基于“生”的思考。人的生命当以何种形式存在，现实的人生受到何种约束、其正确的走向如何，生命的根源和动力是什么，这些有关“生命”的问题，在《论语》中相当程度上都是围绕着“生”而得以阐释的，或者说孔子有关生命的观点，主要是以“生”的论题形式发出的。生命的问题，在《论语》中很大程度上已经由“生”这一概念所涵摄。

不仅如此，《论语》里面的“生”，它的形上意义也开始显露。我们注意到，孔子论述“生”的问题，事实上是和“天”的属性有关联的。或者说，孔子对“生”的问题的阐释，本于孔子对“天道”的一种理解。也就是孔子对生命问题的阐释，其背后的思想依据是他的天道观。如果我们再联系《论语》中所有关于“天”的

---

① 孔子．论语[M]．杨伯峻，杨逢彬，注译．长沙：岳麓书社，2018．

② 孔子．论语[M]．杨伯峻，杨逢彬，注译．长沙：岳麓书社，2018．

③ 孔子．论语[M]．杨伯峻，杨逢彬，注译．长沙：岳麓书社，2018．

④ 孔子．论语[M]．杨伯峻，杨逢彬，注译．长沙：岳麓书社，2018．

⑤ 孔子．论语[M]．杨伯峻，杨逢彬，注译．长沙：岳麓书社，2018．

⑥ 孔子．论语[M]．杨伯峻，杨逢彬，注译．长沙：岳麓书社，2018．

言论来看，就可以断定，孔子对“生”的问题的揭示，是完全建立在他对“天”的存在法则的一种理解基础之上的。《论语》中尽管孔子很少谈论“天道”，但是透过“天何言哉？四时行焉，百物生焉，天何言哉？”[①]等说法，我们也可隐约感觉到，“天”的显证在于“百物生”，这大致表明孔子的思想是以天之“生物”法则为本的，也即孔子眼中的“天道”，大概就是天的“生道”。

可见，在孔子这里，生命的根源和动力、人的生命的发展方向或者说生命的实现形式与终极目的，都与“天”相关。而“天”提供给人类的可效法的内容或精神，即其“生物”的法则或精神，而以天之“生道”为本，实际上也就确立了人之生命实现的根本方式和终极方向，即在于遵循天道、实践天道。生命的价值和意义只能在对天道的体悟、践履、弘扬中才能得到确认和体现。这实际上是儒家有关“生命”认识的一个根本的观点。“生”的问题，本质上就是体悟和实践天道的问题，因此，对“天道”如何理解，必然会决定对生命的根本认识。《论语》言“生”的这一方式表明，离开“天”谈论生命问题，就从根本上背离了儒家对“生命”问题的认识方式，就不可能获得儒家有关“生命”的认识的正确观点。

生命问题，存在于天与人的交互关系之中，它的中心点是“天”之“生”与“人”之“生”的关系问题。天生万物，则规定万物，人亦受此规定约束，故人道当效法于天，这可谓《论语》的一个根本思想，尽管这一思想在《论语》中表明得还不是那么明朗。但是在孔子的潜意识中，天乃万物本源，这一点我们还是可以肯定的。唯天是伦理价值之本源，“德”生于天才成为可能。唯天规定人性，天与人具有某种同一性，从天之中寻求人之行动合宜性的根据和动力才成为可能。孔子之“仁”正是融贯天、人的这样一个概念。我们注意到，在孔子这里，“生”的问题已经表现出相当复杂的面向，孔子是把“生”的问题和“天”“性”“命”等诸多概念融会在一起加以阐释的。上述“人之生也直，罔之生也幸而免”[②]一句已经表明“生”与“性”的牵连。又如“死生有命，富贵在天”[③]一句，这句虽出自子夏之口，但收录在《论语》中。此句初看有一种宿命论倾向，却又显得合情合理，弄清这句话的含义，关键要弄清这个“命”字。毫无疑问，本句涉及儒家对生命问题的认识，但本句同时也说明，要弄清儒家“生”的问题，同时也要具备“命”的背景知识，这进一步验证了我们探究儒家有关“生命”的认识，务须将之纳入一整套的儒家概念系统中。

---

① 申笑梅，王凯旋．诸子百家名言名典[M]．沈阳：沈阳出版社，2004．

② 乐胜奎，李晓溪．中国文化元典选读[M]．武汉：崇文书局，2016．

③ 朱祖延．引用语大辞典（增订本）[M]．武汉：武汉出版社，2010．

总体来看，《论语》中凸显着十分浓烈的“生”的意识，并注重围绕着“生”抒发诸德之义和死生的终极性伦理问题。在这里，“生”之义贯通于“天”“德”“命”“仁”之中，其形上义、伦理义都得到体现，并形成诸多哲学伦理问题，如“天”与“生”“仁”与“生”等问题，启发着人们如何领悟生命之本、生命之价值与意义，如何做人等问题。孔子关于“生”的基本思想，孟子对其都有继承和发展。

2. 孟子论“生”

“生”在《孟子》中出现的次数较多，除去一些在基本义上使用的“生”字，体现孟子生命伦理思想的句子主要有以下各句。

“是使民养生丧死无憾也。养生丧死无憾，王道之始也。”①

“养生者，不足以当大事；惟送死，可以当大事。”②

“拱把之桐梓，人苟欲生之，皆知所以养之者。至于身，而不知所以养之者，岂爱身不若桐梓哉？弗思甚也。”③

以上三句中的“生”，从字义来看，第一句和第二句中的“生”可释为“生命”，虽然这句话说的是“王道”之于民众生活的意义，但这里“生”不宜解作“生活”，因为“生活”不宜说“养”。第三句是“使之生长”之义。“养生丧死”同样的说法亦见于《礼记》《荀子》，可见战国时这是普遍流行的说法。这里的“养生”不是今日狭隘的身体健康方面的“养生”，因为这里的“生”是广义的，既包括个体的身心之养，也包括“民生”之养。与之相对应的“养生之道”既包括个体的养生、修身，也包括政治上的对民众生存与发展的保障。

“君子之于禽兽也，见其生，不忍见其死。”（《孟子·梁惠王上》）

“虽有天下易生之物也，一日暴之，十日寒之，未有能生者也。”（《孟子·告子上》）

“以生道杀民，虽死不怨杀者。”（《孟子·尽心上》）

这三句中的“生”，第一句中的“生”与“死”相对，与今日“生死”之“生”同义。第二句的两个“生”，可释为“存活”。第三句的“生道”，此中之“生”即“生存”之义。这几句体现了孟子重“生”、以生命为本的意识，尤其是“生道”二字，颇值得深思，因为这显示出孟子对生命问题的深度而系统的思考。

---

① 孟子. 孟子[M]. 哈尔滨：北方文艺出版社，2019.

② 孟子. 孟子[M]. 哈尔滨：北方文艺出版社，2019.

③ 孟子. 孟子[M]. 哈尔滨：北方文艺出版社，2019.

“生，亦我所欲也，义，亦我所欲也，二者不可得兼，舍生而取义者也。”（《孟子·告子上》）

“然后知生于忧患而死于安乐也。”（《孟子·告子下》）

这两句中的“生”都是“活着”“生存”的意思。

“且天之生物也，使之一本，而夷子二本故也。”①

“君子所性，仁义礼智根于心，其生色也， 然见于面，盎于背，施于四体，四体不言而喻。”②

这两句的“生”，就字面意思来看，乃“产生”“生出”之义，但其实都包含更复杂的意义，这些句子都涉及我们对孟子整体生命伦理精神和主要内容的理解。

除上各句，《孟子》中还有一些涉及“生”的句子，但意思均不出以上各句，这里就不再列出。我们通观上述各句，可以说孟子一脉相承地继承了孔子的观点，并于形而上学和实际的政治方面做了较为深刻的理论拓展。比如孔子以“慎终追远”的姿态来安顿个体生命、化解生死问题，将生死置于仪礼化的类宗教生活中，强调“生，事之以礼；死，葬之以礼”③。孟子“养生者，不足以当大事；惟送死，可以当大事”④之论，即强化孔子之意。“天”与“生”之本体关联，在孟子这里也显得较为清晰。“天道”在“生”，万物本于天之“生道”，意即各种生命皆本于此，《中庸》讲“天地之道，可一言而尽也：其为物不贰，则其生物不测”⑤，说的也是这个意思。

总的来看，孟子论“生”，既关乎个体德性之养成和表现，更关系到家国天下的修齐治平的问题，但都是对孔子思想的继承和理论拓展。孟子和孔子一样，在他们潜在的思维当中，“天”都是“生”之本源，“天”的本性都在于它的道德性，都表现出一种“善生”的思维倾向和价值取向。

与孔子不同的是，孟子对于“生”与“性”的关系——这一儒学中十分重要的关系——做了认真的讨论。“性”的问题，于孔子还是一个颇为经验性的命题，“性相近也，习相远也”⑥，而在孟子这里则成为“天道性命相贯通”⑦的一个命题，

① 孟子．孟子[M]．哈尔滨：北方文艺出版社，2019.

② 孟子．孟子[M]．哈尔滨：北方文艺出版社，2019.

③ 朱祖延．引用语大辞典（增订本）[M]．武汉：武汉出版社，2010.

④ 朱祖延．引用语大辞典[M]．武汉：武汉出版社，2000.

⑤ 施忠连．四书五经名句辞典[M]．上海：上海辞书出版社，2010.

⑥ 乙力．中国古代名言警句[M]．西安：三秦出版社，2012.

⑦ 刘琳娜．道德与解脱[M]．成都：巴蜀书社，2020.

正是在孟子这里，形成了“尽心—知性—知天”和“存心—养性—事天”从而“立命”的生命伦理路径。所以说，孔子潜隐不发的“生”之哲学义、伦理义，在孟子这里则逐渐明朗起来。至于荀子，大道不偏于孔子，但与孟子所论又有不同。

3. 荀子论“生”

“生”在《荀子》中出现得也较频繁，近 70 处，荀子生活于战国末期，从语言学的发展角度来说，“生”的意思将更为丰富，与其他概念范畴的联系和区别也将更为鲜明。从思想发展的角度来说，“生”的哲学伦理义也因时代的问题变得更有针对性和现实性，这些在《荀子》中都有表现。我们先看一下《荀子》中关于“生”的一些重要言论。

“天地者，生之始也；礼义者，治之始也。”①

“天地生之，圣人成之。”②

“礼有三本：天地者，生之本也。”③

这里面的“生”与天地之本联系起来，是在本体意义上论“生”。从字面意思来看，这里面的“生”可以理解为“生命”或“创生”。

“人无礼则不生，事无礼则不成，国无礼则不宁。”④

“扁善之度，以治气养生。”⑤

“不由礼则触陷生疾。”⑥

“水火有气而无生，草木有生而无知，禽兽有知而无义，人有气、有生、有知，亦且有义，故最为天下贵也。”⑦

“故人莫贵乎生，莫乐乎安；所以养生安乐者，莫大乎礼义。人知贵生乐安而弃礼义，辟之，是犹欲寿而刎颈也，愚莫大焉。”⑧

以上诸句中的“生”主要是“生命、生存、生活于世”之义。在这里面，荀子重点强调了道德与生命的关系，特别是“礼”对于生命的重大意义。这是儒家生命伦理思想中“德命”观的重要体现，道德并非只是一种纯粹的精神修养，它的根本意义实际上体现了生命的本质和生命得以存在的最佳方式，是一种非常特

① 荀子．荀子[M]．沈阳：万卷出版公司，2009．
② 荀子．荀子[M]．沈阳：万卷出版公司，2009．
③ 荀子．荀子[M]．沈阳：万卷出版公司，2009．
④ 荀子．荀子[M]．沈阳：万卷出版公司，2009．
⑤ 荀子．荀子[M]．沈阳：万卷出版公司，2009．
⑥ 荀子．荀子[M]．沈阳：万卷出版公司，2009．
⑦ 荀子．荀子[M]．沈阳：万卷出版公司，2009．
⑧ 荀子．荀子[M]．沈阳：万卷出版公司，2009．

殊的“养生”思想。人的生命的根本生发于“德”，由“德”体现和维系，而不是靠外物来保证和体现，所谓“生乎由是，死乎由是，夫是之谓德操。德操然后能定，能定然后能应。能定能应，夫是之谓成人”[①]。

此外，《荀子》中还有两处论及“生”的地方值得我们认真对待。一处是《荀子·王制》篇里讲的“六畜皆得其长，群生皆得其命”[②]。这里的“生”可以理解为“生命”，也可以理解为“生物”，“群生”就是各种生命或各种生物之义。但是这里紧跟着又讲“命”，这说明“命”和“生”是有重大区别的。天地阴阳相合，万物遂得其“生”，“生”而必须得“命”，才构成万物之“生命”，这显然说明“生”与“命”存在不同的向度，分别代表一些特殊的内容。万物根据天地阴阳相合得以生，生后还有一个“得命”的问题。把“生”和“命”一同考察，才有可能较为完整地理解儒家有关“生命”的观点，这再一次提醒我们，探究儒家生命伦理思想，必须对儒家言说“生命”的特殊概念系统要有清晰的认识。与“命”相连，说明“生”与“命”的意义相对独立且联系紧密。二者合在一起，是说凡是“生”，皆为天赋，万物获得其“生”之时，也同时获得了“命”的规定，从而有了自己的“生命”，所以这种意义上的“生命”，显然不是生物学意义上的“生命”。荀子多次讲到“和”的问题，从其论述来看，荀子应该是把“和”看成了物之所生的重要条件。在儒学中，“和”确实是“生”的一个根本性条件，我们可以把“和生”视为儒家生命伦理的一个重要原则。

综上所述，荀子论“生”，一个重大特色是把“生”的意思与“天道”和“礼”联系起来，并且尤其重视实现“生”的方式和方法。在荀子这里，“即生言性”和“天道在生”的观念得到更为鲜明的阐发，而“礼”对于维系人之“生”的重大意义揭示得尤其深刻而全面。荀子对于人的生命的特殊性和保障机制也都做了十分具体的规定。天道的“生”、现实的“生”、群体的生存之道、个体的养生方式、“和生”的法则等，在荀子这里都得到了表述。“生”的意思，在荀子这里实际上已经条分缕析地体系化了。

孟子和荀子都生活在战国时期，他们有关“生”的论述，实际上代表了儒家言“生”的两种基本的思想倾向。从孔子始创儒学到秦汉之际，“生”逐渐成为儒家的一个重要理念，并得到系统化的表达。特别是在《易传》中，“生”已经成为儒家哲学的一个具有纲领性的理念了。

---

① 韦政通. 中国哲学辞典 [M]. 长春：吉林出版集团有限责任公司，2009.

② 汪文学. 中国传统人伦关系的现代诠释 [M]. 贵阳：贵州人民出版社，2019.

三、儒家文献中的“命”

“命”无疑也是儒家哲学的重要范畴，在儒家思想体系中发挥着特别重要的作用。从儒家的生命伦理思想角度来说，它也是我们探究儒家生命伦理思想的一个重要着眼点。儒家有关生命的哲学和伦理学问题的讨论，事实上都离不开“命”这个概念。因此，对儒家的“命”概念做一简要梳理和概括，也是我们探究儒家生命伦理思想的前提。需要事先说明一下的是，“命”，尤其是和“天”连属的“天命”，学界考述甚丰，这里我们就不必再做重复性的工作。这里笔者选择了一个角度，即着重探讨这一概念是如何与“生命”发生联系的，儒家在这里起了什么作用，赋予了“命”何种意义，这种意义又如何成为儒家伦理必要的一环的，这也将影响到我们探究儒家生命伦理思想的内容和角度。

（一）“命”之本义

现代汉语的“生命”一词，在很多情况下，也常常可以简化为一个“命”字，这应当是没有任何疑问的。相较于“生”和“性”而言，虽然在儒学语境中这两个字也都有“生命”的意思，但从形式上看，“命”似乎更为接近现代汉语的“生命”一词。比如“某人命休矣”和“结果了某人的小命”，就不能说成“某人生休矣”或者“结果了某人的小生”，也不能说成“某人性休矣”或者“结果了某人的小性”。但一旦加上这个“命”，不管是“生命”，还是“性命”，上述说法则都可成立。可见，这个“命”对于儒家理解“生命”问题，似乎更有根本的决定意义。在现代汉语中，“命”无疑具有“生命”的意思，这几乎是不需要说明的问题。但是我们考察汉字“命”之起源和思想史上的演化情况就会发现，“命”字产生之初，却丝毫没有今天“生命”的意思，“命”由最初之义演化出今天的“生命”内涵，其实经过了一个漫长的过程。它实际上是伴随着古代先民对人与宇宙、人与自然、主体意志与客观必然等哲学问题的思考能力的增强而出现的一种现象。所以说，古人的“生命”概念本身就蕴含着深刻的哲学、伦理问题。

从思想史的角度来看，“命”意识的产生和上古先民的生存境遇有关，也即直接取决于上古先民与环境之间的作用关系。人是有理性的动物，人与动物的生存相比，人天生对自己的生存环境会有一种思考能力。人的生存实质上就是从周围环境中获取能量，但大自然的能量往往以异于人的需求和愿望的面貌出现，有时也会对人造成极为不利的影响，而人则无可奈何，当这种情况频繁出现时，人的理性能力会促使人追问这背后的原因，从而产生自然亦有主宰的意识，一切均为这个主宰所支配，世间的一切其实就是这个主宰的旨意，而这古人称之为“命”。

“命”意识以及“命”的观念即由此诞生。“命”受制于人与环境的关系，正是在这个意义上，有学者将“命”定义为环境对于人为的裁断。但这还不完全准确，因为这个定义只强调了环境对人为的限制，而“命”的观念的产生更离不开主体的因素，主体对于人的生存之限制的自我反思，才促成了“命”观念的出现，而这也决定着“命”的内涵的演变。广泛流行于上古社会的占卜活动其实也说明了这一点。占卜的实质即“问命”，通过同样一种神秘的形式与自然之主宰进行沟通，从而借助这种形式推断自身“命运”。在采取某种行动之前，人们往往想知道这种行动可能带来的结果，但人力无法做到这一点，这样就自然倾向于那个“主宰”——那种自然的神秘的力量，期冀通过这个“主宰”的某种形式的暗示，感悟到行动的方向和可能带来的后果。这样，人的生存就成了人与这位“主宰”之间的一种关系，一种领受其旨意而行动的关系。“命”字就是在这样一种思维意识或原始的“命运”意识之中被创造出来的。

“命”其实就是“令”的衍生字，“令”就是“命”，“命”就是“令”，我们今天所说的“命令”一词，即“命”的本义。在甲骨文和金文中，“命”字已经大量使用，但都是在本义上使用的，均为“命令”之义，区别只是“命令”的发授者不同，一是“人”，二是“天”。所以联系发授者来看甲骨文和金文中的“命”，均为“王令”或“天令”的意思，可统而言之为“上帝或人王的旨意”。可见，“命”字最初根本没有“生命”的意思。“命”最初大概是用来指称那种神秘的自然主宰所发出的旨意或者代替这种主宰而向人们发出这种旨意的人间的王或知识阶层。但是，作为“王令”或“天令”的“命”，怎么会产生“生命”的意思呢？这是颇值得探究的一种现象，这对于我们探究儒家之“生命”观也有重大意义。“命”如何有了“生命”的意思？其间有何过渡？这种过渡又意味着思想史上的何种事件？对于儒学的思想体系又有何种影响？回答这些问题对于我们探究儒家的生命思想具有重要意义。但是从现有的文献来看，要获得古人的直接解释其实并不可能。我们只能根据相关的文献，尽可能做出符合逻辑的推测。我们先来看一下先秦五经中的“命”。

（二）先秦五经中的“命”

在先秦五经中，“命”字被大量地使用。如果光从使用的频繁程度来看，“命”似乎比“性”要重要得多。虽然事实可能并不是这样，但这种情况从另一个角度也说明，“命”范畴在儒学中，也是相当有分量的一个概念。

先秦五经出现并开始流行的时代，正是中国从原始宗教向人文精神跃进的时期，是人文理性逐渐占据思想主流的时代，因此“五经”中的“命”，相较更早期的人们的“命”意识，已经表现出复杂的思维面向，具有了更多的思想内涵。这在“五经”文本中，我们可以清晰地感受到。从“命”与“生命”的关联角度来说，“五经”中的“命”已经明确地具有了“生命”的意思，并且也具备了相应的伦理意识。而在甲骨文和金文中，我们还不容易发现“命”与“生命”的关联，这时候人们尚处在一种原始宗教的迷魅之中，对于“生命”问题似乎还没有觉醒的意识，“生”只是一种被动的“生”，是完全被“命”所笼罩的“生”。所以甲骨文和金文中的“命”未能揭示出古人理性地对待生命的能力，“生命”的问题其实只是“帝命”的问题，或者纯粹是在“上帝旨意”下的一种动物式生存。在这种意识中，世间一切冥冥中都自有主宰，人是受命而生的，因而是不需要怀疑自己的生命状态的。

不过，人的存在的特殊性决定了人不会永远受制于这样一种“帝命”观，当人的生存状态严重与愿望和能力不匹配的时候，人的“天赋理性能力”会驱使人去进一步地思考，从而会对自我生命状态给予更多的关注。人们会追问自己为什么要这样生活，继而会追问决定自己这样生活的那种力量是一种什么样的力量，如果它是一种意志的存在，那么就会追问它的公正性。这种意识在上古时代可能还是一种非常朦胧的意识，但或许正是这种出于对自己被动生存状态的觉醒，“命”才逐渐和人的生命状态联系起来。人的生命状态到底取决于什么？是完全被动的，还是人对自身生命的展现也应当有一种积极的态度？随着人们对自身生存状况关注意识的加强，人们对“命”的认识自然也会逐渐加深。在反思与“帝命”的关系中，人们开始更多地把注意力投入自己的生存状态中，这样“命”的意思便逐渐与个体的命运相联系或者说与个体的人生相联系，“命”也就逐渐具有了“生命”的意思。但显然这样一种“生命”，是一种融合了决定生命的那种外在力量与个体的生存状态的“生命”。那种决定生命的外在力量，通常即“帝”或“天”，因此，这样一种“命”观，其实质就是“天命”或“帝命”与个体人生或命运相融合的“命”观。这样一种“命”的意识，在“五经”中我们可以明显地感受到，这也可以看作“五经”中有关“命”的思想的主要特色。

总体来看，能够表现出“命”由本义逐渐具备各种与“生命”相关之内涵的文本，在“五经”中，主要是《诗经》和《尚书》。也就是说，“命”及其引申出来的各种意义，主要见诸《诗经》《尚书》当中。《礼记》中“命”字虽然出现了三百多次，但基本上全是“命”的原义，即“命令”的意思。《易经》和《春秋》中的“命”的意义亦可见诸《诗经》《尚书》。以下我们就以《诗经》《尚书》为主，论说“五经”中的“命”。《诗经》《尚书》的“命”字，如果从字面上来看，也主要是“命令”的意思，或者是“人王的命令”或者是“帝、天的命令或旨意”。由于学界对此讨论甚多，同时限于篇幅，这里就不再将这些涉及“命”的句子一一列出，而只就其中的“命”的意义和使用方法做一个总括性的说明。

《诗经》和《尚书》中的“命”，有这么几种现象非常值得我们关注。

其一，“命”字多是在“天命”角度或意义上使用的，如《诗经·小雅·小宛》曰“各敬尔仪，天命不又”[①]；《尚书·汤誓》曰“有夏多罪，天命殛之”[②]；《尚书·盘庚上》曰“先王有服，恪谨天命”[③]；等等。这表明，在《诗经》《尚书》时代，人们仍然笼罩在浓郁的天命观念当中，天命仍然是人们生存状态的决定者。“生”是天命下的“生”。以天命为前提来讨论个体命运和生存状态，这在当时是非常普遍的情况，这在《诗经》《尚书》中表现得比较充分，如《诗经·小雅·十月之交》曰，“天命不彻，我不敢效我友自逸”[④]；《尚书·大禹谟》曰，“皇天眷命，奄有四海为天下君”[⑤]；《尚书·西伯戡黎》曰，“呜呼！我生不有命在天”[⑥]；等等。“命”在根本上受天命制约，这实际上是对生命本源进行思考的一种反映。

其二，人们对于天命的态度，明显呈现出两种倾向。一是对于天命之悠远广大仍存敬畏心，如《诗经·周颂·维天之命》曰“维天之命，于穆不已”[⑦]，以及《尚书》中不断出现的“天命诛之”“天命殛之”[⑧]等句子，都表明了这种情况。二是人们对于“天命”的权威性、“正确性”也开始表现出怀疑。如“天命靡常”“其命多辟”等语句。这表明人们已经不再纯粹从“定命”角度看待自己的生存，“自主”意识开始增强。这种意识的增强，应当说，归根结底取决于人们物质生产水平的提升和理性思维的进一步发展。早期的“命”或者说传统上的“命”，往往被视为人们的一种“定命”，然而这种“命”在形式上一般表现为“天命”，实质上则是统治者灌输给民众的“命”，而随着物质生产条件的改善和人的智力的提升，人们必然也会因自身命运的变化而对这种“命”的当然性、合理性，以及由此引发的公正性产生怀疑。对于“天命”的怀疑，势必导致人们自主性的提升，

① 毕宝魁．诗经[M]．北京：现代出版社，2018．
② 陈戍国．尚书[M]．长沙：岳麓书社，2019．
③ 陈戍国．尚书[M]．长沙：岳麓书社，2019．
④ 毕宝魁．诗经[M]．北京：现代出版社，2018．
⑤ 陈戍国．尚书[M]．长沙：岳麓书社，2019．
⑥ 陈戍国．尚书[M]．长沙：岳麓书社，2019．
⑦ 毕宝魁．诗经[M]．北京：现代出版社，2018．
⑧ 陈戍国．尚书[M]．长沙：岳麓书社，2019．

慢慢人们也就产生了“一方面要靠天，另一方面也要靠自己”的想法，所以有了“永言配命，自求多福”①这样的说法。人的更好的生命状态，在很大程度上被认为是可以通过自主努力去实现的，这种认识应当是“命”走向“生命”的重大突破，但这种突破主要还是从“命”与“人的生命”的关联性来说的。

其三，《诗经》《尚书》中的“命”虽然多是在本义上使用的，但它越来越脱离“命令”这一词的中性意义，而带有了更多的人的意志和情感色彩，对它的修饰语充分说明了这一点，如“大命”“明命”“休命”，以及后来出现的“性命”等。《诗经》《尚书》中频繁出现的“大命”“明命”“元命”的说法，表明人类群体的“类生命”与“天命”存在根本目的的一致性。人类的生存就是执行“帝天”所授予的“大命”或“明命”的过程。这里，人执行“帝天的命令”，其实就是人的生命过程，这层意思已经表现得较为明显了。“生”的过程就是执行“天命”，人的存在的本质即如此，这就是人的“生命”。总之，人的生存或生活就是在实践“天命”，通俗地说，就是接受了“帝天的命令”并加以执行。“生命”的过程就是执行“天命”的过程。这应当是《诗经》《尚书》中的“命”的一个重要内涵。在蒙昧的时代，这种“生命”，最初只能表现为“类生命”，或者说具有一种集体的性质，比如族群的存在，因此这种意义上的“命”，是优于个体生命存在的。这种“命”通常称为“大命”“明命”。如《诗经·大雅·荡》曰，“曾是莫听，大命以倾”②；《尚书·太甲上》曰，“先王顾提天之明命”③；等等。“人王”或者掌握文化的人接受此“大命”“明命”以统治天下百姓，于是有了普通人的“命”。普通人的“命”，名义上是执行“天命”，实际上执行的是“人王的命令”，不按“命”而行，就没有普通人生存的可能。所以人的生命，实际上维系在这个“命”上。久而久之，“命”也就具有了“生命”的意思。无疑，这种生命观是以“天命”为前提的，换句话说，没有“天命”意识，也就没有“生命”观念，可以说，这是中国古代生命观、包括儒家生命观最为根本的一个特色。因此，脱离“天命”观来理解儒家的“生命”是根本不可能正确理解儒家的“生命”内涵的。

以上我们结合《诗经》《尚书》中的“命”，分析了“命”向“生命”演化的情况。总的来看，《诗经》《尚书》中的“命”虽然有了“类生命”或“个体生命”的意识，但这种“命”应当说主要还是一种“宿命”或“定命”意义上的“命”，这种“命”的境界还不高，人类生命的复杂性以及生命的尊严、崇高与否等问题，以及由此

---

① 周家丞．诗经全解[M]．北京：中国言实出版社，2020．

② 毕宝魁．诗经[M]．北京：现代出版社，2018．

③ 陈戍国．尚书[M]．长沙：岳麓书社，2019．

衍生出来的各种伦理问题，在孔子之前还不甚鲜明。“命”的内涵，是到了孔子时，才发生了重大提升，是孔子及后人赋予了“命”更为广泛的意义和人文色彩。孔子对“命”的论述，意义颇为重大。故下面我们专门讨论孔子的“命”。

（三）孔子论“命”

“命”这个概念，到了孔子开始具有更多新的意义。命的观念，起源颇早，至孔子乃予以新的意义。一开始，命的观念具有宗教色彩，经常与“天意”“神灵”等联系起来，直到孔子对“命”做出了独到而精辟的阐释，“命”才被赋予了新的意义。孔子认为，“命”是一个复杂的概念。它既包括了个人的努力和德行的影响，也包括了社会和政治环境的因素，同时还与整个世界的和谐与平衡相联系。孔子对于“命”的内涵加以提升，其重大贡献在于他对“天命”“天道”“生”与“性”等问题，做了综合的解释，从而使“命”成为“天道性命相贯通”[①]的重要一环，从而使儒家的“生命”概念成为一个系统的思想体系。只有从这个思想系统中，才能较为完整地理解有关“生命”的重大意义。当然，这种提升在孔子这里只能说是一种初始性的思考，它有赖于后儒的完善。这里我们仍然将《论语》作为讨论孔子“命”论的主要参考文献。在孔子《论语》中，“命”主要见于下列各句。

“五十而知天命。”[②]

“有颜回者好学，不迁怒，不贰过，不幸短命死矣！”[③]

“伯牛有疾，子问之，自牖执其手，曰：‘亡之，命矣夫！斯人也，而有斯疾也！’”[④]

“可以托六尺之孤，可以寄百里之命，临大节而不可夺也，君子人与？”[⑤]

“子罕言利，与命与仁。”[⑥]

“赐不受命，而货殖焉，亿则屡中。”[⑦]

“死生有命，富贵在天。”[⑧]

---

① 刘琳娜．道德与解脱[M]．成都：巴蜀书社，2020．
② 孔子．论语[M]．杨伯峻，杨逢彬，注译．长沙：岳麓书社，2018．
③ 孔子．论语[M]．杨伯峻，杨逢彬，注译．长沙：岳麓书社，2018．
④ 孔子．论语[M]．杨伯峻，杨逢彬，注译．长沙：岳麓书社，2018．
⑤ 孔子．论语[M]．杨伯峻，杨逢彬，注译．长沙：岳麓书社，2018．
⑥ 孔子．论语[M]．杨伯峻，杨逢彬，注译．长沙：岳麓书社，2018．
⑦ 孔子．论语[M]．杨伯峻，杨逢彬，注译．长沙：岳麓书社，2018．
⑧ 孔子．论语[M]．杨伯峻，杨逢彬，注译．长沙：岳麓书社，2018．

“君命召，不俟驾行矣。”①

“行己有耻，使于四方，不辱君命，可谓士矣。”②

“见利思义，见危授命，久要不忘平生之言，亦可以为成人矣。”③

“道之将行也与，命也；道之将废也与，命也。”④

“陪臣执国命。”⑤

“君子有三畏：畏天命，畏大人，畏圣人之言。小人不知天命而不畏也，狎大人，侮圣人之言。”⑥

“士见危致命，见得思义。”⑦

“不知命，无以为君子。”⑧

以上是《论语》中涉及“命”的主要句子。这些句子中的“命”，有作“命令”解的，如“君命召”“不辱君命”等；有作“寿命”解的，如“不幸短命死矣”；有作“生命”解的，如“见危致命”等。其他几乎均可作“天命”解。这表明，孔子对“命”的理解，也是以“天命”为基础的。这充分体现在他所说的“畏天命”和“知天命”上。“天命”之所以可畏，是因为“天命”对于人而言，它首先表现为一种异己的力量，是人的生命的限定者。人在“天命”面前，无法主宰生命的寿夭。颜回的短命、伯牛之有斯疾，皆是“命”，这种“命”分别构成了颜回和伯牛之个体的“命”，也即他们的生命。生命受限于“天命”，这是孔子所承认的。这种由“天命”规定的人的“生命”，人力是无法改变的。所以孔子对于颜回之短命、伯牛之有斯疾，也只能感慨。但是人的命只能这样“听天由命”吗？“天命”除了赋予我们肉身形色，它还能带给我们什么？人的生命的意义就存在于这无可奈何的肉身之中吗？人在“天命”面前，真的不能有所作为吗？人能否依据自身的努力，使天授命于人的东西在人身上体现得更好？这些问题其实可以归结为这一问题，即“天命”与人的具体生命究竟存在怎样的关系？这一问题，也许可以看作孔子思考“命”的出发点。

通观孔子的整个思想，我们可以这样推测，即孔子认为天命予人的，除了肉

① 孔子. 论语 [M]. 杨伯峻，杨逢彬，注译. 长沙：岳麓书社，2018.

② 孔子. 论语 [M]. 杨伯峻，杨逢彬，注译. 长沙：岳麓书社，2018.

③ 孔子. 论语 [M]. 杨伯峻，杨逢彬，注译. 长沙：岳麓书社，2018.

④ 孔子. 论语 [M]. 杨伯峻，杨逢彬，注译. 长沙：岳麓书社，2018.

⑤ 孔子. 论语 [M]. 杨伯峻，杨逢彬，注译. 长沙：岳麓书社，2018.

⑥ 孔子. 论语 [M]. 杨伯峻，杨逢彬，注译. 长沙：岳麓书社，2018.

⑦ 孔子. 论语 [M]. 杨伯峻，杨逢彬，注译. 长沙：岳麓书社，2018.

⑧ 孔子. 论语 [M]. 杨伯峻，杨逢彬，注译. 长沙：岳麓书社，2018.

身的形色之外，还有更为重要的内容，即人之为人的特性，也即“仁”。“仁”是真正地能彰显出人的生命价值和意义的内容，人的肉身的存在固然可长可短，人力无法左右。但决定人之为人的精神生命可以把人最重要的一面呈现出来，从而使生命不因夭寿而失色。然而，众生往往执着于肉身之生，而未看到人生最为本质的东西，所以才使生命不能发挥最大的价值，不能形成正确的对待生命的态度，所以孔子才讲“知天命”。能否“知天命”成为人的境界高低的一个判断标准，所以说“不知命，无以为君子也”[①]。天命赋予人的，除了长短不一的肉身存在，更重要的是赋予了人恒久而弥珍的精神内核——“仁”。天命赋予人的有可为之事，亦有不可为之限，故知此天命，自然也会对天命产生一种敬畏感。这种敬畏感意在时时提醒人在对待天命时应当保持一种谨慎和谦虚。所以，孔子对“命”的理解，并不是一种消极的“顺命”，而是以一种豁达心态从容对待人之生命的局限性，并对弘扬人之为人的精神生命拥有高度的自觉性。这是一种生命的“达观”，而孔子之所以具备这种“达观”，在于他发现了人的价值的根本，从而使人的生活成为一种具有明确价值导引的合目的性的生活，这就是“仁”的生活。

孔子提出“仁”，其最重大的意义就是改变了天人之间的“授命”与“听命”的意义，使人由原来的被动的天命执行者，变为天命的主动承担者和弘扬者。而由“被动”变为主动，就要消解天命的异己性。如果天命只是作为一种纯粹的异己力量而存在，那么人就不可能真正发自内心地领悟天命，这样的天命也只能作为一种如“上帝”般的信仰对象，它与现实的人心是分界的。所以孔子一方面承认天的超越性、临在性，另一方面他要打通天人在性质上的界限，消解天命对于人而言的异己性，这也就是后儒所说的实现“天道性命相贯通”[②]。这种做法，也就是承认人是天之所命者，但同时人也是天命的承担者、实践者、弘扬者，而不是被动的被规定者。人之所以能够自觉主动地承担、实践和弘扬“天命”，取决于天人之间具有“共性”，即天赋予了人与之一样的“性”，在孔子那里，这就是“仁”。“仁”是天赋予人的“本性”，人只有靠着这种“仁性”，才能有效实践自己的生命。“仁”是天之所命，内在于人的生命之中。“天命”与人的生命实即一体。“天命”与人的生命联结在一起，而这种联结也就是“性”与“天命”的联结。

在这里，我们可以十分清晰地看到，“命”在孔子这里，发生了重要的语义学的转向，“命”不再是单纯的“天命”，而是一个整合了人的生命特征的概念，

① 申笑梅，王凯旋．诸子百家名言名典[M]．沈阳：沈阳出版社，2004．

② 刘琳娜．道德与解脱[M]．成都：巴蜀书社，2020．

人的生命特征即在于“仁”，“仁”是对人的特殊生命本质的界定，而“仁”又源于天命，换句话说，在孔子这里，人的生命实质是由“仁”贯通起来的天命本身。而这个“仁”，也正是“天命谓之性”[①]的“性”，这样，作为一种外在的异己力量的天命借助“性”实现了与人的高度统一，从而人的生命，即表现为人的“性命”。这即孔子“命”论的重大的理论贡献。“命”和“性”本质同一，密不可分，这种意识的确立，对随后的儒学发展也产生了重大影响。《中庸》《易传》中有关“性命”之论，与此都有直接关系。

以上，是笔者结合整部《论语》对孔子“命”的思想所作做一个分析。综合孔子的言论，我们大致可对孔子所论的“命”做一个总结。

其一，孔子说的“命”，主要是指“天命”。但“天命”对于人而言，不只是一种异己力量，它除了赋予人生死寿夭和获得富贵与否的“运命”之外，它也赋予了人之为人之性，即“仁”，这是人的生命本质。

其二，“命”是天人发生关系的纽带，天与人之间总的来说是“授命”与“受命”的关系。但人不是被动的“受命”者，而是积极主动的对“天命”的理解者、承担者。而且这种关系是互动的，不是单向度的。天赋予人的“仁性”让人有一种积极的能力去回应天命，但人毕竟是天之所命的结果，所以人也是一个有限的存在，它回应天命的能力从根本上来说是以顺应天命为主要特征的。所以，“命”对人而言，也表现为一种界限。

其三，在孔子这里，“命”对人的先天规定性和作为异己力量，不是纯粹地以意志神的面目出现的，它也体现为一种创生的积极力量。天命不只是限制人的，也是成全人的一种根本力量。这体现在他对“天生万物”之“不言而教”的推崇上以及他对鬼神的一种临在态度。孔子心目中的天是自然创生之天，可以决定生命的本质。人的生命就是践行天之“生”的法则。人的生命存在就是证知天命的过程。所以孔子很是强调“下学而上达”[②]，要“知天命”。孔子的这种努力就是在自己的生命实践中证知天命。他认为“天命”是要结合自己的生活阅历来认识和体验的，要和人的生命相统一。在天与人的“命”的游戏中，确证人的生命存在的意义和实践的方式，并凸显人性的力量，这是孔子“命”论最主要的内容，也是他最重要的理论贡献。

由上我们可以看出，孔子“命”论的重大意义，在于他将天道、性、命相贯

---

① 罗秋善．儒家四书的思想智慧［M］．北京：中国书籍出版社，2021．

② 郭齐勇，吴根友．中国哲学通史［M］．南京：江苏人民出版社，2020．

通，而对于我们要理解的“生命”而言，孔子这里把“天命”与“性”统一起来，从而大大提升了“生命”的内涵，并且规定了儒家生命观的理论倾向。孔子之前，“性命”一词并不见诸原始文献中，孔子之后，也即大约战国时期，“性命”一词则频频出现于儒家的著作当中。从儒学的发展角度来看，孔子之后，儒家学者主要在由孔子开辟的这一“天道性命相贯通”[①] 的路向上建构其理论。郭店儒简的“性命”思想、《中庸》的“天命之谓性”等，无不是对孔子这一“性命”思想的继承和发展。

第二节　儒家生命伦理思想的结构

儒家生命伦理思想，从其结构上来说，主要分为四个部分：一是以“天道”或“天命”观念为基础的生命伦理本体论；二是以“万物有生”为特征的生命伦理价值论；三是以“万物一体”为核心的生命伦理目的论或境界论；四是以“中和位育”为原则的生命伦理方法论。这四个方面，互相联系，彼此支持，构成了儒家生命伦理思想最主要的内容，儒家生命伦理思想的精神、主题和价值原则在这四个方面中均得到了深刻揭示。本节将主要从这几个方面展开对儒家生命伦理思想结构的论述。

一、天道生生：儒家生命伦理的本体论

一种系统的伦理学说，离不开伦理本体论的问题。儒家伦理的本体基础即“天命”或“天道”。换句话说，儒家伦理是建立在儒家对“天命”或“天道”的理解基础之上的。他们怎么言说“天命”或“天道”问题，构成了其思想学说的基点，也决定了他们的理论倾向。“天命”或“天道”是儒家伦理的本体基础，儒家一切学说均建立在这一本体基础之上，这是毋庸置疑的。

儒家生命伦理思想自然也不例外。借助对“天命”或“天道”的说明，来言说对生命的看法，这构成了儒家生命伦理思想最为显著的特征。“天命”或“天道”的观念，不仅对整体儒学理论具有根本的决定作用，它同时也构成了儒家信仰的基本特色。“天命”的神圣性和“天道”的德性属性，这是儒家安身立命的终极根据。一旦离开这种观念，不仅整个儒学理论会崩溃，儒家的信仰体系也将

① 刘琳娜．道德与解脱[M]．成都：巴蜀书社，2020．

坍塌无存。所以，不管我们从哪种角度探究儒家思想，“天命”或“天道”的观念，都是我们理解儒家学说的第一环节，也是我们理解儒家生命伦理思想最为根本的内容。如果我们讨论儒家生命伦理，却不重视儒家的“天道”或“天命”，那就很可能走上一条与儒家的诉求相悖反的路而严重背离儒家的本意。

二、万物有“生”：儒家生命伦理的价值论

伦理学有时也称价值科学，这是因为伦理学讨论的基本问题如善恶问题本身也是价值问题，故讨论儒家生命伦理问题，显然也离不开对价值问题的讨论。儒家怎么看待生命的价值，关系到儒家生命伦理的思想旨趣，也关系到儒家处理生命问题的基本立场。不过，“价值”一词作为哲学伦理学的概念是 19 世纪以来的事情，儒家并没有专门针对“价值”进行讨论。并且，“价值”一词在当代具有多学科的理解，这种情况很容易使人在价值内涵的理解上发生混淆。因此，鉴于此，在讨论儒家有关“生命”的价值问题之前，我们有必要事先对“价值”的内涵做一点界定和说明。

（一）价值与生命价值

“价值”一词，在汉语中早已有之。但人们最初对“价值”的使用，主要是一种古典政治经济学意义上的或者“效用主义”的用法，主要用来指称某一物品的使用价值和效用，或者说“事物的用途和积极作用”。简而言之，“价值”就是指“物的用处”。基于对“物的有用性”的理解，“物”的价值通常表现为一种“交换价值”，一物具备了这种交换能力，也就证明了其自身是有价值的。这种对“价值”内涵的规定，本质上是从物的使用价值和交换能力角度来说的，但它是人们对价值一词的通俗用法。哲学伦理学意义上的“价值”一词，与“价值”这一原始的意义有联系，但又有不同的规定。哲学伦理学上的“价值”内涵，主要有两大类。

第一类是存在论、本体论意义上的“价值”。从存在论的角度说，凡是“存在”都有其存在的属性或者说内在的本性。而这种“存在”本身，证明了“存在者”本身是有价值的。“存在者”存在的内在属性，决定了事物的价值。这样的观点是肯定“价值”是事物内生的，与事物自身与外界的关系无关。事物的价值不是由其与外界的关系来决定的，也与人的意欲和需要无关。价值是由存在者自在自为的本性决定的，具有客观的性质。当代非人类中心主义生态伦理学者在讲自然的内在价值时，主要就是在这一意义上使用“价值”一词的。按照非人类中心主

义生态伦理学家的解释，所谓“内在价值”，主要包括三个方面的意思。

①非工具性的价值或作为目的的内在价值。按照这种看法，事物存在本身就是目的，这种目的决定了事物的价值，而不是因为人类的需要事物才有价值，它不是作为人类的工具、基于“工具有用性”而存在的，因此是“非工具性的价值”。

②因“内在属性”而产生的内在价值。事物是有内在价值的，不是由物与物的关系而决定的，此物自身就有一种内在的属性，该属性决定了它的价值。这种价值是内生于事物的，它不依据他者的存在而存在。

③与第二点相联系，是从客观角度看待内在价值的，即否定价值与人的评价和需求具有关联性，事物的价值具有独立于人类评价之外的属性，这种价值是客观的，是不受人的主体评价限制的。

以上三种对“内在价值”的解释，在内涵上具有贯通性，彼此之间是相互支撑的。这种“内在价值”观的主要特征是淡化了价值产生的人的因素，而赋予了价值一种存在论的根基。这成了当代非人类中心主义者论证自然生命的价值的主要理据。在非人类中心主义生态伦理学家看来，我们为什么要尊重自然、善待自然生命？为什么要赋予动物权利？这并不是因为自然生命对于人而言只有一种“工具有用性”，而是自然生命存在本身就是有价值的，这种价值既与外界事物无关，也与人的意识、特质无关。

与存在论的价值观相伴生的，是承认存在一种本体意义上的“价值”。西方哲学上的“本体”通常是本质主义的思维概念，是对存在的抽象，认为世界上存在着一种可作为万物根据的实体，它是终极的决定力量。依据这种本体认识，由此也产生了具有本体意义的价值。按照这种价值观，作为本体的存在才具有绝对的价值、至高无上的价值，其他一切所谓的价值都是依据这种价值而产生的，都是被赋予的价值，且这种被赋予的价值在性质上与作为本体而存在的价值是同一的。这种观点本质上也是一种存在论的价值观点，只是把价值本体化了，这种本体价值是绝对的、至高无上的，它派生出其他一切价值，其他一切价值都取决于本体的价值。

从根本上来看，存在论和本体论意义上的价值观事实上否认了价值的“关系属性”，也基本上否定了人的主体性。而我们通常对价值的理解，是认为价值是从现实的物与物的关系，尤其是人与物的关系中产生的，换言之，价值都是在现实的关系中产生的，是相对而言的。如果脱离现实的关系，价值的导向意义就消失了，也就无所谓价值问题。只有当这个事物与其他事物建立了关系，并且对其他事物有用，才具备我们所说的价值。此外，离开人的主体性，到底还有没有价值的问题，是值得讨论的。即使我们承认自然生命自身就有价值，这种价值显然也需要人类的“承认或肯定”，完全脱离关系性和人的主体性来讨论价值，价值问题将变得无甚意义可言。

第二类正是从关系性，尤其是从人与物的关系角度看待价值的观点。根据这类观点，价值是依“关系”而产生的一个概念，存在于物与物的关系中，是一物对另一物表现出的意义、有用性等属性。这种属性是一事物相对于另一事物的某种“需求”或“意欲”而产生的。依据这种“关系”，这种价值观点又可以分为两种观点。

第一种观点认为价值存在于一切形式的物与物的关系中。比如阳光对植物生长有用处，阳光满足了植物的生命生长需求，那么阳光对植物就是有价值的。小鱼满足了大鱼的生命需求（大鱼可以以小鱼为食物），那么小鱼对大鱼就是有价值的。价值就存在于物与物的“相与”之中，这种“相与”性的物与物的关系就体现为一种价值关系。

第二种观点认为构成“价值关系”的一方必须是人，只有人才是价值的尺度和评判者，才能构成价值的主体。价值是关于人的活动和属性的一种概念，是人类世界特有的，只有相对人才有所谓的价值问题。离开人的关系，不可能成为价值关系，非人之物对另外一种非人之物的“有用性”不能称为价值。这样一种价值观点，通常被称为“主观主义的价值观”。这种价值观建立在主客二分的认识图式上，认为价值是相对于主体而言的，而作为认识主体的只能是人，因此脱离作为主体的人，是没有所谓价值问题的，价值就是客体满足主体的有用性，是在主体和客体的关系中产生的。所谓价值，特指主客体关系的一种内容，这种内容就是客体是否能满足主体的需要，是否同主体相一致，并为主体服务。按照这种观点，作为客体的可以是任何物，也包括人本身，但作为主体的只能是人，价值就是客体满足作为主体的人的需要的那种属性，这种属性并不是单纯指客体自身的属性，而是只有客体具有的这种属性满足了主体的需求时，才表现为价值。比如铁是坚硬且可铸的，铁自身的这种属性无价值可言，只有当这种属性能满足人们生产工具的需要时，铁对人而言才是有价值的，在这里主体的需要是一物具有价值的根源。按照这种观点，非人世界的事物本身是无所谓价值可言的，“价值”是专属于人的思维活动，是人运用自己的思维对他者的评判尺度。在这个意义上，动物、植物和其他存在物本身是无所谓内在价值的，它们的价值都是因人而有，是以人为中心且与作为主体的人的需求相一致的东西。比如牛有价值，不是因为牛自身就有所谓价值，是因为牛可以被人吃或者做他用，我们说花儿有价值，是因为花可供人欣赏，等等。这种价值观，自然是对我们前面所说的所谓自然具有“内在价值”观点的否定。

显然，依照不同的对“价值”的理解，我们对生命的价值问题看法也会不一样。当代生态伦理学中的人类中心主义和非人类中心主义争议的焦点问题即与此相关。以上述有关价值的观点做参照，我们注意到，儒家的生命价值观既有存在论、本体论生命价值观的特点，又有某种人类中心主义生命价值观的思想倾向，但它又不同于当代西方的人类中心主义的生命价值观。儒家一方面似乎要努力说明生命价值的客观性，而另一方面生命的价值又似乎脱离不开人的存在特性，是和人的存在特性有着紧密关系的。这使得儒家的生命价值观念既有别于当代西方的人类中心主义，也与西方非人类中心主义的观点不尽相同。比如在对待动物生命的态度上，儒家既不是以纯粹的以人的需求为中心的效用主义的观点来处理人与动物的关系，也不是纯粹地应用本体论的生命价值观点来处理人与动物的关系，而是一方面既承认自然生命具有内在价值，又特别高扬人的存在价值，赋予了人的生命价值一种特殊性。

所以，儒家的生命价值观是一种存在论、本体论意义的价值观，也是一种人本主义的价值观。儒家这种生命价值论，无疑与其对天人关系的独特理解有关。在这里，我们可以将儒家的这种观点概括为万物有“生”的生命价值论。

（二）万物有“生”

儒家对生命的价值的看法，显然有一种存在论、本体论生命价值观的特征。我们知道，儒家是以“天”为本的，而“天”对儒家而言，本身就有价值的属性，所谓“天地之大德曰生”[①]。这就是说，“天”作为一种本体存在，它并非只是单纯的自然实体，而是本身就彰显着一种“生”的价值。“生”是“天”的存在本质，是其内在本性，是万物得以创生的根据。正因为“生”是来自天地的本源属性，从而决定了“生”的价值的普遍性和至高无上性。“生”作为本体价值，是取决于“生”的本体地位的。万物皆为天地创化，而天地宇宙的本性即“生”，正是天地宇宙这种内在的“生”性或机制，造就了“生生不息”的万物。有学者把天地宇宙这种固有的“生”性归结为物自身固有的一种自我创造能力和精神，认为“物”和“宇宙”都有无限的创造能力。也正因为“生生”揭示的是天地宇宙的这种内在性质，所以“生生”哲学被提升到一种可以与物同存共在、比物的生成更原始的本体论高度。“生”具有本体意义，这一点我们在前文已多次讨论。“生”

① 朱祖延．引用语大辞典（增订本）[M]．武汉：武汉出版社，2010．

的本位地位，也决定了“生”的价值在儒学的价值体系中居于至高无上的绝对地位，它彰显的是天地本然之道、根本的精神价值。所以《易经》将“生”视为天地之“大德”。所谓“大德”，也正是从“生”的根本性、普遍性角度而言的。

总之，“生”在儒家伦理思想中，具有价值本体的意义，它是天地宇宙的本性，是其固有的价值，它是绝对的、最高的本体价值。生生确保了宇宙所有生命系统的产生和延续，体现了宇宙的最高价值。可以说，生生是天地最根本的德性。“生”是价值本体，这就说明一切价值也皆来源于这种“生”。因此，“生”既是万物之本，又是价值之源。万物生之于天，因此皆有此种“生”之性。这就是说事物自身即具有生命的自我创造、自我更新、自我保存、自我发展的本性。“生”是一切生命存在的动力根源，也是其存在目的本身。因此，“生”本身就是一种“善”。它完全是内在于生命体自身之中的，而与外部观察者的评价和利益无关。我们看，在儒家这里，由于“生”的价值本质上是“天”赋予万物的一种内在的属性，因此这种价值显然是内在于物自身的，而和人的主体意志和需求无甚关联。

换句话说，在儒家思想中，每个生命都被赋予了先天的价值规定，其“内在价值”和“生命力”皆源于自然的创造机制。这种价值并非由人的主观意识所决定，而是“天命”所注定的。这就是儒家万物有“生”价值论的基本观点。万物皆有“生”，皆先天地具有“生”的价值规定，儒家的这个意思，在宋儒那里被明确地表述为万物皆有“天地之性”、皆有“生之理”等命题。承认包括人在内的万物皆有“生”的先天规定性，也就赋予了万有之生命不以人的意志为转移的价值地位。在这里，不管是对动物生命而言，还是对人的生命而言，“生”都是最根本的、绝对的价值选项。“善生”是生命实现的方式，也是终极的伦理追求，所以“生”是内在于生命体的最为根本的价值，它体现为万有之生命的“生存意欲”，是与各种生命的生存需求相一致的、内在的价值。离开了“生”，万物将归于寂而毫无价值和意义可言。毫无疑问，儒家的这种价值观是与基于人的主体需求而产生的价值理念不相符合的。因为在这种价值观中，并没有把“人”的存在视为价值产生的当然前提，如果说这里有什么“人”的因素的话，那就是儒家的这种价值观与人的智力参与，即与人对天地宇宙之本性的领悟能力有关，而与“人的主体需求”并没有多大关系，因此它不是效用主义的，也不是“关系属性”的价值观，而是存在论、本体论意义上的价值观。

儒家这种生命价值观直接影响到儒家如何看待人与宇宙万物的关系、如何看待动物等非人生命等问题。从“生”的本体地位而言，万有之生命的价值都是天赋予的，从性质上看，任何生命的价值也都具有同一性。所以，从先天角度看，人的生命和自然生命具有同等的地位，在价值上人的生命并不天然就比动物等非人生命的价值优越。每一种生命都自然而然地被赋予了“生”的规定，因为追求“善生”是任何生命的共同倾向。人的一切行为，归根结底是为了实现人的“善生”，动物的行为也是为了实现其生命的“善生”，尽管对动物而言这可能只是出于一种本能的意志，但从“善生”的自然目的性而言，二者并无质的区别。所以，从万物有“生”的角度看，对于儒家而言，应该不会只把动物存在视为一种“工具价值”，不会单纯从人的主体需要角度来对待动物等自然生命。相反，由于“生”是天地普遍的性质，万物的生生不息是天地宇宙的本然状态，因此“万物并育而不相害，道并行而不相悖”①，既是儒家对天地宇宙的状态的实然描述，也成为儒家当然的伦理追求。这与西方人类中心主义从人的利益角度判断自然价值的立场显然是背道而驰的。相反，倒与当代非人类中心主义的自然价值观在很大程度上有相似的地方。比如，二者都认为自然生命的价值具有天赋性，它不是源于人的主体需要，而是源于自然生命本身，是自然生命体自身所具有的为实现自身生命而天然具有的一种生命力和生命机制，生命体都以实现其生命为目的，它自身就是一种“善”。

儒家的万物有“生”论并没有贬低人的主体地位，儒家对于人的主体性是高度关注的。在儒家看来，人在天地宇宙的创化过程中承担着特别的义务，人与动物等自然生命的界限是相当分明的。而非人类中心主义者则在一定程度上模糊了这种界限，也使人的主体能动性不甚了了。儒家的万物有“生”论，并不忽视人在自然界中的主体地位，儒家讲爱护动物，却也并不因此主张素食主义。在儒家那里，人与自然生命同出于天之本源，均赋有天地之生性，这是在形而上学的意义上论证人与自然生命的存在具有同一性，儒家以这种方式在形而上学的意义上消除了人与自然之间的界限和隔阂，将万有之生命统一在“生”的理念之中，但儒家并不因此否认人和动物等非人生命存在界限，也不否认人对动物存在利用关系，更不否认在价值实现形式上人与动物存在根本的区别，因而主张必须把人与动物区别对待。儒家的这种态度，又使其生命价值观点，呈现出一种人本主义价值观的色彩。这种色彩，主要体现在“天地之性人为贵”②这一命题之上。要对儒家生命价值理论拥有完整而更为深刻的认识，还必须对这一命题有充足的理解，它也是儒家生命价值理论非常富有特色的一面。

---

① 朱莉．先秦儒家思想与社会主义核心价值观[M]．青岛：中国海洋大学出版社，2021．

② 朱祖延．引用语大辞典（增订本）[M]．武汉：武汉出版社，2010．

三、万物一体：儒家生命伦理的境界论

“万物一体”是儒家十分重要的一个思想。这一思想，虽然肇端于孔子、孟子等先秦儒家学者，但它无疑是在宋明儒家学者那里，方成为一蔚为大观的思想体系的。“万物一体”为宋学命脉所寄，作为一系统的思想体系，宋明儒家学者讲的“万物一体”，本身是一个集本体论、境界论和价值论于一身的命题，但从它的主要理论旨趣来看，揭示的则是儒家的工夫境界问题。儒家伦理的最高境界，就蕴含在“万物一体”的思想观念中，它不仅十分深刻地论证了儒家对待万有生命之基本态度和立场，也鲜明地指明了处理人、我、自然之诸生命关系的根本方向。

但何谓“万物一体”呢？从宋明儒家学者的论述来看，此处所涉及的“万物”，包含了宇宙中所有的有机生命和无机体。而“一体”有两种含义，既可以表示世间万物之间的融合、共存或交融，还可以表示世间万物同出一源。总的来看，宋明儒家学者对“万物一体”的理解具有不同的向度，但皆最后归于儒家的工夫境界问题。大致说来，宋明儒家学者对“万物一体”的阐释，主要具有两种观点。

（一）万物同本同构

万物为什么是一体的，从宋明儒家学者的论述来看，其根本的一个理由是认为天地万物出于同一本体且具有相同的“构成”，万物之所以为一体，就在于万物是同本同构的。“同本”，表明了万物具有共同的始源；“同构”，表明万物在材质构造上也是一样的，万物之所以具有“一体”的性质，从根本上说即源于万物是同本同构的。这种看法在宋明儒家学者那里比较具有普遍性。在宋明儒家学者中，不管是主张以“气”为本的张载，还是主张以“理”为本的程颐和朱熹，乃至主张以“心”为本的王阳明，在一这点上都具有较为一致的看法，只是双方在本体的认识上，有所不同，但在主张“万物一体”的理路上，大致还是一致的。

从“气本”角度说“万物一体”之义的代表人物是张载。张载视“气”为万物之本体，万物的本原在于气，气不仅是形而上的本体，也是具体构成万物的材质。在张载看来，天地宇宙的一切，不管是有形之物，还是无形之物，本质上都是气化的状态。正因为万物本质上皆气化而成，所以天下万物本质上其实都是一物。正因为天下万物本质上是相同的，才决定了天下万物在价值和性质上的同一性。由此张载在本体上提出了“天地之性”的观点。这种“天地之性”也即“本体之性”，是天地宇宙万物共有的，所以他说：“性者万物之一源，非有我之得私

也。[1]”因为万物具有同一的生命之本和生命之性，皆有天赋的神圣性，这就不仅意味着万有之生命在价值上具有同等的地位，而且也存在着休戚相关、一脉相通的生命共通性和共生的性质。由此，张载揭示出“万物一体”的基本内涵：万物皆出一气之本，皆有一性之源，万物因其同本同源，遂成“万物一体”之义。

万物生于阴阳之气，“感”是二气之相应。万物虽因禀赋之气的清浊而有异，但本体、本性如一，故万物一体。所以，张载所论“万物一体”，就不只是存在论上的一体，而是申明万物在价值上和本性上的同一。由此，张载为我们的道德修养指明了根本的方向，那就是以平等的心态对待和呵护天下生物，保持天下万物的和谐共生之境界，故就其工夫而言，看待天下万物，当有“其视天下无一物非我”[2]之心态，如此便可“大其心则能体天下之物”[3]，以己身之存在之“意欲”体会万有生命之存在的“意欲”，从而在“感同身受”的生命体验中做到大心容物和利物，从而最终彰显出人的生命价值和存在意义。此即张载所谓：“大其心则能体天下之物，物有未体，则心为有外。世人之心，止于闻见之狭。圣人尽性，不以见闻梏其心，其视天下无一物非我，孟子谓尽心则知性知天以此。天大无外，故有外之心不足以合天心。”[4]

人“能体天下之物”[5]，能认识到天人物我本性同源，实为一体，便知“民吾同胞，物吾与也”[6]，从而知道人之道德境界就是这种与物同体的生命境界。但论证“万物一体”并非目的，所谓“圣其合德，贤其秀也”[7]，这就是说，张载对“万物一体”的论证，本质上还是为了给人的道德修养指明最终的方向，那就是人的道德境界乃在于与万有之生命共生共荣的“天地境界”，最终说明的是人该怎么对待天下万民和各种生命，履行对天地生命的完善义务，这才是人的生命本质。

从“一体同气”的角度论证万物之一体的贯通性，并由此论证“触类旁通”的生命体验，不仅张载如此，宋明儒家学者其实都有相类似的观点。比如二程、朱熹、王阳明等人对“万物一体”的解释，虽然有一种不同于张载的向度，但在万物之构成“同此一气”上，显然与张载并无实质的差异。如二程说：“人与物，

---

① 李英华．中国古代政教思想及其制度研究：下[M]．北京：九州出版社，2021．

② 冯友兰．中国哲学小史[M]．北京：新世界出版社，2021．

③ 朱莉．先秦儒家思想与社会主义核心价值观[M]．青岛：中国海洋大学出版社，2021．

④ 韦政通．中国哲学辞典[M]．长春：吉林出版集团有限责任公司，2009．

⑤ 冯友兰．中国哲学小史[M]．北京：新世界出版社，2021．

⑥ 朱祖延．引用语大辞典（增订本）[M]．武汉：武汉出版社，2010．

⑦ 蔡元培．中国伦理学史[M]．北京：北京联合出版公司，2013．

但气有偏正耳。独阴不成，独阳不生。得阴阳之偏者为鸟兽草木夷狄，受正气者人也。”[①]人与物所受之“气”虽有“偏”有“正”，但俱出“一气”。朱熹的看法和二程完全一样，他说：“人物之生，同得天地之理以为性，同得天地之气以为形。其不同者，独人于其间得形气之正，而能有以全其性。”[②]王阳明在讲到“天地万物与人原是一体”[③]时，也表明了类似的看法。他说：“风雨露雷，日月星辰，禽兽草木，山川土石，与人原只一体。故五谷禽兽之类，皆可以养人；药石之类，皆可以疗疾。只为同此一气，故能相通耳。”[④]

可见，万物具有同本同构的性质，这在宋明儒家学者那里，可谓一贯的立场。正因为天地万物是一体同构的，所以“万物一体”的境界就有了价值的意蕴，儒家伦理的修养方向和达至的最高境界也就离不开“万物一体”所揭示的道德境界。把“万物一体”直接与道德观念相连，自然也是儒家当然的选择。这突出表现在宋明儒家学者以“仁”涵纳“万物一体”的思想中。这种思想，我们可称之为“万物一体之仁”的思想，生命的本质，万有生命之关系，尤其是人与其他生命之关系，在这种思想中得到了进一步的深刻说明。

（二）万物一体之用

人的生命与万有之生命存在着莫大的关系，人的生命实现与万有之生命的流行境况和条件也有重大牵连。这种意识并不是宋明儒家学者独有的，早在先秦时期，这种意识就已见端绪。比如孔子一方面讲“仁者，人也”[⑤]，另一方面孔子又讲“子钓而不纲，弋不射宿”[⑥]。孟子的仁政思想包含对自然生命的关心和维护生态的道义意识，所谓“君子之于禽兽也，见其生，不忍见其死；闻其声，不忍食其肉。是以君子远庖厨也”[⑦]。荀子同样一方面以“义”突显人的尊贵，另一方面则颇为重视“养长时，则六畜育；杀生时，则草木殖”[⑧]，强调对自然生命一定要“不夭其生，不绝其长”[⑨]。汉儒承此端绪，也强调仁者要“鸟兽昆虫莫不爱，不爱，

① 李存山．汉代与宋明儒学新论[M]．北京：华文出版社，2021．
② 李冬梅．先秦儒家人格审美理论研究[M]．上海：上海三联书店，2020．
③ 鸿飞扬．知行合一[M]．长沙：湖南岳麓书社，2021．
④ 東学安．王阳明心学智慧[M]．北京：台海出版社，2022．
⑤ 张定浩．孟子读法[M]．南京：译林出版社，2020．
⑥ 朱祖延．引用语大辞典[M]．武汉：武汉出版社，2000．
⑦ 施忠连．四书五经名句诵读[M]．上海：上海辞书出版社，2013．
⑧ 廖名春．走近荀子[M]．济南：济南出版社，2020．
⑨ 朱莉．先秦儒家思想与社会主义核心价值观[M]．青岛：中国海洋大学出版社，2021．

奚足谓仁”？[①] 可见，如果仅仅从人与自然的伦理关系角度来看宋明儒的“万物一体”的理论，其精神并没有超出原始儒家，因为由人及物论“仁”的实践境界本也是原始儒家的一贯做法。但宋明儒家学者的理论并不仅限于此。以张载为例，宋明儒家学者的“万物一体”观念并不只是将人与物之间的联系扩展，而更强调了自然万物的整体性和价值。他将诸如花鸟鱼虫、山川河流这样的所有自然事物视为与“我”具有等同人格意义的存在。他在重新定位人与天地万物之间的关系时，彻底改变了历代儒家学者主张的“人贵物贱”的观念。而这一点极大地拓展了先秦儒家学者“仁及万物”思想的理论意义，在当代也颇有现实意义。

比如，在张载看来，人与天地万物之间具有广泛的伦理关系和伦理责任，人与天地万物的生命同出一源，即“乾父坤母”。人与万物同气连枝，休戚相关。更重要的是，这种“万物一体”的理论，是在宇宙生态的宏观前提下对人的行为的伦理关照，而非局限于人自身的利益需求，这就使得人与自然和谐的理念不是出于利益的考量，而是在精神上与人的生命本质与生活信念相一致的内容。这种观念一旦确立，其影响必是深远的。

从总体来看，宋明儒家学者的“万物一体”观，由于承认天地万物拥有一个共同的本源，天地万物均遵循着共同的生命原理，具有天赋的共同性质，一切存在彼此间是内在联系的，它们形成了一个息息与共的生命共同体，人与物之间，甚至物与物之间都不是对立的关系，而是存在着圆融无碍的生命一体的机制，因此就把包括人在内的万有之生命放到了一个根本就不可分割的生命体中，任何一种生命的实现都离不开其他生命的实现，而其他生命的损害或灭绝，也势必终将影响到此类生命的存在质量，总之，天地宇宙中的一切存在，彼此间都有着休戚与共的关系，一物之荣损，必会影响其他物之荣损。

这就是说，天地创生的生命系统中的任一链条出现断裂，都可能危及整体生命。由此它一方面论证了人的生存的最佳条件和状态，也确证出人的基本存在方式是在这种人与万物休戚与共的“共生”模式中体悟人的存在的意义、确证人的行动方向。按照这种伦理观念，即要求我们在处理生命问题上，必须以有机整体的眼光对各类生命加以关照，把万有之生命的协调共生作为最重要的事情来对待，而不能只以人的利益需求为行动的出发点，而这么做的必然选择和结果，就是把天地宇宙的万有生命的和谐共生视为人类生存的最佳条件，从而促进人类与整体自然的和谐。而这种情况，即天地万物一体共生的状况，即我们常说的“生生”，

① 喻立平，江畅，徐瑾．大国之魂：中华优秀文化通俗释讲[M]．武汉：崇文书局，2022．

这也就是所谓的“万物一体之用”。

我们看，宋明儒家学者的“万物一体”之用，从“生”的哲学角度来看，本质上讲的即“生”之用。前文说过，天地宇宙的本然状态是“生”，而其应然状态也是“生”，“生”就是一个把天地宇宙的本然、实然与应然统一起来的概念。换句话说，儒家伦理的逻辑起点和终极伦理其实都统一在这个“生”之上。“生”是体，“生”也是用，“生”即体即用。而宋明儒家学者的“一体之仁”也正是这个理路。“万物一体”是天地宇宙生命的本然、实然，而这种生命的本然、实然中蕴含着应然，故“万物一体”之“仁体”和“达于万物一体之用”的说法，在思想理路上其实质就是把天地宇宙的“生”之实然状态归结为根本的伦理价值。不过，这种观念的价值导向是十分明确的。万物皆出于天地之“生”而又以“善生”为根本目的。而万有之生命俱实现“善生”，恰恰又是“生体”（仁体）的呈现。所以万物“生生”的局面，既是天地宇宙实现自身的方式，也是天地宇宙应然的状态，因此它也决定了万有生命存在的最佳条件，即维护和保证这一“生生”的状态。这就是说，“万物一体”或“生生”境界，作为一种终极的境界，它所揭示出的恰恰是万有生命恒久存续的最佳条件，即大自然整体生态的平衡与和谐。

这就是说，儒家是把天地宇宙视为一完整的生命系统的，万物内在的息息相关性（万物一体的性质）构成了人类现实的生存处境，也是万有生命之最佳的生存环境，因此，一切有利于这一生命系统良好运行的行为，自然都是儒家最为肯定的行为。所以，从价值上说，凡是有利于天地宇宙之“大生”“广生”的行为，儒家必给予优先性的价值肯定，在逻辑上认为这样的行为价值会处于最高的地位。故按照这种逻辑，对于个体牺牲小我以成全大我、以个体之生的损害换取群体生命的实现，自然就是合理合义的行为了，这也是“杀身成仁”“舍生取义”成立的另一个理由。为维护群体生命而牺牲自我，这是“大仁”“大义”的表现，是与天地宇宙之“生生”大体相一致的行为，所以是值得肯定的行为。

可见，依此价值导向，致力于天地宇宙的“生生”状态的呵护和实现，努力维护宇宙生态的和谐平衡，自然就成为人的生命存在的最高境界和价值追求。而这就是“万物一体之用”的核心意识。但是，这样一种境界我们具体该怎么做才能实现呢？为此，《中庸》给我们达至这样一种境界提供了根本的方法论原则，即“中和之道”。“万物一体”的“生生”境界，用《中庸》中的话说，即“天地位焉，万物育焉”①，而唯有“致中和”才能实现天地万物的“位育”。此即儒家生

① 陈明，邓中好．国学经典200句[M]．武汉：长江文艺出版社，2013．

命伦理的方法论原则，这里，我们可依据儒家的惯例，将之概括为“中和位育”，以表征儒家生命伦理根本的方法原则。

四、中和位育：儒家生命伦理的方法论

“中和位育”四字自出《中庸》。从儒学的结构来看，“中和位育”在整体儒家思想结构中，主要具有方法论意义，是儒家伦理重要的实践原则。笔者认为，这一方法论同样适用于儒家生命伦理学，可以看作儒家生命伦理学的方法论。

和儒家的许多概念一样，“中和位育”也是一个复杂的概念体系，在这一概念体系中，“中”“和”“位育”都有相对独立的内涵，它们之间彼此制约、互为前提、相辅相成，总体上具有一种相似、相容、相趋、相依的关系。在《中庸》中，“中”具有“本体”的性质，侧重的是事物的本然状态，所谓“中也者，天下之大本也”①；“和”强调的则是事物的应然状态，是“中”的发用，所谓“和也者，天下之达道也”②。应然源于本然，本然又包含着应然，这就是“中”中有“和”，“和”中有“中”，二者总体上就是这样一种辩证统一的关系，在本质上我们很难将二者截然分开。正因为如此，儒家往往“中、和”并举，以“中和之道”概括儒家伦理的根本原则和方法。“中和”和“位育”之间也是互相依存的。“中和”是实现“位育”的前提，实现“位育”则是“致中和”的结果。

可见，“中和位育”是一个具有内在联系的体系，在这里面，“中”“和”“位育”尽管彼此在内涵上有贯通性，但也有独立的意义，因而对于我们处理生命问题也有不同的启示。大体说来，这一方法论所蕴含的生命伦理意蕴大致体现在如下两个方面：“持中养生”“和实生物”。

（一）持中养生

把“中”视为治国理政、处世养生的原则，这是儒家一贯的传统。自先秦时期，“中”既已广泛见诸儒家文献中，并被作为一重要原则而为儒家所推崇。比如《尚书》中就有大量关于“中”的记载，在《尚书》这里，“中”既是政治伦理的首要原则，亦是人们行事的普遍标准和道德准绳，并且具有了“极至之理”之义，“人心惟危、道心惟微、惟精惟一，允执厥中”③一句，更是为后儒（后世的儒者）作为儒门“十六字心传”而加以崇奉，这足以说明“中”在儒家思想中的地位。《周

① 乐胜奎，李晓溪．中国文化元典选读[M]．武汉：崇文书局，2016．

② 乐胜奎，李晓溪．中国文化元典选读[M]．武汉：崇文书局，2016．

③ 钱钧华．中庸的大众哲学[M]．上海：上海远东出版社，2022．

易》也是相当重视“中”的一部经典著作。并且相较于《尚书》,《周易》里的“中”更具有普遍规律的意义。在《周易》那里,“中”是天地生化万物的根本,是阴阳平衡的表现,万物正是在阴阳平衡中得以孕育和发展的,所以《周易》视“中”为自然宇宙的普遍规律、人生的基本准则。《周易》对“中”的推崇,我们可以通过《周易》的筮法原理和卦爻辞鲜明地体会到。我们知道,“中”实际上是《周易》解经的重要体例,《周易》以每卦的二、五爻为“中”,并且赋予了这两爻特殊的意义。在《周易》中,爻居上下经卦的中位,也就是每卦的二、五位谓之“得中”,这是吉祥的象征。这就是把居“中”之爻视为事物发展的较为理想的状态。只要爻居中位,《周易》在阐释爻义时就多用积极肯定的语气。这说明《周易》不仅“尚中”,而且是把“中”作为一条普遍的规律加以崇奉的。在《周易》这里,“中”已经开始具有本体论、方法论的含义。

《尚书》《周易》都是儒家的重要典籍,后来孔子、子思以及历代经生对于“中”的解释可以说都是与《尚书》《周易》对“中”的解释一脉相承的。在孔子那里,“中”同样是经国理政、为人处世的重要原则。不仅如此,孔子还将“中”视为“至德”而加以推崇。后来子思作《中庸》,将“中”提升到世界观的高度来认识,从而初步明确了“中”的本体论意义和方法论意义。先秦以降,儒家对“中”的论述,多是以上述意义为基础。随着儒家理论思维水平的提升,“中”逐渐取得了与“太极”“天道”“天理”等儒家本体概念同等的意义和地位。把“中”与“天道”“天理”等相提并论,即明确了“中”为万物之本的本体意义。也正是“中”的这种本体意义,决定了“中”的根本的方法论的意义。宇宙天地以“中”为本,“天道”“天理”皆在于“中”,从人道效法天道的角度而言,人道之根本自然也在于“中”。总之,儒家不仅把“中”视为天下之理的共同本原,而且也将其视为人事法则和道德修养的根本方法,即凡事在“中”。

总体来看,儒家讲的“中”,作为一种哲学范畴,从本体论的角度说,它主要反映的是对事物本质规律的认识,“中”是万物之本,也是万物得以生成的条件和根据。从方法论上说,它是我们认识事物的根本方法,也是衡量一切事物的基本准则,它的基本意思是指行为恰当、适度,无所偏倚,不失常道。世间种种如治国、处世、个体养生等都离不开“中”。由于“中”是儒家一以贯之之道,总论天地根本、治国理政、道德修养诸方面,因而“中”也被儒家视为儒学正统的思想内容。

显然,由于儒家视“中”为万物之本,视为万物得以生的根由,因此逻辑上必然会把“致中”“持中”视为达至其生命诉求和伦理目的的根本方法。在儒家这里，“中”既然是天地生物的根由和本体状态，那么一切生命的产生和存在自然也都离不开“中”。“中”是一切生命得以孕育和发展的基本条件。万物的产生和存在，取决于天地之“中”。“中”意味着构成生命的原生力量的协调和平衡，这在《易经》那里被表述为阴阳的原理，而一旦离开这种协调和平衡，也便意味着该生命的消亡或转化。宇宙万物唯有得“中”，才能相依相生，化生万物。既然不“中”不“生”，这也就决定了我们养护生命的根本方法即在于持“中”。把持“中”作为养生的根本方法，其意义主要体现在如下几个方面。

其一，“中”是天地宇宙创生万物的本然状态、基本的原理，也是事物自身发展的自然本性，这一意义上的“中”，大致相当于我们说的“自然规律”，故依此“中”而行，即要我们顺应天地自然的规律、顺应生命的本性。不过这里的“自然规律”，侧重于万物产生的法则之义，天地万物的生长化育取决于自然万物内在的一种生命机制，也可以说是一种自我生成性的条件，因此，依照这种“中”的理论，它就不是单纯要我们消极顺应自然规律的意思，而是要我们对事物内在的生成机制能够有一种积极的体认，在充分体认生命的创生机制和法则的前提下，充分运用这种机制和法则来找到人类自我生命实现的最佳方法，为自我生命的实现创造最适宜的条件。

其二，“中”的理论也表明，“中”意味着一种生命的原力，或者说根本的动力，是决定生命孕育和化生的“精华”。因此，按照这种理论，要使事物保持强盛的生命力，要推动事物的进步和发展，就需要我们在纷繁的现象和各种矛盾中，把握住最为本质的东西，注意养护“生命之中”。正如“画龙点睛”，“中”正是龙之睛，保证了这一点，生命就有生气，就能存在和发展，但凡血气之物，都需要此“中”来维持生命，脱离此“中”，生命将归于寂。

其三，“中”用于处理生命问题，它的方法论意义还在于，所有事物都有其最恰当的界限，不管是没有达到这个界限，还是超过这个界限，结果都不会理想。所以，在处理生命问题时，我们应该做到“允执其中”，凡事过犹不及，譬如饮食，恰好为宜。

总的来看，持“中”作为一种根本的养“生”方法，无论是个体生命的养护、还是群体生命的维护，乃至自然宇宙的整体生命系统的维持，均可涵纳在“中”的理论之中。

此外，还有一点需要我们着重指出的是，儒家所讲的“中”，还包括一个重要原则，即“时中”。“时中”，顾名思义，是依“时”而“中”。“时中”的观念在《周易》中表现得较为明显。《周易》相当重视因“时”而“中”，几乎每一卦《周易》

都要提醒人们注意“随时之义大矣哉”[①]。按照《周易》的意思，“时中”就是告诉人们一定要根据事物的发展变化来求平衡，而不是说事物之间的平衡关系是永远不变的，在变中求“中”，在动态中求稳、求发展，这是《周易》给我们的基本教导。《周易》的这种教导，在孟子那里则表现为“执中”与“权”的关系。孟子讲“执中无权，犹执一也”[②]，也是要告诉我们，对待生命问题，必须依照生命发展的态势，审时度势、因地制宜地处理。包括生命在内的任何事物，都是处在发展变动中的，所以不能用僵化、固定的眼光处理问题，所以“中”是一种在动态中求平衡的理论。王阳明曾说：“中只是天理，只是易，随时变易，如何执得？须是因时制宜，难预先订一个规矩在。如后世儒者，要将道理一一说得无罅漏，立定个格式，此正是执一。”[③]这同样也是在告诉我们，事物是处在不断发展变动的过程中的，动中有“中”，“中”是动中之“中”，而不能始终以固定格式对待事物的发展。

总的来看，从生命的视角来说，“中”是生命内在的本性和原力，没有它生命就不可能存在，因此生命的存在，就其操存持守的方法来看，其实就是养护生命之“中”，也就是使生命的构成诸要素保持在自然而然的本然状态之中，培养决定生命化育的自然原力。从“气”的哲学角度来说，这种自然的生命原力就是指生命的“元气”。“中”也意味着决定事物存在和发展的矛盾因素处在一种平衡状态之中，意味着事物内部诸要素以及事物与事物之间因某种机制处在稳定和谐的状态之中，从这一意义上说，实现生命的方式就在于保证生命有机体内部诸要素的平衡、和谐。而这一意义上的“中”，实际上就是“和”。在儒家这里，“和”与“中”是十分亲近的概念，二者在内涵上极为接近，我们实际上很难区分彼此。当然，我们这么说，也不是否定“和”这一概念的相对独立性，尽管“和”与“中”联系十分紧密，但二者还是存在微妙的差异的，“中”更侧重决定事物存在和发展的内在根据和原因或者说事物的本根状态，更侧重于从“体”的方面说，而“和”更强调事物内部诸要素或不同事物之间的平衡和协调，更侧重于从“用”的方面说。在儒家伦理学说中，“和”亦是生命存在和发展的重要根由，是各种生命得以存续的基础条件，是造就新事物或新生命的重要原理，此即儒家“和实生物”的原理。这一原理，也是儒家特别看重的一条原理。它对我们思考生命伦理问题，同样也颇有意义。

---

① 刘君祖．易经密码全译全解：第 8 辑 [M]．北京：团结出版社，2021．

② 何伟俊．孟子的理想国 [M]．桂林：广西师范大学出版社，2017．

③ 高敬．读懂王阳明：知行合一大智慧 [M]．沈阳：沈阳出版社，2020．

（二）和实生物

“和”并不是儒家所独有的观念，在诸子百家的典籍中，我们都可以看到“和”的丰富使用。这说明，“和”至少从先秦时期，就已经是中国人普遍的一个观念了。在儒家思想中，“和”也有一个发展的过程。在先秦“五经”中，“和”范畴得到了普遍的应用，但不同的经典对“和”的阐释并非完全相同，这反映出“和”由一般的“乐”和“味”之调向哲学伦理学内涵过渡的状况。这在《诗经》《尚书》和《周易》中表现得都比较明显。《诗经》《尚书》和《易经》都是儒家最古老的典籍，在一定程度上它们也是儒家思想的来源。这些典籍中的“和”可以说反映出了儒家较早的有关“和”的认识。总的来看，这些经典著作论“和”有相同之处，但也各有侧重，分别揭示出“和”范畴的不同内涵。

从《周易》的阴阳原理来说，《周易》中的“和”主要是指阴阳平衡的状态，也指万物和谐共生的境界，这种境界即《周易》所说的“太和”。“履以和行”等说法，表明《周易》也把“和”视为达至一种理想状态或好的结果的手段与方式。以“和”待人处事，解决问题，就容易获得“吉”的结果。由于“和”意味着事物阴阳平衡的和谐状态，所以“和”也常常被视为万物得以生成和存在的根据与状态。

孔子始创儒学之前，“和”的观念对中国人浸润已深。孔子当是在承续这种普遍流行的“和”的观念的基础上，将“和”视为儒家一条重要的伦理观念加以推崇的。在孔子这里，“和”已经成为一条关键的伦理原则，如《论语》所说的“礼之用，和为贵。先王之道，斯为美”[①]“君子和而不同，小人同而不和”[②]等具有重要的方法论意义，它揭示出了“和”的本质乃在于统一体内多种因素的差异与协调。“和”意味着不同，也意味着不同的因素或事物在某种机制下的协调运作反而更有利于事物自身的存在与发展，更容易达至一种理想的状态，“和”是发展创新的前提，意味着“新生”。而单纯的“同”则是指事物的简单相加，难以发生交合感应，因而“同”意味着停滞、因循守旧，意味着衰退和死亡。换句话说，“和”是“生”之途，“同”是死之路。正因为“和”是在某种机制下不同因素和事物之“和”，所以“和”的机制至关重要，放弃这种机制下的“和”不是真正的“和”，所以《论语》告诫我们“知和而和，不以礼节之，亦不可行也”[③]。

---

① 舒大刚. 走近孙子[M]. 济南：济南出版社，2020.

② 朱祖延. 引用语大辞典（增订本）[M]. 武汉：武汉出版社，2010.

③ 喻立平，江畅，徐瑾. 大国之魂：中华优秀文化通俗释讲[M]. 武汉：崇文书局，2022.

在《论语》这里我们已经看到，孔子论“和”时，可能已经意识到“和”是一种事物创生的前提和手段，只有通过“和”，才有事物的“生”，这里面已经有了“和实生物”的意思。但是《论语》中并没有直接揭示这一命题。根据现有的文献，“和实生物”作为一个命题，是春秋初期的史伯率先提出的。史伯曰：“夫和实生物，同则不继。以他平他谓之和，故能丰长而物归之；若以同裨同，尽乃弃矣。”① 这就是说，只有“和”才能创生事物，才会保证生命的持续发展，而相同的事物则意味着生机的丧失。

《左传·昭公二十年》记载的晏婴和齐侯关于“和”“同”之异的对话，也揭示出“和实生物”的重大意义。晏婴借“和羹”的比喻道出了“和”的重大方法论意义，“和”不同于“同”，“和”是相异各物存在和发展自身的基本原则，相异的各物在合宜的机制下，不仅能够共存，还能创造出新生的事物，而“同”却不可。“和实生物”的命题表明，“和”的本质实际即一生成的机制，“和”意味着“生”。“和”是一切事物存在的根由、状态，理想的政治、美好的生活、个体生命的实现等都离不开“和”、取决于“和”。正是如此，在儒家的思维中，“和”也渐有了本体论的意义，从而最终使“和”成为一个兼具本体论、方法论和境界论意义的概念。

总的来看，儒家讲的“和”，实际上是指所有事物自身都存在内部矛盾，只有进行调和，使这些矛盾和谐共存，才能促进事物的发展。因此，儒家把“和”当作事物实现自身发展的一种方法，故曰“万物各得其和以生”②。由此，“和”在儒家那里也有了一种整体和谐的价值取向。不管是《论语》的“和为贵”，还是《中庸》的“致中和”，这种“和”的境界就是追求天地的正常运行、万物的生长发育，以及人与人之间的和睦相处。万物的生成有赖阴阳和合，万物的存在取决于事物内部诸要素的平衡与和谐，万物的最佳状态赖于彼此的和谐共生，因此儒家认为，“和”是正确维护人与自然、社会、他人以及自身之间关系的最高准则。人与自然、社会三者之间共生共存，形成一个不断循环的生命系统。唯有保持三者和谐，才能实现一切事物存在和发展的基本条件，并达到最优状态。因此，我们必须始终遵循“和”的原则，处理好人与自然、社会、他人及自身的关系。任何违背“和”原则的行为，都将阻碍我们通向“道”的道路。因此，从自然生成的角度说，“和者，天地之所生成也”③；从治世理政的角度来说，“庶政惟和”；从个体养生的角

① 杨柏岭，张泉泉．文化与传播十五讲[M]．合肥：中国科学技术大学出版社，2022．

② 曾繁亮．价值论视阈中的中国梦研究[M]．成都：四川大学出版社，2021．

③ 李英华．中国古代政教思想及其制度研究[M]．北京：九州出版社，2021．

度来说，“中和常在乎其身，谓之得天地泰。得天地泰者，其寿引而长。[①]”总之，“举天地之道，而美于和”[②]。可见，在儒家这里，“和”是天地万物生成与发展的根本方式，只有达到了“和”，才会“天地位焉，万物育焉”[③]。所以说，“和也者，天下之达道也”[④]。以“和”而“达道”的具体表现，就是实现天下万物的“位育”。

以上我们从生命本体论、价值论、境界论和方法论几个角度，对儒家生命伦理思想宏观的结构特征进行了概括说明。这种概括的重点在于揭示儒家生命伦理思想的主体内容和主要特色，也是为了说明儒家生命伦理的精神和基本的原则。从总的特色来看，儒家生命伦理思想是以“生”为中心的，其基本的理论观点都统摄在“生”之下。“生”的理念贯穿于儒家对生命本源的探寻、对生命价值的考量及对生命境界的追问中，儒家生命伦理的方方面面，其实都离不开这一“生”字。所以我们说，儒家生命伦理，本质上就是“生”的伦理，“生”是儒家生命伦理的基本精神。蕴含在儒学中的深层次内容，或者说一以贯之的理念，就在于这一个“生”字。

“生”是儒家生命伦理思想的总纲。“生”作为贯穿整体儒学的理念，是本然和应然的统一体，它既有形而上的内涵，也有形而下的意义，是即体即用、贯通天人物我的哲学范畴。从儒家天人关系的运思模式来看，“生”也是统一天人关系的中心词，天道和人道俱统一在“生”之道上。“生”是“天心”“天性”“天德”“天道”，不管天是“主宰之天”，还是“意志之天”“自然之天”，对儒家而言，只有作为“生”之义理的“天”，才是人类效法的根本。“天”能为人类效法的，只是其“生”之德，也只有此“生”之德，才是天人统一的基础。我们都知道儒家讲究“天人合一”，但是天人合一的基本内涵，不可能是天职、人职的混同，更不可能是天与人在形色上的合一，在儒家这里，天人合一的根本就在于天与人是在“德”上的合一。“天”是有德的，人也应当有此“天德”，而“天德”即上天的创生、好生、厚生的“生”之德，所以，天人合一，本质上只是天与人在“生”德上的合一。

体悟、效法天道、天德，就是要我们认识到天地自然实乃一生命的系统，万有之生命是一个有机联系的生命整体，或者说宇宙自然乃一“生”的存在，万有之生命的流行即“生”之本体的呈现，构成宇宙自然本体的只是这不息的生命，

---

① 彭国翔．身心修炼：儒家传统的功夫论[M]．上海：上海三联书店，2022．

② 彭国翔．身心修炼：儒家传统的功夫论[M]．上海：上海三联书店，2022．

③ 陈明，邓中好．国学经典200句[M]．武汉：长江文艺出版社，2013．

④ 乐胜奎，李晓溪．中国文化元典选读[M]．武汉：崇文书局，2016．

充盈天地间的也只有无穷的生命，生命就是体，也是用。意识到生命是宇宙自然最为真实和本质的内容，意识到生命彼此的内在相关性，那么，一旦这种认识上升为一种自觉的道德信念，人就会生出一种自然而然的欣赏生命、呵护生命的精神、态度，这是一种信仰的力量，是一种对“生”的理念体认与观照生命的力量。在儒家这里，即表现为一种爱护生命的仁性的发育和呈现。这是一种根本的来自精神上的对生命的体认与爱护，它没有任何功利性的动机和目的。因为生活和生命的意义都取决于实践天地这一“生”德，仁民爱物，厚生、重生、乐生，这就是儒家生命伦理最为重要的精神内容。

意识到天地只是以“生”为本，从而人应当参赞天地之化育，重生、利生、厚生，只是具备此观念还不够，这里面还有一个具体的怎么做才能重生、利生和厚生的方法问题。“生”的理念表明，上天创造了万有之生命，同时也赋予了万有之生命各种不同的生存之道。天地自然创造的“万有”各有其“性命”，也均具有“正”其性命之道，这表现为形态各异的各种生命的生存法则，这种生存法则代表了蕴含于不同生命内部的客观规定性。上天创造了此种生命，必赋予此种生命开展其自身生命的特殊方式，因此，从效法天道而言，人就应当尊重各种生命的生存法则，顺应各种生命的自然本性去对待生命，不去破坏各种生命之间的平衡关系，对人来说，这是天赋予人作为特殊存在的一种当然义务。这种义务，在当代，就表现为自觉维护自然生态平衡的道德要求。注重维护天地自然整体的大生命系统的存在与稳定，不仅是个体道德提升的方向和境界的体现，同时也是考量整体人类的“德性”的重要尺度。

当然，这只是就天地自然整体的生命系统的“位育”而言，而包括人的生命在内的具体的生命各有其“位育”的问题。而统摄万有生命之“位育”的根本方法，即“中和之道”。在“器”的层面，“生”有群体之生，有个体之生，有动植物的生，有人的生，而不管何种层面的生，其生命实现的根本方式即在于“中和”。因为按照儒家的理论，万有皆有天赋之“中”，万有之存在与发展也皆离不开“和”，所以“致中和”就成为根本的养生之道。以中和养生，本质上是要我们在对待生命问题上要顺应客观的自然规律，而这一自然规律，在儒家看来，即阴阳对立统一的规律，天是大宇宙，人是小宇宙，“一阴一阳”的规律同样适用于天与人。顺应天时，同时注重协调身体的阴阳平衡，这就是儒家为我们提供的养生之道。

总之，儒家生命伦理具有广阔天地、物、我的恢宏气度，它把人的生命与自然生命系于一体，在天命与人为的双向回环机制中追求人的生命意义的完整和实现，这是它的特色。儒家注重个体的生命，也注重整体人类的生命，它的“修身”

理论尽管以道德为取向，但亦是一种特殊的养生之道，是把个体生命与整体的人类生命统一起来的“养生”理论。个体的生命意义与人类整体乃至宇宙的整体生命不可分离，这样一种生命伦理思想，客观上突破了“小我”的局限，而将人的目光集中于宏观的生态系统的完整，让人们更多注意到生物之多样性、生命之间的关联性这些问题，而这非常符合人类在当代对整体生命延续的诉求，在观念上对当代人类寻求健康的发展方式也颇有指导意义。所以，这种理论尽管建基于传统社会，但其基本的精神，仍然值得我们今日认真对待。

第三节　《诗经》《尚书》中的生命伦理思想

一、《诗经》中的生命伦理思想

《诗经》是原始儒家学者教人的初始之书，也可以说是关于儒家思想的一部启蒙性文献，它在整体儒家伦理中占据特殊的地位，发挥着特殊的作用。作为孔子之前就已存在的经典，《诗经》不仅是孔子儒学得以建构的重要的思想渊源和理论基础，其自身也是儒学的重要组成部分之一，与其他儒家经典著作一起，共同构建了儒家生命伦理思想。

作为儒家伦理要素，诗、礼、乐等相互作用，相得益彰，共同奏响了儒家伦理的生命主题曲。《诗经》以独特的艺术形式展现了儒家伦理的生命节奏；而将儒家生命伦理在日常生活中转化为人伦行为，则得益于“礼”的制度化；把内在的情感通过音乐传递出来，能够使生命的意义更加完美地展示，是“乐”的重要作用。《诗经》在展示生命意义的整体圆融性时，激发了一种“启迪”，同时也通过儒家的伦理观念，通过诗意化的语言，唤醒了人内心深处的善恶意识，并促进其发展和茁壮成长。《诗经》在儒家伦理体系中起到的独特作用，是我们将其视作探索儒家生命伦理思想真谛的基础文献的原因所在。同时，这种作用将推动着我们进一步探究《诗经》的意义。

（一）“兴词”中的生命意识

《诗经》中凸显着浓郁的生命意识。这在《诗经》的“兴词”中我们可以清晰地感受到。《诗经》诸篇，往往以言物起兴，再论及要表达的实质内容，这部分起着“兴”的作用的诗句，就是所谓的“兴词”。中外学者很早就注意到，《诗经》的“兴词”，在很大程度上反映着中国先民的原始的生命崇拜意识，但是这种崇拜，有的是对实际的自然生命的崇拜，有的则只是对一种生命力量的崇拜。因此，这种原始的生命崇拜意识，我们不妨将之归结为一种原始的崇“生”的意识。这种崇“生”的意识，从其最基本的层次上来说，首先是指一种生存的意识。人立于自然界，首先要生存、要活着、要繁衍，与此相关，必然会形成相应的生存意识。在社会分工不明显和生产力低下的上古时代，“生存”或者说“活下去”是人类的头等大事。所以，“生存”可以说是当时人类的全部愿望，而与此相应，在与自然环境交换生存能量的过程中，人们十分自然地把那些富有生命力、容易生存的物种视为生命的象征，并希望通过与这些生命发生某种联系，进而获得相应的“生”的力量，于是由此产生了相应的原始的崇“生”意识。在《诗经》中，用于起兴的物种主要是那些富有生命力和繁殖能力的生物，比如鱼和一些“多籽、多实”的花果草木。“兴词”中之所以用这些生物起兴，看中的就是这些生物所展示出来的强大的生殖能力，以此来预示人类性欲的强盛、婚姻的和谐、人口的兴旺，甚至引申出来对“丰年”的企盼。

比如鱼这一象征。《诗经》大量运用鱼类起兴，305 篇诗歌中，提到鱼的有几十首，涉及的鱼的名目就有十几种。《诗经》为何如此看重鱼呢？原因即在于鱼具有顽强的生命力，繁殖能力极强，鱼广泛存在于自然界中，种群庞大，生生不息，古人从鱼的生存现状中看到了一种“生命的力量”。鱼在《诗经》中的象征意义很多，夫妻和谐、多产多子、谷物丰收等，都可以用鱼或与鱼相关的行为来象征。但从主要的象征意义来看，《诗经》中的鱼多象征着“性爱”或者与性爱相关的婚恋行为，如《齐风·敝笱》《周南·汝坟》等诗篇，均说明的是鱼的这一象征意义。

大自然盛产鱼类，这不仅给人类提供了丰富的食物资源，也使人类对鱼的这种旺盛的繁衍能力产生企盼，希望借助鱼的这种生命力实现自身生命的张扬，于是人们歌颂鱼、祭祀鱼，以至于后来祭鱼活动成为一种重要的风俗和礼仪。这在《诗经》中也有体现，《周颂·潜》一诗即讲的这种祭鱼活动。这首诗虽然很短，但涉及的鱼类有六种之多。鱼的大量存在，给人们提供了丰盛的食物，因此人们也用鱼来预示好的收成或丰年。比如《小雅·无羊》所说：“牧人乃梦，众维鱼矣，旐维旟矣，大人占之；众维鱼矣，实维丰年。”[①] 这首诗的主要意义，即用祭鱼来预示和歌颂丰年，通过占梦来歌咏丰年及家族繁荣，众鱼则是丰年的吉祥征兆。

---

① 顾实．汉书艺文志讲疏[M]．北京：商务印书馆，2021．

鱼意味着“丰年”、意味着生存的物质保障，所以“有鱼”也就成了“有余”，鱼在中华文化中也成为吉祥的象征。

除去鱼之外，《诗经》中也广泛运用鸟或虫来比喻天地间的“生意”以及人类对人口繁衍的愿望或婚恋行为。如脍炙人口的《周南·关雎》，即以布谷鸟起兴，来比喻人类的求偶意识。布谷鸟常常在春播之季、万物情欲萌发的时期出现，所以布谷鸟在古人那里就有一种生命力的预示。又如《周南·螽斯》云：“螽斯羽，诜诜兮。宜尔子孙，振振兮。螽斯羽，薨薨兮。宜尔子孙，绳绳兮。螽斯羽，揖揖兮。宜尔子孙，蛰蛰兮。”[①]《毛诗序》云：“《螽斯》，后妃子孙众多也，言若螽斯。不妒忌，则子孙众多也。”[②] 意即此诗主要用来表达子孙众多、多子多福的观念。这里是以螽斯强大的繁殖能力来表达人们对多子的期盼。

除去广泛运用动物起兴，《诗经》也大量运用富有生命力和多实的植物来起兴，以表达人们对生育和多子、婚姻幸福的期望。如《周南·桃夭》云：“桃之夭夭，灼灼其华。之子于归，宜其室家。桃之夭夭，有　其实。之子于归，宜其家室。”[③] 这里是以桃花的繁茂和果实的丰硕来比喻青年男女宜当及时婚配生子。又如《唐风·椒聊》云：“椒聊之实，蕃衍盈升。彼其之子，硕大无朋。椒聊且，远条且。椒聊之实，蕃衍盈　。彼其之子，硕大且笃。椒聊且，远条且。”[④] 这是以花椒比喻人们对多子的期望。

以上我们约略讨论了《诗经》“兴词”中蕴含的生命意识，通过“兴词”中蕴含的这种浓郁的生命意识，我们也能感受到背后蕴含的“生”的伦理精神，尽管这种精神还没有明确地表达出来。从整体来看，《诗经》“兴词”中所体现的生命意识，还带有原始的性质，甚至可以说是基于一种生物的本能形成的意识。所以对于这种生命意识，我们也很难说是一种在明确的意志或伦理观念导引下的价值观念。但是随着人类理性能力的提升，自主意识的增强，人在与外界环境力量的交互作用过程中，必然会以合目的性的活动来处理人与自然的关系，从而使自己的活动表现出一定的伦理价值倾向。而这种原始的生命意识，恰是伦理意识产生的基石。人与人的关系、个体与群体的关系、人类与自然的关系，都是在这种基础的“生”的意识中形成的，它们都指向人类终极的“生”。《诗经》正是透露着这种精神，并在这种意识基础上产生出一种合伦理的“生”之观念，因而才会为儒家所看重。

---

① 周啸天．诗经楚辞鉴赏辞典[M]．北京：商务印书馆国际有限公司，2012．

② 张忠纲．全唐诗大辞典[M]．北京：语文出版社，2000．

③ 许锋．诗经趣语精编．[M]．北京：中央编译出版社，2020．

④ 郭超，夏于全．传世名著百部之诗经[M]．北京：蓝天出版社，1998．

（二）婚恋诗中的生命伦理意蕴

《诗经》有大量涉及爱情、婚姻和性心理的诗篇，这里笔者将之统称为“婚恋诗”，这些婚恋诗背后，也蕴含着深刻的生命伦理问题，尤其是在现实的生活层面，折射出人们对生命的本性、生活的本真状态等问题的思考，也反映出我们对该以何种态度对待生命、该采取何种方式调试生命的机能等问题的认识。

《诗经》所赞扬的主人公是符合真实人性的，这是不争的事实。因为《诗经》中有很多歌颂人类真实情感的诗歌，而儒家从性情方面诠释人与人之间的道德关系，这可能是两者之间存在关联的原因。《诗经》以豪放不羁的文风和自然的语言表达出了人类最真实的情感，毫不吝啬笔墨。其中许多诗篇描述了男女青春期的情感和性心理。比如《汉广》和《关雎》两诗，这里面讲的都是青年男子思念心仪的女子时的心理。《汉广》以“南有乔木，不可休思”[①]起兴，通过“汉有游女，不可求思；汉之广矣，不可泳思；江之永矣，不可方思”[②]这寥寥数语，为我们描述出青年男子对心仪女子欲求不得、欲罢不能的思念和惆怅心理。著名的《关雎》一诗，更是声情并茂地为我们吟唱了一首男子钟情的恋歌。此外，类似的诗篇，还有《静女》《候人》《株林》《柏舟》等。

对于这些诗，宋儒常谓之曰“淫奔者之辞”[③]，但是，读这些诗，我们不仅不会感觉到这些诗是所谓的“淫奔者之辞”，相反我们倒能感觉到其中主角的纯真和善良。抛开我们这种直观的感受，更重要的问题是，如果这些诗篇真是“淫奔者之辞”，那么先秦儒家为什么要把这样一部颇有“诲淫”嫌疑的书列为儒门经典且作为“入门教材”呢？还有，这些诗许多出自《周南》和《召南》，而这两部分通常被认为是“正始之道，王化之基”[④]，为什么这些“淫诗”反映的是“正始之道”，又体现着“王化之基”呢？孔子在教育其子时也说“人而不为《周南》《召南》，其犹正墙面而立”[⑤]。难道孔子就不担心其子成为“淫奔者”吗？可见，这些诗颇值得玩味。笔者认为，《诗经》中的这些诗篇，是基于人之本性、发乎人情之作，是对生命之本真的揭示与歌颂，它引导着人们如何对待生命，实际上或明或暗地为我们提供了一种生活的伦理导向。思考伦理问题、建构人类的生活

---

① 何海燕，陈虎．诗经 [M]．石家庄：河北教育出版社，2022．

② 何海燕，陈虎．诗经 [M]．石家庄：河北教育出版社，2022．

③ 喻朝刚，张连第，栾昌大．中国古代诗歌辞典 [M]．成都：四川人民出版社，1989．

④ 程皓月．儒魂：当代儒家的新古诗 [M]．北京：东方出版社，2021．

⑤ 程皓月．儒魂：当代儒家的新古诗 [M]．北京：东方出版社，2021．

秩序，都应当从人的这种本真的生命性情出发，所以这才是《诗经》这些诗所揭示的思想要义。

男女情爱等，本身并不是见不得人之事，相反，对于人类生存和个体幸福来说，它实际上也有一种神圣性。这种神圣性，从群体来说，男欢女爱之事，是人类生存之本，没有男欢女爱，也就不会有人类的繁衍、延续；从个体角度来说，个体的自然存在只是性情的载体，性情的舒展才能彰显个体的生机，体现生命真实的存在。所以，从生命的实际情态来看，人的性情才是生命之根，男女之事和“有伤风化”并没有直接联系，相反它首先是神圣之事。正如天地与男女是两对伟大的匹偶，前者化生万物，后者化生人类，因而天地䜣合与男女之事都具有神圣的意义。天地和男女的这种关系行为承担着维持宇宙永恒的责任；这两种化生即“两种生产”责任同样重要。也正是在这种意义上，儒家才有所谓“君子之道，造端乎夫妇。及其至也，察乎天地”①的说法。因此我们可以说，《诗经》对生命意义的诠释，“诗本人情，该物理”②，这正是《诗经》生命伦理思想的可贵之处。这种精神，是与禁欲主义的伦理倾向背道而驰的。

当然，作为诠释儒家生命义理的经典之作，《诗经》非禁欲主义的倾向，也并不倡导纵欲主义。这是因为《诗经》虽然强调人的本真性情，但同时也强调性情之发不可失却伦理之“中正平和”。儒家将“诗教”作为涵养人的德性的特殊方式，目的是使人人皆得“德性之正”。《诗经》之所以能发挥这样的作用，是和《诗经》的“中和”品格有直接关系的。《诗经》虽“本人情”，却不以纵欲狂情为生命的本真状态，因而整部《诗经》呈现出一种中节合度的基调。《诗经》诸篇表达的喜、怒、哀、乐之情均发而皆中节，“乐而不淫，哀而不伤”③“情动于中而形于言”④，性情合于“中和”状态，这才是生命存在的最好状态。

儒家生命伦理本身具有一种“生命乐感”的形式，不能和谐中正地表达出来的生命，不是恰如其分的生命，不符合天地生命的本质。生命作为天道的载体和表现形式，是阴阳和谐的灵性物，因而其性其情只有处于“中和”状态，才谈得上生命的正常展放，生命的质量和健康也才可谈起。《诗经》中透露出来的这种生命伦理意蕴，我们在《礼记》《荀子》等多种文献中都能感受到。

此外，《诗经》虽然将人之生命本真的性情视为伦理之基，但并不是任其随

---

① 陈明，邓中好．国学经典200句[M]．武汉：长江文艺出版社，2013．

② 程刚．邵雍的易学与诗学[M]．芜湖：安徽师范大学出版社，2022．

③ 朱祖延．引用语大辞典（增订本）[M]．武汉：武汉出版社，2010．

④ 朱祖延．引用语大辞典（增订本）[M]．武汉：武汉出版社，2010．

意发展的，相反，在充分肯定人的生命之真的基础上，《诗经》也强调伦理规约的作用。比如《　　》一诗中的女子不顾父母之命、婚姻常义而私奔，作者对此进行了谴责。这表明基本的人伦规范是要遵守的，没有基本的伦理规范，婚姻生活也未必就能和谐。而且，情爱只是生活的一部分，人生于世，还有多重关系要面对，所以，《诗经》虽然重视生命的本真性情，但亦是将之置入整体的伦理生活中的。这里面既有对女性的规约，也有对男性的规约。比如《行露》和《谷风》两首诗，就是借女子之口对男性破坏婚姻之义的控诉。

可贵的是，《诗经》对形式化的婚姻礼法等的危害性也有所关注，外在的规约不能成为对正常生命性情舒展的限制，《诗经》中的很多诗篇也表达了这样一层意思。比如《将仲子》："将仲子兮，无逾我里，无折我树杞。岂敢爱之？畏我父母。仲可怀也，父母之言亦可畏也。将仲子兮，无逾我墙，无折我树桑。岂敢爱之？畏我诸兄。仲可怀也，诸兄之言亦可畏也。将仲子兮，无逾我园，无折我树檀。岂敢爱之？畏人之多言。仲可怀也，人之多言亦可畏也。"[①] 这首诗表达了一位女子想与情人幽会却又怕父母和乡人贱骂的心理。这表明在当时，有关婚姻情爱的礼法对人性情的自然抒发是有很强的约束性的。礼法当有，但礼法过于严酷，也就失去了礼法的本义。《孟子》中记载了婚姻礼法的严酷性对人的生活的影响。"不待父母之命、媒妁之言，钻穴隙相窥，逾墙相从，则父母、国人皆贱之。"[②] 按此，不要说逾墙相会，就是隔着洞穴互相望一下，都可能招致父母与国人的轻贱。可见，《诗经》对于礼法等伦理规约的形式化、教条化的弊端是有所警惕的。孔子讲的"人而不仁，如礼何？人而不仁，如乐何？"[③] 或许与此存在一定的联系。

总之，《诗经》一面倡导和歌颂人的本真性情与"和谐的情爱"，如《关雎》《汉广》《女曰鸡鸣》等诗，一面注重以伦理规约人的性情，使之能保持"中道"。

以上我们约略探讨了《诗经》中蕴含的生命伦理思想，从总体来看，蕴含在《诗经》中的生命伦理思想表征了儒家有关生命问题的基本主张，对于我们处理当代生命伦理问题也具有重要的启示意义。它提示我们处理当代生命伦理问题，应当注重在自然规律与人事行动辩证统一的思维框架中进行。以生命为本，发乎性情，顺应自然规律，这当是《诗经》中蕴含的生命伦理思想给我们的主要启示。

① 许锋．诗经趣语精编 [M]．北京：中央编译出版社，2020．

② 何伟俊．孟子的理想国 [M]．桂林：广西师范大学出版社，2017．

③ 张毅．儒家文艺思想史 [M]．郑州：大象出版社，2021．

二、《尚书》中的生命伦理思想

《尚书》在先秦时期只称“书”，是我国上古时期的一部文献，它不仅是儒家思想的重要思想渊源和理论基础，甚至也可以说是诸子百家的理论来源之一。《尚书》虽然久远，但其中蕴含的生命伦理思想，已经比较鲜明地显示出儒家生命伦理的根本内容和精神主题。《尚书》特别强调“天德”的重要性，并且揭示出“天德”的本质即“生”，恪守“天德”，实际上就是教人以“好生之德”修养自身并作为行动的准则，以此为鹄的，便是“正德”，如此借助“和”的方式，即能达至“厚生”的理想，这便是《尚书》所蕴含的深刻的生命伦理思想的中心内容。

（一）惟克天德

儒家伦理的根本原则无疑和“天”有着根本的联系，它也直接关涉到我们对儒家生命伦理的根本原则的认识和把握。我们究竟应该在何种意义上“顺天”，又应该在多大程度上施以“人为”，这关系到我们在处理实际的生命伦理问题时所持的态度和方法。“顺天”和“人为”的关系问题，事实上是儒家生命伦理的一个十分根本的问题。《尚书》是孔子儒学的思想来源，儒家以《尚书》为宗，将其视为“大经大法”之文本，说明《尚书》中寄寓着儒家极为重要的原则性的精神主张。这种原则性的精神主张，我们传统上主要是从政治伦理角度来理解的，认为《尚书》中蕴含着儒家根本的政治伦理原则，这没有多大问题。但实际上，《尚书》不仅仅讲的是儒家的政治伦理主张，它同样蕴含着整体儒学的根本原则和精神气质，笔者认为，这就是“惟克天德”四字所体现出来的儒家伦理精神。这四个字，也表征着儒家生命伦理的根本原则和价值取向。

“惟克天德”四字出自《尚书·吕刑》，曰：“惟克天德，自作元命，配享在下。”[①] 这句话的意思是说，只有谨慎地对待天命，按天德的要求行事，我们才能长久地享受上天赐予我们的大命。在这里，“天德”作为“帝天”的根本性质或者说存在属性，对人事的抉择起着根本的决定作用，是人事行动的根本准则。这说明，《尚书》和《诗经》一样，“帝天”对于人而言，仍然是一种根本的力量。尽管与《诗经》一样，《尚书》中也存在着一种“疑天”的信息，但是“天”对人事的根本的决定作用仍然是清晰可见的。在《尚书》中，人之行动的出发点往往是以天命为基准的，人事的兴衰成败，从根本上也离不开天命的眷佑。《尚书》

---

① 王建新．竹帛智慧十讲[M]．北京：金城出版社，2021．

在很多地方谆谆告诫人王必须“克享天心”[①]，只有这样，才能“受天明命”[②]，否则，“不虞天性，不迪率典”[③]，则必“天弃我，不有康食”[④]。“帝天”是万事万物的根本决定者，“帝天”也是《尚书》道德价值的根源，因此也是人事行动的根本的立法者，正因为如此，“恪守天德”才成为人类遵循的普遍法则。这可以说是《尚书》天人关系论的核心观点。

另外，《尚书》视天地为万物之本，“天”的这种本原地位也决定了人顺天而行的本始根源。在《尚书》这里，“顺天”乃一绝对的原则，对于人类而言，其行为如是违背天意的，不仅得不到伦理的辩护，其结果往往也是毁灭性的。在《尚书》中，“帝天”的绝对地位是不容置疑的，它决定了人类的行为必须顺天而行，此乃人类行动的不二法则。

确实，和《诗经》一样，《尚书》中也存在一些似乎是“疑天”的语句，比如“天难谌”“天不可信”等，这从表面上看，似乎是在否定天命，是和上面讲的把“顺天”视为绝对原则相悖的。但是我们联系上下文和整体《尚书》要表达的思想来看，这些语句其实并非在否定天命。在《尚书》这里，凡是符合天命要求的行为，天才会眷顾它，相反，天则会弃掉它，剥夺掉行为主体承受天命的资格。所以天授命的对象，并非固定不变的，而是有选择的。这和《诗经》讲的“天命靡常”实质上是一个意思。在《尚书》中，“天难谌”等语，基本出自统治者告诫其继任者的训辞。统治者谆谆告诫其子孙不能认为天授予他们现在的“命”是永恒不变的，如果继任者不能以恰切的行为来小心呵护天命，他们就会失去上天赋予他们的“大命”。我们联系“天难谌”“天不可信”等语句的上下文就可以清楚地感受到这一点。“天难谌”“天不可信”都出自《尚书·君奭》。

《尚书》里的“疑天”之语，并不是对“帝天”之“命”的怀疑和否定。“帝天”作为终极的伦理之源、价值之本，它的根本意义是绝对的。这就是说，天作为授命者，这一点是不变的，但接受天命的对象会因德行而有所改变。所以，人能否拥有天之“明命”，关键取决于自己是否具备相应的德行。这样，人自身的行为对于自身之“命”似乎就有了决定意义，因为天命对人而言是可变的，不是固定地永远授予某人，所以人的自身的德行修为就成为获得天命的前提。由于人的自身行为事实上成为能否获得天命的前提，所以开创基业的人王，才不断告诫

① 李英华．中国古代政教思想及其制度研究[M]．北京：九州出版社，2021．

② 李英华．中国古代政教思想及其制度研究[M]．北京：九州出版社，2021．

③ 刘平．四书·五经全译全解[M]．海口：南海出版社，2014．

④ 刘平．四书·五经全译全解[M]．海口：南海出版社，2014．

他的子孙要“以德敬天”。可见，《尚书》和《诗经》是一样的，二者虽都有疑天之语，但并不是对天有一种根本的怀疑，而是对天所授命的方式有一种人文化的思考。天与人之间的授命方式是以“德”相连接的。天的德性要求，就是天的命令，也即“天命”，显现于人而为人效法的，也即“天道”，所以“天德”“天命”“天道”在《尚书》这里实即一回事。人按照天道来做事，则能长久地保持天赋予人的好命，天只佑具备天德的人，如果自己不按天德而行，却迷信天的授命永远不变就大错特错了。

综观《尚书》，所谓“天德”，实质上就是“好生之德”，是上天创化万物、养育万物、以生命为本的“生”之德。我们细致分析《尚书》中所讲的“德”，可以清晰地感受到这一点。我们注意到，统治者在告诫其子孙要“以德配天”时，往往对举一些弃德背天的行为，而这些行为都是荼毒百姓、摧残生命的行为。如《尚书·泰誓下》曰：“天有显道，厥类惟彰。”[①]这就是说天有天道，天只表彰或彰显按自己的道或法则来行事的人，也即恪守“天德”的人。商纣王“斫朝涉之胫，剖贤人之心，作威杀戮，毒　四海”[②]，以致天怒人怨，“自绝于天，结怨于民”[③]，这明显违背了上天的“好生之德”。天有天道，天只彰显按此天道而行的人，而惩罚背离天道的人，商纣王逆天道而行，故“上帝弗顺，祝降时丧”。《尚书·武成》也说：“今商王受无道，暴殄天物，害虐烝民[④]”。这是“以荡陵德，实悖天道”[⑤]。这都是说商纣王违背“天德”，乱杀无辜，残害众生，这是自绝其命，所以天不佑商王。在《尚书》中，这样的例子是比较多见的。

“惟天地万物父母”[⑥]，天是万物之本，而天又是一个具备“生”之德、义理化了的天，天以生德义理监护下民，顺此天德义理而行的人，天福佑之、定命之，背此天德，天则降灾于其身。所以人的生命能否得其长久，取决于人是否按此天德而行。

综上，《尚书》讲的“天德”，本质上即指上天的“好生之德”，这种好生之德，就是天道的要求，是天针对人类行为的终极立法。人时时恪守此天德，就是人类获得“休命”的根本，背天而行，最终会受到天的惩罚。故《尚书》所确立的生

---

① 张绍德．解读尚书[M]．济南：齐鲁书社，2018．

② 李英华．中国古代政教思想及其制度研究[M]．北京：九州出版社，2021．

③ 李英华．中国古代政教思想及其制度研究[M]．北京：九州出版社，2021．

④ 陶妙如．诗经的生命[M]．长沙：湖南教育出版社，2021．

⑤ 李英华．中国古代政教思想及其制度研究[M]．北京：九州出版社，2021．

⑥ 喻立平，江畅，徐瑾．大国之魂：中华优秀文化通俗释讲[M]．武汉：崇文书局，2022．

命原则，即以“顺天”为根本。人类应当谨记这条准则。

（二）正德、利用、厚生

在《尚书》这里，践行上天的“好生之德”，才能“宏于天，若德裕乃身，不废在王命”！[①]这条根本原则，也奠定了《尚书》生命思想的基调和主体内容，用《尚书》的话来说，即“正德、利用、厚生”[②]。

《尚书》作为儒家“德教”的范本，它的根本内容或者说大经大法，就体现在“正德、利用、厚生”[③]上。这六字，出自《尚书·大禹谟》曰：“於！帝念哉！德惟善政，政在养民。水、火、金、木、土、谷，惟修；正德、利用、厚生、惟和。九功惟叙，九叙惟歌。”[④]在这里，“正德、利用、厚生”属于“九功”的内容，“九功”亦即《尚书·大禹谟》里提到的“六府三事”。“六府”指水、火、金、木、土、谷六个方面的事务，“三事”即“正德、利用、厚生”。“三事”是纲领性的规定，“六府”可以统领在“三事”这一纲领性的规定之中。“六府三事”在这里都是“善政”的内容，所谓“德惟善政，政在养民”[⑤]，所以做到“善政”，在实践上就是使民得到安养。而达到这一目的的基本方法就是做好“正德、利用、厚生”。

表面上看，“正德、利用、厚生”[⑥]仍然讲的是一种政治原则，但实际上这里面蕴含着浓厚的生命伦理精神。因为“正德、利用、厚生”的背后，体现着一种浓郁的生命意识，它实质上是一种关于生命的观念形态因为首先注意到“生命”，故必注意到如何调护生命、安顿生命。

我们不妨结合一下“正德、利用、厚生”[⑦]的具体内涵来进一步感受一下这一思想体系的生命情怀。首先我们看一下“正德”。“正德”就其字面来说，是指“端正其德”之义。从这个角度来理解“正德”，存在两种不同向度的解释。一种是从施政者角度而言的，所谓“正德”，即指施政者要端正德行、修德率下。另一种是从民众角度而言的，意为使民德端正。从施政者角度看，所谓“正德”，就是要求施政者要时时以民生为重，以实现厚民之生为己任、为其行为的出发点，这也是一种以生命为本的表现。而从民众角度来说，民众只有端正其德行，也才

① 刘平．四书·五经全译全解[M]．海口：南海出版社，2014．
② 张轩．先秦元典的思想内涵与精神意蕴[M]．长春：吉林大学出版社，2020．
③ 张轩．先秦元典的思想内涵与精神意蕴[M]．长春：吉林大学出版社，2020．
④ 方铭．战国文学史论[M]．北京：商务印书馆，2008．
⑤ 方铭．战国文学史论[M]．北京：商务印书馆，2008．
⑥ 张轩．先秦元典的思想内涵与精神意蕴[M]．长春：吉林大学出版社，2020．
⑦ 张轩．先秦元典的思想内涵与精神意蕴[M]．长春：吉林大学出版社，2020．

能获得其良好的生活和生命保障。在这里，“民”作为“正德”的主体，可能还有另一方面的考虑。《左传》里记载的晏婴的一段话，可以为我们理解这一意义上的“正德”提供启示。《左传·襄公二十八年》曰：“夫民生厚而用利，于是乎正德以幅之，使无黜嫚，谓之幅利。利过则为败。吾不敢贪多，所谓幅也。”①

这句话非常值得我们琢磨。固然施政者施以“厚生”之政，百姓才能安身立命。但是，人的生命的实现并不完全取决于施政者，人民自身对其生命的健康实现亦负有道德责任。那就是，对生命而言，并不是满足生命需求的资源越多越好，人的欲望无止境，不是被满足的欲望愈多生命就越健康、越有保障，如果不知节欲，欲望的满足不仅不利于生命，反而可能害命，故须以“德”而节制之。这个“德”就是协调自身欲望与外界资源之间的关系之“德”。这个“德”使民众对欲望的追求能得到合理限制，保持在合理的限度内，从而使民众的生命健康得到真正的保障，所以，这里的“正德”，实际上可以理解为“正民之性”。可见，正民之德，也就是要使民众具备良好的养“生”意识和行为，它既含有个体的养生观念，亦包括群体生命和谐的意识。所以，不管是从施政者角度而言，还是从民众角度而言，“正德”之“德”，归根结底讲的就是“生”之德，所谓“好生之德，洽于民心”②。其实，不管是这里的“正德”是就施政者而言，还是就民众而言，这个“德”都统摄于“天德”。《尚书》讲的“德”，具有明显的形上理据，这一点我们在上文已经说明。一切具体之“德”，都是以“天德”为根本的，而“天德”是天的意志体现、是天性本身，其本质是天的创生、护生、好生之德。所以，“正德”的实质，是以“生”为本，是要人拥有重生、利生、爱生、护生的生命意识和道德责任。“生”是天的性质，天就是“生”之义理的天，天以此“生”之义理教人，为世人立法，故“正德”的根本，就是告诉我们要顺天之“生”德而行。

我们再看“利用”和“厚生”。在这里，所谓“利用”，主要是开源节流、协和万物生长，以资人类有充足的物质资源可用。“厚生”主要是指“厚民之生”，使人民的生活富足安乐。要做到“利用”，很重要的一个方面是以合理的方式和态度对待自然资源，“水、火、金、木、土、谷，惟修”。“惟修”两个字表明，开发利用万物需要以正确的方式。宋仁宗在谈“惟修”时说：“惟修者，明顺其性也。”③这就是说，只有在顺应万物的自然生性的基础上，才能使万物生长以资人“利用”。所以，要“利用”，也需要我们有“厚生”意识，这里的“厚生”自然

① 江灏．白话晏子春秋[M]．长沙：岳麓书社，1994．

② 张轩．先秦元典的思想内涵与精神意蕴[M]．长春：吉林大学出版社，2020．

③ 陈生玺．治国明鉴：上[M]．杭州：浙江古籍出版社，2014．

是指“厚万物之生”的意思。不过，《大禹谟》里的“厚生”主要是指“厚民之生”的意思，“厚万物之生”[①]的意思并不明显。但是，由于这里的“利用”本身需要我们有一种广义的“厚生”之德，我们也不能排除这里的“厚生”也蕴含着“厚万物之生”[②]的意思。不过，我们从《大禹谟》随后所讲的“地平天成，六府三事允治，万世永赖，时乃功”[③]这句话来看，这里的“厚生”似乎确有“厚万物之生”[④]之意。但不管这里的意思如何，“厚生”在后儒那里显然有了更为宽泛的含义。《中庸·第十七章》曰：“故天之生物，必因其材而笃焉。”[⑤]朱熹释此“笃”曰：“笃，厚也。”[⑥]意为天对其所创之物，负有天定“厚生”之义务。天生万物，亦必善其生长，这就是天性、天德。所以，“利用”和“厚生”讲的也都是“生”的意思，是在“生”的理念统摄下的善举。

总之，“生”之德是立政之根本，“正德、利用、厚生”[⑦]本质上是贯彻此“生”之德。但是要实现此“生”之德，则需要“正德”“利用”“厚生”三事的协调运作，所以《大禹谟》说：“正德、利用、厚生，惟和。”[⑧]没有“和”，就不可能做到“利用以阜财”[⑨]，也就无法实现长远的“厚生”，故云“厚生惟和”。

第四节　儒家生命伦理思想的应用

源于儒家思想的儒家生命伦理符合我国自身传统文化的特点和社会道德文化的价值取向，对于我国医养结合养老服务具有实践应用价值：儒家文化精髓的仁爱原则、孝悌思想是养老服务最重要的道德伦理。推己及人的朴素职业道德观可有效提高从业者的服务质量，提升职业精神。“天人合一”的整体观和“修身至德”的养生观使老人不仅作为服务对象，也成为医养结合积极主动的参与者，有效提高了服务效率。在护理无法表述的失智、失语老人时，儒家的“慎独”思想可有

---

① 周绍良．全唐文新编[M]．长春：吉林文史出版社，2000．
② 周绍良．全唐文新编[M]．长春：吉林文史出版社，2000．
③ 成中英．中国古典政治哲学发微[M]．北京：商务印书馆，2021．
④ 周绍良．全唐文新编[M]．长春：吉林文史出版社，2000．
⑤ 邵逝夫．中庸释义[M]．北京：北京联合出版有限责任公司，2020．
⑥ 祝秀权．诗经正义：上[M]．上海：上海三联书店，2020．
⑦ 张轩．先秦元典的思想内涵与精神意蕴[M]．长春：吉林大学出版社，2020．
⑧ 张轩．先秦元典的思想内涵与精神意蕴[M]．长春：吉林大学出版社，2020．
⑨ 唐代兴．生境伦理的教育道路[M]．上海：上海三联书店，2014．

效增强从业者的自律性，是在缺乏监管的情况下从业者应具备的职业道德。儒家生命伦理可有效解决养老服务中的哲学与道德问题，为我国医养结合的伦理问题提供理论参考。

如今，国内最重要的就是健康问题和养老方面的问题，国家想要推出更多的养老服务，就应该更多地考虑到人口老龄化问题。要想解决人口老龄化问题，需要将医学与现代的科学技术、家政服务以及社会保障等多个方面相结合，组建专门适合养老服务的医疗卫生团队，去帮助老人养老，还要为医疗卫生人员提供一种道德准则和制度。儒家的道德规范是发展生命理论的基础。

在提供养老服务的时候，我们要注意将医学技术和养老服务进行良好的结合，这样才能明显提升整个社会的养老水平。我们国家在这条道路上已经进行了很多方面的研究，其中、北京、上海、青岛这样的城市已经在制度方面奠定了一定的基础，而且实施效果良好。

就目前来看，医养结合养老服务面临的紧迫问题之一是护理人员与老年患者人数比例的严重失调，特别是护理员人才缺乏、人员流失严重的问题尤为突出。另外，护理员的学历普遍较低、医学基础较差，导致专业技能较差，缺乏敬业精神，这些负面因素都阻碍了医养结合养老服务的发展。因此，一方面要提升护理人员的专业知识与技能，另一方面也必须注重培养职业精神，重视对生命的尊重。医养结合的发展受到了限制，原因还在于现阶段缺少可用于养老服务的伦理理论。我国的医学伦理学，强调的是医生等医疗从业人员作为职业主体应该遵循的道德准则，但护理员不属于医疗从业人员，因此并不适用。而且由于文化多样性和专业术语表达困难等因素，西方生命伦理学的理论不太容易被广泛推广。养老服务人员的群体范围很广，除了医护人员，还包括护工、社区工作者、家政人员、机构工作人员和家庭成员等。这些人的教育和文化背景有很大差异。因此亟须找到一种通用且易于接受的道德观。儒家生命伦理根植于儒家文化之中，并因其广泛的群众基础而易于被各阶层人士所认同。儒家生命伦理专注于遵循具有普遍社会道德意义的价值观，除医学伦理外，它还可以涵盖医疗、保健、护理和家庭服务等多个领域，适用范围更加广泛。因此，在医疗和养老的结合发展道路上，塑造现代儒家生命伦理的意义十分重大。

第一，“仁爱”在医养结合中的应用。古代医者最重视仁爱思想，医者仁心，医生应该是“仁爱”之士，医术之外兼具“仁”这一儒家传统美德，这一点在“医乃仁术”中也得到了体现。中国历代医者往往把“仁爱”思想视为医德的体现，并用实际行动来深刻阐释“仁”的内涵。在医疗工作中，所有患者都应受到等同的关怀和尊重，无论其社会地位、财富等级。医生治疗病人不仅是出于对病人的关爱，还展现了医生高尚的道德素养，即为了治愈病人的病情，医生不惜冒风险，不会顾虑自身利益，丝毫不会顾及自己的得失。通过自觉、自发地产生于内心的情感表现出来的仁爱和关怀，被视为医生应该具备的医德之一，体现了医生关注患者的心态和理念。除了医德之外，仁爱对于从事养老服务的从业人员来说也非常重要，因为它可以落实到实际操作中，成为他们的职业修养和行为标准。中华民族文化的天然传承，在生命和健康领域得以应用的是仁爱思想。儒家生命伦理最重要的是“仁爱思想”，这个思想不仅在日常照顾中具有重要作用，还需要强调全面地关注老年人的情感需求，以提高他们的生活质量和满足幸福感。

第二，“孝悌”理念在医养结合中的应用。在传统道德观念中，孝顺被认为是“元德”“首要的善行”。孔子在《论语·学而》中提出“孝悌也者，其为仁之本与”[①] 和“仁之实，事亲是也”[②] 都是在强调儒家的孝亲思想。《孟子·离娄上》曰：“入则孝，出则悌。”[③] 孝，即孝敬父母；悌为敬兄，即敬爱兄长。孝敬父母、关爱家人的儒家孝亲思想是我们基本的为人处世标准，并且这一标准由来已久。除此之外，“孝悌”思想在古代中国医德中也起到了重要作用，《孟子·离娄上》中强调孝悌是仁的最基本要求。《甲乙经·序》中“若不精通于医道，虽有忠孝之心，仁慈之性，君父危困，赤子涂地，无以济之”[④] 的孝亲思想同时也是“医乃仁术”的体现。儒家“孝悌”思想对解决我国人口老龄化的现实伦理问题尤为重要。“老吾老，以及人之老；幼吾幼，以及人之幼”[⑤] 是儒家“孝悌”思想的延伸和扩展。尊敬和关爱老年人是体现“仁爱”和“孝悌”思想的重要方面，作为养老行业从业人员，必须时刻铭记这一职业精神。除了社会保障体系的完善和医疗服务的改进，养老者家人的付出和陪伴对医养结合模式的发展也很重要。如果养老者家人能够在经济上给予支持、在感情上给予关爱、在行动上定期探视，老人的幸福指数会大大增加，这间接促进了相关机构养老服务的发展，也是儒家孝悌思想的体现。可以说，得到家人的支持是实现医养结合养老的重要前提。子女通常是照顾失能老人的主力军，但照顾老人很大概率就无法兼顾工作，致使没有收入或收入减少，并且老人的医疗费也是一个很大的经济负担。因此，我们要宣扬和倡导儒

① 孔子．论语[M]．杨伯峻，杨逢彬，注译．长沙：岳麓书社，2018．

② 孔子．论语[M]．杨伯峻，杨逢彬，注译．长沙：岳麓书社，2018．

③ 孟子．孟子[M]．哈尔滨：北方文艺出版社，2019．

④ 王明强．中国古代医学教育思想史[M]．北京：中国中医药出版社，2018．

⑤ 朱祖延．引用语大辞典（增订本）[M]．武汉：武汉出版社，2010．

家的“孝悌”理念，这样可以在非法律层面上帮助减少“抛弃患病和老年人”的情况。有调查结果显示，如果长期照顾患病或残障的老人，照顾者很容易出现各种身体问题并面临情绪上的挑战，比如焦虑、抑郁等。因此，除了政策和财政上的支持，还需要在精神和道德方面给予长期照顾者认可和赞扬。

第三，“推己及人”的朴素职业道德观在医养结合中的应用。在中国古代，行医者所奉行的医德中，要求医者要与患者感同身受，《大医精诚》讲述的“见彼苦恼，若己有之，深心凄怆，勿避岭 、昼夜、寒暑、饥渴、疲劳，一心赴救，无作功夫形迹之心”是对儒学“己所不欲，勿施于人”[①] 的一种继承。《论语·雍也》的“夫仁者，己欲立而立人，己欲达而达人”[②] 强调人们应处处为他人着想，帮助别人立于社会。《孟子·离娄下》中的“恻隐之心，仁之端也”[③] 是说每个人都有怜悯体恤别人的“恻隐之心”，而这种“不忍人之心”就是仁爱的起点。医学伦理学指出，医生对病人经历苦难应该同情。在医养结合中，“养”指的是包含生活照护、社区康复以及社区娱乐活动等方面的综合性服务。而“医”则不是传统意义上的医疗服务，而更多地强调慢性疾病管理、预防保健以及康复护理等方面的服务。大多数的工作由护工、护理员负责，他们主要是来自农村的务工者以及城市下岗职工等群体。医养结合的“养”部分的核心在于提升员工的专业素养和职业道德观，进而提高服务质量。数千年来，儒家思想一直是文化传承的重要组成部分，广为人知。在照顾者的职业道德观中，这种思想具有重要的作用。照顾者会全身心投入照顾患者，透过想象自己老年时的感受，深刻感受患病老人的苦痛，竭尽所能帮助他们减轻病痛。尽管护理员不是传统意义上的医生，但他们通过对患者的同情和关怀，传达出一种朴实的职业道德观，即“待人如己”。这种职业道德观同样是医德的表现。

第四，“修身至德”的养生观在医养结合中的应用。儒家强调“修身至德”，其是指要不断提高自身的道德修养并自我完善。修身必先养心，而养心贵在养德，保持高尚的情操、稳定的心态，就能德行天下，延年益寿。此外，孔子曰“吾十有五而志于学，三十而立，四十而不惑，五十而知天命，六十而耳顺，七十而从心所欲，不逾矩”[④]，顺应自然规律，豁达积极地面对生老病死，也是儒家思想“天人合一”整体观的体现。医养结合不仅强调为患病老人提供治疗和护理，更强调

① 徐亚斌.《论语》中的成语解读[M]. 上海：上海社会科学院出版社，2020.
② 陈明，邓中好. 国学经典200句[M]. 武汉：长江文艺出版社，2013.
③ 程皓月. 儒魂：当代儒家的新古诗[M]. 北京：东方出版社，2021.
④ 程皓月. 儒魂：当代儒家的新古诗[M]. 北京：东方出版社，2021.

疾病预防和促进老年人的身心健康。如《黄帝内经》的“恬淡虚无，真气从之，精神内守，病安从来”[①]就是在强调心态平和的重要性。儒家生命伦理关注的对象既有医生，也有病人。在“医养结合”模式下，养老的老人是主要参与者。“修身至德”的养生观有助于提高医养结合服务效率，对提高患病老人的健康水平、开展健康教育、加强老人的遵医嘱行为等都有非常重要的作用。

第五，“慎独”的自我服务监管在医养结合中的应用。“慎独”是一种广泛适用于整个社会的道德观念，它对个人提出了高度苛刻的内部要求，以自我驱动为核心。目前，医疗与养老的融合仍在探索阶段，还没有相关的服务标准或指导性规范。老年服务中很多项目缺乏规范和标准化的操作，还有许多问题亟待解决，比如服务标准与价格的匹配是否合理。在许多地区，养老机构和社区缺乏监管机构和质量管理评估机制，因此，在这种缺乏监管的环境下，提高从业人员的道德修养非常关键。针对失智、失语老人，特别需谨慎地照料其日常生活，因为他们无法有效地表达自己的需求。提升服务质量的方式之一是对从业人员的道德修养进行提升。

综上所述，儒家生命伦理既符合中国传统道德文化的特点，还能够满足现代社会的需求。近年来，该理论不仅得到了医学界及相关领域的认可，而且研究范围也从纯理论研究逐渐扩展到实际问题的实践应用研究，不仅仅限于伦理学者的研究领域。由于儒家生命伦理包含非常久远的文化传统，以及在群众中有很深厚的基础，广泛涉及各个领域，因此在养老服务中涉及哲学问题时，儒家生命伦理能够提供有效的解决方案。这有助于推动医养结合事业的健康发展。

① 田合禄．医易启悟[M]．北京：中国科学技术出版社，2022.

第四章　儒家生态伦理思想

本章为儒家生态伦理思想，包括四个方面的内容，分别是生态伦理的阐释、儒家伦理思想中的生态关怀、孔子和孟子的生态伦理思想、儒家生态伦理思想的当代内涵。

第一节　生态伦理的阐释

儒家思想中蕴含着丰富的生态伦理思想，主要体现在“和谐共生”和“顺时节用”两个方面。儒家生态伦理思想还有一定的现代价值，它既为现代生态伦理学提供了精神养料，又是建设现代中国生态文明的文化渊源。其当代现实意义具体表现在有利于转变经济发展方式，走可持续发展道路；有利于更新人们的消费观念，践行绿色生活方式；有利于加强生态法治保障，提升生态道德水平。对于儒家生态伦理思想，应当一分为二地看待，理性运用儒家生态伦理思想指导现实生活，但同时也要注意其局限性，推陈出新，革故鼎新。

人与自然相互依存，相互影响，是一个不可分割的整体。人是自然界的产物，自然界的变化、发展及其规律是人类社会存在和发展的基础，而人类又具有主观能动性，能够正确认识自然，利用规律改造自然，为人类生存及发展谋取利益。人类的主观能动性要受客观规律的制约和束缚，开发自然资源必须以尊重自然及其规律为前提，否则会受到惩罚。绿水青山就是金山银山，要想做到可持续发展，人们必须顺应自然、敬畏自然、爱护自然，遵循自然规律及要求去索取，这也是天人合一、与自然和谐相处及生态文明建设的真谛和要求。儒家的生态伦理思想就充分体现了这一点。所以，了解和研究儒家生态伦理思想，具有非常重要的现实意义。

一、儒家生态伦理思想的主要内容

（一）和谐共生

和谐共生是儒家生态伦理思想的主要内容之一。在自然界，和谐共生是生物之间相互依赖、相互合作的一种现象，即各种生物之间紧密联系，构成一个相对完整而又独立的生态系统。对于儒家生态伦理思想中的“和谐共生”，可以从“生境论”的角度去分析。

生境是指生物的生活环境。生物与生境是相互依存、相辅相成、不可分割的统一整体。物种的生存离不开一个良好的生存环境，同时生物也能影响和改变环境。如果没有适宜的环境，生物将无法存活，反过来，如果环境中没有了生物，那么平衡也会被破坏。儒家学者意识到了生境对生物的重要性，倡导不光要保护生物等生态资源，生境也应该作为重点保护对象。生物离不开生境，也会选择合适的生境。儒家主张“君子以慎辨物居方”[①]，就是说，不同生物所需的生境不同，要辨别各种生物的性质、条件等因素，使它们各自找到合适的生活环境。作为儒家生态伦理思想的重要内容，“和谐共生”阐释了生物与生境的密切联系及生境对生物的重要作用。所以，在现实生活中，我们要做好对生物资源的保护工作，并维护好其赖以生存的环境。

（二）顺时节用

“顺时节用”是儒家生态伦理思想的行为标准，是儒家学者尊重自然、敬仰自然、爱惜世间万物的具体表现。

“顺时”中的“时”指的是时序、时机。万物的生长变化都有其内在的发展趋势与规律，古人就十分重视这种规律，如“乃命羲和，钦若昊天，历象日月星辰，敬授民时”[②]。从这句话可以看出，早在古时候，人们就已经发现太阳运动的规律以及太阳和人类生活的密切关系。

儒家学者在开发农业资源、渔业资源方面都倡导“顺时”。他们认为，不错过农业生产的季节，粮食就会吃不完；密网不下到池塘里，鱼鳖之类的水产品就会吃不完。他们在主张对山林资源“以时禁发”的同时还强调“斩材有期日”[③]，这样按一定的季节入山伐木，树木就有足够的生长时间，才能源源不断地为人类提供木材。只有做到“顺时”，生物资源才能可持续开采和利用，如果人类无视自然界万物的生长规律，“违其时”“夺其时”，终会造成自然资源的枯竭。

孔子主张“节用”的生活方式，并将其视为君子必须具备的一种美德。子曰：

---

① 黄波．周易经传新解[M]．北京：华龄出版社，2020．

② 斗南．国学知识全知道[M]．北京：北京联合出版公司，2015．

③ 陈业新．儒家生态意识与中国古代环境保护研究[M]．上海：上海交通大学出版社，2012．

“君子惠而不费，劳而不怨，欲而不贪。”[①] 君子的节俭品质不仅能给自己带来好处，同时也能为他人带来好处。“顺应季节、适时而行”是儒家伦理思想的一项核心理念。这一思想主张我们在实践活动中需遵循自然界内在的规律，确保社会财富可持续利用和消费；同时也旨在促进人与自然、人与社会以及人与人之间的和谐共处。

二、儒家生态伦理思想的继承与发展

在我国推进生态文明建设的过程中，中国共产党不仅融合了传统儒家生态伦理中的精髓，也继承了马克思主义关于生态方面的思想。中国共产党吸纳了儒家生态伦理思想中的许多有益成分。在现代，我们提倡加强对生态系统的保护，并对生态安全屏障体系进行进一步优化，以实现生态系统质量和稳定性的提高。这些措施与儒家生态伦理思想中的“和谐共生”理念是一致的。此外，我们还提倡低碳环保的生活方式，创建节约型机关、绿色家庭、绿色学校和绿色社区等活动是我们对此展开的具体实践。这与儒家生态伦理思想中“顺时节用”的理念相符。在马克思和恩格斯广泛而全面的思想框架中，生态文明理论也是他们思想中不可或缺的一部分。在马克思和恩格斯的生态文明理念中，人类与自然之间的关系通常不是一种征服或被征服的态势，我们要将两者有效结合，发挥互补作用，以实现社会价值。人类与自然是相互依存的，人类是自然界的一部分，而自然界是人类的生存环境。从人类的角度来看，自然是人类所依赖的无机元素。作为自然界的成员，人类与生态环境息息相关，二者密不可分。因此，我们应该像珍视生命一样珍视生态环境，相信人类和大自然能够实现和谐共存，构建一个有机的整体。这与当前我国促进人与自然和谐发展的生态建设理念是高度一致的。

生态环境建设是我国的可持续发展战略。近年来，中国共产党肩负着加快经济发展模式转变、保护绿水青山、促进生态环境良好建设的历史使命，全国人民也共同承担着这一责任。中国共产党在党的十八大报告中，第一次提出新的生态文明建设的定义、表述和论述，这显现了其对当前阶段的特征和国情的准确判断。紧接着，强调了加快构建美丽中国的重要性，并提出了加快建立生态文明制度，加强国土资源开发和生态环境保护等措施，以创建现代化建设与自然和谐发展的新模式。此外，报告还指出了必须通过制度划定生态保护红线，以保护生态环境。我们应该通过建立更加严格的法律制度来加快生态文明建设，并认识到在维护环

① 申笑梅，王凯旋．诸子百家名言名典[M]．沈阳：沈阳出版社，2004．

境安全方面，采取最为严厉的法律手段是当下的必要之举。我国对生态文明建设的关注程度得到了新的提升，相应的问题也得到了极大的重视。在新提出的五大发展核心理念中，绿色发展理念得到了强调。在党的十九大报告中，提出了多项旨在改善人们生活水平的具体措施，包括积极推进国家公园体制试点、增加森林植被覆盖率、加大力度推进重大生态保护和修复工程等。党的二十大报告将“人与自然和谐共生的现代化”上升到“中国式现代化”的内涵之一，再次明确了新时代中国生态文明建设的战略任务，总基调是推动绿色发展，促进人与自然和谐共生。

尽管儒家生态伦理思想源远流长，但其中的核心理念，如维护生态平衡、合理利用自然资源等，对我们当前推进的可持续发展和生态文明建设仍有重要的参考意义。可持续发展的内涵是经济、社会、资源和环境的协调发展，即一方面要达到发展经济的目的，另一方面又要保护好人类赖以生存的自然环境。这就要求我们在满足当代人对物质资源需求的前提下，不过度开发，要为后代留下属于他们的资源，实现可持续发展。我们曾一度认为，想要实现工业化和现代化，就不得不大力发展重工业并付出严重的污染代价。然而，这种发展方式是无法长久的，它既违背了自然规律，会导致生态环境危机的加剧，也没有遵循经济发展的规律，将阻碍我国经济的可持续发展，不利于我国从工业文明向生态文明的转变。儒家思想所倡导的人文关怀精神，包括“和谐共生”和“顺时节用”，这与我国当前的生态建设理念在本质上是相同的。二者都强调了生态环境的保护和可持续发展的重要性，这是促进经济繁荣和人类全面发展的必要条件。儒家一直强调人与自然和谐共处，因为人是自然的一部分，必须顺应自然的规律生存。但同时，人们也不是无所作为地接受自然的限制，而是在充分了解自然规律的基础上，去探索和利用自然资源，并且积极地改造自然。

各项调查表明，经济的繁荣程度对于人们幸福感的提高起着积极作用，但是人们的幸福感并非完全取决于物质财富，还受到其他因素的影响。这表明，纯粹依靠金钱、财富等物质条件并不能轻易地获得幸福。儒家思想中，自然是非常重要的一个精神目标。儒家认为自然能怡悦人的心情，人们还可以从自然的一些特征中寻找道德的启示和舒适感。例如，孔子的“乐山乐水”和“吾与点也”等语句，展现了他对大自然的景仰和尊重。全球性生态危机的根本原因在于人类热衷于满足自己过分的物欲，但随着物质日益丰盈，人们的内心常伴随着负面情绪，如精神空虚、精神失落等。儒家思想中的“天人合一”“顺时节用”提醒我们要保持朴素节俭，形成正确的消费观念——理性消费。如果一个人能始终秉持这样的信念来处理人与人、人与自然的关系，那么人类和大自然就会呈现出和谐美好的画面。

当前我国面临的生态问题，重点不在自然环境本身，而是我们对人与自然的关系存在认知误区。人与自然是相互依存的，人类有改造自然的能力，但并不是世界的主宰。对自然，我们可以合理改造，但决不能肆意破坏，否则我们将失去赖以生存的自然环境。敬畏自然、爱护自然、保护生态环境，才是我们对待自然环境的正确态度。为此，我们要普及生态伦理教育，帮助人们树立正确的生态文明观念，了解生态文明建设的重要性。这项任务需要社会各界包括政府、社区、学校、家庭以及个人共同努力。我们的祖先受限于时代的背景，没有制定与生态环境保护相关的法律法规。但我们现在是法治社会，可以通过建立健全与生态环境保护相关的法律法规，推进生态文明建设。有关生态文明的伦理规范展示出了一种独特的自我约束和自我掌控能力。现今社会中，个别人无意或有意触碰各种生态伦理底线，因此有必要通过强制性的法律规定来解决和处理这些问题。中国近几年，与环境保护有关的法律建设有了明显的进展，其中《中华人民共和国环境保护法》修订版被评为“最严格的环保法”。为了充分发挥环境法的作用，国家一方面要进一步完善生态法律体系，另一方面要加强生态保护方面的宣传，力求使每个单位和个人都能自觉保护生态环境，参与生态文明建设，不敢触犯法律底线，促成全社会形成人人尊重环境、守法从事的健康氛围。

毫无疑问，生态文明建设已经成为中国特色社会主义现代化建设的重要内容。在儒家生态伦理思想的指导下，我们要树立并坚持人与生态环境共同发展的理念，并长期致力于环环境保护和资源节约。在实际行动中，我们应像珍惜生命一样珍爱生态环境。

第二节 儒家伦理思想中的生态关怀

一、天人合一：儒家生态伦理的境界追求

儒家的“天人合一”思想可以从三个角度来理解。第一，在二者关系上，天与人是不可分割的整体，形成了一个完整的系统。二者趋向于合一，而非分裂。第二，从生态道德目标角度来看，天与人相互依存，共同繁荣，人类只有维护自然生态的平衡，才能持续发展。第三，从生态道德准则角度来看，人类应该尊重

自然的规律和法则，遵循客观规律，不去违反自然的秩序。这三个层面是“三位一体”的。天人合一首先表明天与人，或人与自然是一种合一的关系，这种关系是密不可分的，也是不容破坏的。这种关系是一个系统，是由人与自然所共同组成的生态系统。在这一系统中，唯有人与自然和谐相处，共生共荣，才能保持生态平衡。一旦生态失衡，人与自然的关系就不再和谐。因此，为了天人关系的和谐，我们需要制定人类行为的准则。由于人们在这种关系中拥有主观能动性，他们的实践活动对此关系起到了至关重要的作用。儒家强调的行为规范主要是基于“时禁”原则，这意味着在特定的时间和情境下，人们应该遵守特定的规定和禁忌。儒家生态伦理的核心是强调“天人合一”的理念和与自然和谐共处的精神。“时禁”的规范即意味着人的实践活动应遵循自然生态的发展规律，禁止做违反客观规律的事情。可见，儒家“天人合一”的生态伦理精神本身即包含着对人的行为进行道德约束的规范要求，同时表明“天人合一”不仅是一种生态伦理精神或理念，也是一个需要实现的伦理目标。因此，不应仅仅将“天人合一”看作一种静态的理论、观点或主张，更应看作一个不断被实践着的人类活动。这既是一种主观精神的批判，亦是一种客观理性的批判。正是这种批判的不断驱动才使得天人越来越合一，人与自然之间的关系越来越和谐。人的主体性也在这一过程中不断得以彰显。

但天人又毕竟有别，这从儒家在处理天与人之间的关系中可见一斑。儒家明确地意识到了人的主体地位，因此能够对人的行为做出自觉的规范。在道德的主体或代理人方面，人无疑居于中心地位，甚至在价值论上也是如此，但由于儒家实际上把天、地、人视为一个有机的整体，把天道与人道紧密地联系起来思考，所以，我们也许可以说，儒家初见雏形的生态伦理既是人类中心的，又是生态中心的，它在行为规范方面主要是人类中心的，是天人有别的，而从其后面的支持精神和宇宙哲学看，它又是生态中心的，是整体论的、天人合一论的。关于人类中心与生态中心的讨论乃至争论，在生态伦理学界可谓由来已久，见仁见智。但不管持有何种观点，似乎都是在将此二者看成彼此对立，甚至水火不容的，这是需要予以纠正的致思路径。我们讨论这一问题本身意味着什么？不谈人的主体性，一切都将失去价值。这一点基本上可以作为一个事实判断。因为如果没有人的存在，一切的存在有何意义？人的存在是一切存在的前提，虽然任何人都可以反驳，说自然是“先在于人”的，但即使这一判断是一个事实（事实上也确实是一个事实），对这一事实进行言说的仍然是作为天人关系中唯一主体的人。“先在于人”的自然在人还不存在的时候只不过是与人毫无关系的自然，仅此而已。

人的主体性这一点很重要，因为这一点可以从根本上解决两个“中心”之间的分歧，使二者统一于“人”。批驳人类中心的学者们通常都将当今人类所面临的诸多环境问题归因于这一中心，认为人类中心导致人与自然主客二分，并担心由于人类中心而使天人合一无法实现，甚至离天人合一渐行渐远。人与自然的主客二分是人类中心造成的吗？人类中心必然导致天人不合吗？人类中心全然都是负面的吗？如果人类用于约束自己的生态行为而制定规范也算是人类中心的话，这跟生态中心又有何区别呢？早在儒家那里，这两个中心不是一直并行不悖地存在着吗？的确，对于儒家来说，天人有别于天人合一是辩证统一的，人类中心与生态中心是和谐并存的。实际上，儒家意识到并提出天人合一就已经表明天人有别，而生态中心的实质也是人类中心。天人合一是一种理想状态，生态中心的整体论不可能以生态为中心，它不过是变了形、化了妆的人类中心。由此可见，人类中心是不可避免的，儒家的天人合一必然是以人类为中心的。

接下来，我们需要探究如何解释人类中心主义。当然，我们不需要一开始就以绝对支持或者坚决反对这两种极端的态度来对待人类中心主义这个问题。如果这样做，这个问题就毫无讨论的意义了。而且如果我们仅仅局限于形而上的思辨，一样不能有效地阐明和解决问题。深入探究可知，人类中心主义与环境问题之间的关系，才是我们需要澄清和解决的关键问题。而环境问题的存在，并不代表人类与自然之间就是对立与冲突的，而是关乎现今人类与未来人类在自然环境下相处的问题。不负责任地破坏环境，就是在给子孙后代带来不负责任的后果。换句话说，环境问题其实是由人类行为引起的，并且根源在于人类之间的相互作用，也就是现在与未来之间的关系问题。就这方面而言，人类中心主义并不是环境问题的原因或结果，而是环境问题和人类中心主义之间相互关联的现象。环境问题不是由于人类中心主义导致的，而是源自人类对代际关系问题的忽视。这是一个涉及整个人类的问题，而非局限于人类中心主义。很明显，这里所指的是当前人与未来后代之间的代际关系。

人类作为地球上的居民，与环境问题息息相关，而在人类中心主义的思维框架中，我们所说的“人类”指的是包括过去、现在和未来的所有人的命运共同体。环境问题不能归咎于人类中心主义，因为如果人类行为是环境破坏的全部原因，那么环境恶化程度将难以想象。环境危机之所以没有那么严峻，是因为环境问题的根源并非只源自人类行为。针对整个人类而言，人类中心主义具有无法避免和无法削弱的特征。由于伦理学的本质，我们自然而然地将人类置于中心位置，成为我们思考和行动的焦点。伦理逻辑的核心特点在于，道德代理人只有将别人的目的视为自己的目的，才能把别人的目的变成自己的行为动机。评价者所持的价值观决定了他们对事物的价值评判。人类的价值观是不可避免的，因为我们都是有着评价能力的。把他者的目的当成自己的目的，也就是人类是一个命运共同体，成员之间互为目的，这才是人类中心主义的真义。因此，作为命运共同体的人类成员之间互为目的的人类中心主义是造成当今人类所面临的诸多环境问题和严重的生态危机的根源这一命题就是匪夷所思的。人类中心主义具有无法避免这一特征，这源于一个事实：我们无法在与人类完全不相似的存在物身上表现出道德关怀。如果一种道德规范是以对人类行为起决定性的引导作用为最终目标，那么以人类为参照点是无法避免的，即使在将道德关怀扩展到非人类物体时也是如此。人类中心主义包含伦理属性，由于人类以自我为中心的伦理立场，人类将道德关怀的对象扩展到非人类存在物就是自然而然和顺理成章的。

即使是那些反对以人类为中心的观点的人也能清楚地认识到，环境问题的根本原因是什么。作为人类中心主义批判者的非人类中心主义，其内部存在着矛盾和冲突，并且这一点非常明显。这是因为它将人类所重视的特定价值观投射到非人类存在物上，这事实上属于一种更加隐蔽的人类中心主义，甚至可能掉入拟人论的误区。因此，所有从伦理学中排除人类中心主义的尝试都会犯拟人论的错误。无论如何，人类始终认为自己是伦理思考的中心，这种思想始终就在那里，而且自古至今一直根基稳固。

儒学是积极入世的学说，它充分肯定人的主体地位，这在其对待天人关系方面表现得尤为明显。人居天地之中，又为天地之心，故人顶天立地，人道主仁义，在成事成物上最高的成就是人和，人和（和于天、和于地、和于他人及和于身心）是万物和谐、天地长久和谐运行的一个最重要的前提条件，天地有自己的轨道和法则，而人则要尽人之本分和职分……只有把人之仁性和善端发挥出来，人与人之间的关系才会和谐，这样就能形成一个天地万物生机勃勃、和谐生长的局面，这才是儒家思想所倡导的天人合一的宇宙生态和谐的景象和图景。天人合一内在地包含天和与人和两个方面。所谓天和，即天人之和，亦即人与自然之间的和谐关系。所谓人和，即人与人之间的和谐关系。可以看出，天人合一并不单单指天人的合一，还包括人与人之间的合一、人与人之间的和谐共处。在儒家那里，人和比天和更重要，也更具现实意义，因为毕竟在先秦时期，天人关系或人与自然的关系远远达不到今天如此紧张的程度，因此完全没必要作为一个“问题”而被重视并解决。人和则是当时一个迫切需要解决的问题。当然，在儒家看来，天和与人和之间的关系并非无关紧要，无天和则人和无所本，无人和则天和无所成。

人既为天地之心，必要承担起为天地立心的道德责任。而仁正是儒家为天地所立之心。

天人合一即天人合德，而仁即天人合一之德。通过将人的心性之仁与天地生生之大德相匹配，天人便融贯为一。显然，对于儒家来说，首先应以人为中心，尽人伦以成就仁德，只有人和才能为天和提供伦理保障。若人与人之间的关系都无法实现和谐，人与自然之间的和谐关系就是无法想象的。因此，虽然天和是人和的基础和根据，但人并不是完全消极被动的，发动人心，发挥仁德正是儒家对天人合一的生动解读，而不仅仅将其视为一种理想和理念。可见，强调人的主体地位的儒家的天人合一与人类中心主义不仅不矛盾，而且从根本上就是相合的、一致的。

二、义利之辨：儒家生态伦理的实践路径

天人合一理想境界的实现需要生态环境保护的实践，因此，现在问题的关键就在于如何激发每个人源于天地生生大德的仁爱之心，投入保护生态环境的伟大实践之中。那么这一实践路径在哪里呢？儒家的回答是，义利之辨。

义利之辨要求我们把生态伦理上的“义”当作处事的动机。义者，宜也，是应当的意思，生态伦理上的义也就是生态伦理上的应当。儒家的义，是将仁作为源头活水的，《礼记·礼运》云：“仁者，义之本也。”[①] 换句话说，儒家的“生态伦理应当”意义的确认，需要以仁爱为基本前提。事实上，儒家早已规定了许多具体的生态伦理原则，这些原则主要体现在“礼”所描述的非人自然物待遇方面。礼在儒家思想中是将道德原则转化为行为准则的方式之一，其中体现了义的具体实现。孔子在《论语·卫灵公》中指出：“君子义以为质，礼以行之。”[②] 换言之，礼是指将义的精神内涵落实到具体的行动和仪式中。同时，义则是礼所传递的深层价值和原则。

不过，还有一个重要问题需要讨论，即在某些特定情况下，我们如何确定礼所代表的义的具体内容？由于仁爱更倾向于一种道德情感，更加感性，而缺乏理性，因此仁爱需要智慧的涵养和引导。儒家对“智”的要求十分严格，要求人们具备全知全能的智慧。这种智慧不仅要求了解外部世界，还需要了解自己的内心世界，只有将内外合一才能真正具备真知。《大学》中的格物致知就提出了这样

① 施忠连．四书五经名句诵读[M]．上海：上海辞书出版社，2013．

② 孔子．论语[M]．杨伯峻，杨逢彬，注译．长沙：岳麓书社，2018．

的要求：“众物之表里精粗无不到，而吾心之全体大用无不明矣。此谓物格，此谓知之至也。”① 这样，仁、义、智共同作用，产生了礼，即一个具体的行为规范。《礼记·王制》中载：“獭祭鱼，然后虞人入泽梁。豺祭兽，然后田猎。鸠化为鹰，然后设 罗。草木零落，然后入山林。昆虫未蛰，不以火田，不 ，不卵，不杀胎，不殀夭，不覆巢。”② 从仁爱的角度出发，虽然不宜轻易杀生，但是过于极端的不杀生也是不明智的。人类社会需要依赖自然资源实现发展和生存，如果完全不杀生，就会导致人类无法生存下去。因此，需要在实践中寻求义和仁爱的平衡，那么，如何实现这种平衡呢？只有具备相应的知识和理论，才能明智地做出决策，而不能凭自己的意愿任意行事。在此情境下，需要兼备生物学和生态学方面的知识，并且还需要对自身的感性认识和理性认识进行全面理解和识别。通过将外在的生物学和生态学原理与内在的道德准则相融合，形成和谐一致的礼的体系，从而使得心境平和无阻碍。田猎的礼符合生物学规律，因为它在顺从自然的时间序列杀害动物，这不会打破物种种群的平衡。这种活动既可以满足人们的需求，同时也能体现仁爱之心，因为它没有对动物造成绝种的伤害。这种行为显然体现了礼的核心价值观：和为贵。

反观今日人类生产活动和生活消费给自然生态带来的破坏，已经使人类自身陷入了重重危机，这些危机中不仅包括危及人类生存的生态危机，更有危及人类发展的精神危机。而无论是生态危机，还是精神危机，皆与人类对自身需要满足的理解相关。对物质需要的贪得无厌无疑会使人类加大对自然资源开发利用的力度，使自然生态系统不堪重负，以致发生生态危机；同时这种贪得无厌本身即一种精神危机。以消费本身为目的的消费主义正是造成包括生态危机和精神危机在内的种种危机的思想根源。由于消费主义能够最大限度地促进生产的发展，从而也就使人类深陷大量生产—大量消费—大量废弃—大量生产—大量消费……的无限恶性循环之中不能自拔，也不愿自拔，因为这对所谓的“市场繁荣”有利，对企业利润最大化有利，对国内生产总值有利，然而对自然的生态世界和人类的精神世界是极大的威胁和挑战。这种唯经济是从的逻辑与儒家义利之辨的逻辑形成了鲜明的对比。

儒家的义利之辨能够帮助当今人类认真审视自身存在的问题，应坚决摒弃消费主义背后所暗涌着的源源不断的不符合“义”之伦理要求的“利”，以人与

---

① 梁振杰．大学中庸集注[M]．开封：河南大学出版社，2016．

② 邸永强．诗辑训：上[M]．北京：九州出版社，2018．

自然和谐为前提，以精神满足和人的本质实现为旨归，深入挖掘和充分汲取儒家生态消费伦理思想的精华，以生态消费促生态生产，使人类走出生态危机和精神危机，在更高层次上进入全新的“天人合一”之境。孔子曰：“见义不为，无勇也。”[①] 如今，当代人已经因困扰于生态危机和精神危机而明白了走生态生产—生态消费—生态废弃……的可持续发展之路实乃“当”为之“义”，只是还需要“见义”而“为”的勇气。

第三节　孔子和孟子的生态伦理思想

一、孔子的生态伦理思想

历史文化孕育着我们这个伟大民族的“中国梦”，也对中国历史的发展以及现代社会的走向有着极其重要的指引效果。在新的时代下，我们需要用新颖的角度去看孔子的生态伦理思想的闪光之处，这对我们去解决生态难题有着很大的参考价值。

在五千年的文化发展过程中，中华民族的文明与特色展现得淋漓尽致。五千年的文化已经在我们心中根深蒂固，形成了固有的道德观念、伦理观念。

（一）重新诠释孔子生态伦理思想的必要性

想要了解孔子，就必须先知道他的伦理观念，即他的核心价值观。孔子之所以被称为圣人，是因为他的思想对现代社会有启迪作用，对后人具有教育意义。

从某种意义上来说，孔子的生态伦理思想并不是他最核心的一个内容。但对于后续儒家文化的发展以及保护生态环境，有着极为重要的影响。不得不提到的是，目前很多生态问题已经对人类产生了负面影响，且成为全球热点问题，各国已经定了一些有利于改善环境问题的方针。如今我们国家也把环境保护放在十分重要的位置，把生态文明建设上升为一种战略方针，纳入国家“五位一体”的总布局之中。为此，国家做出了很多努力，也调整了很多战略部署，使生态环境得到了很大的改善。今天，我们可以站在一个新的起跑线上，重新去看孔子的生态伦理观念，对其进行创造性的转化、创新性的发展，取其精华、去其糟粕，利用

① 孔子．论语[M]．杨伯峻，杨逢彬，注译．长沙：岳麓书社，2018．

其理论内容，帮助政府解决经济运行中更多有关生态伦理方面的难题，孔子倡导的生态伦理思想是解决这些难题的理论基础。

从另一个角度来说，孔子的生态伦理思想也有一定的历史局限性，对于当下的市场环境而言，我们要把孔子的观点和当代生态伦理理念进行有效融合，根据中国实际的国情，思考值得借鉴的地方，为解决生态难题提供理论基础。

（二）孔子生态伦理思想的基本内涵

1．“敬天畏命”“知天达命”

孔子受周公的影响，他觉得人要尊重天和生命，不能胡作非为，这是一种不得罪天、不得罪地、不得罪人的一种状态，如果不能做到和谐相处，那么必定会受到上天的惩罚，所以要顺应天意。孔子觉得人类了解并掌握了大自然运行的规律，才能正常地生活，才能健健康康地生存下去；如果某个人执意要违背天命，与自然规律背道而驰，那么就很难生存下去。所以，想要成为谦谦君子，不仅要了解天的意思，更要尊重天意。

孔子早就感觉到人与自然是有联系的，他觉得自然是人类生存的基础，没有自然人类就无法生存，所以我们要爱护山川、河流，不要伤害它们，这是我们的使命。人只有尊重生命，尊重自然，不去做违背天意的坏事，才能让上天保佑我们，不然就会受到上天的惩罚。孔子的观点是具有前瞻性的，他还觉得人应该尽可能地了解自然中的小动物和植物，不要去扰乱它们的生活，否则很有可能导致生态失衡，最后受到自然对人类的报复。

对于上天的意思和自己的生命，孔子都是心存敬畏的，然而，他并不觉得人会因为害怕天命而变得整日消沉。他倡导的是人不应该向上天投降，而是应该充分施展自己的能力，发奋学习，忘掉烦恼，在尊重自然的基础上去了解自然，掌握自然规律，达到合理利用自然但不破坏自然的目的。

2．“仁人恤物”“乐山乐水”

“仁者爱人”是孔子的观点之一，他非常看重这一点，可以说，在孔子心中，仁爱是第一位的。他觉得人不仅应该懂得自爱，还应该爱周围的人，更要爱大自然、爱自然界中的所有事物，包括小动物和植物，这些正说明了孔子由“仁人”到“恤物”的观点。要知道，在人与自然的关系方面，孔子意识到人和天之间是相互作用的，每个人要对自然界中的事物怀有爱心，要爱身边的一草一木。如果人们不关爱自然，那么自然也不会得到自然的关爱。所以，人类不仅要做到对周围的人怀有仁慈之心，还要做到体恤大自然中的一切物种。

孔子的“知者乐水”的意思就是作为聪明、有格局的人，一定要因为水快乐而快乐，山水是有灵性的。大自然的美是永远存在的，所以人们对自然也要学会欣赏和爱护。孔子觉得能够欣赏大自然之美的人才是真正有道德的人。

孔子觉得想要实现“乐山乐水”的生态伦理情怀，一是要淡泊名利，坚定自己的意志；二是要广泛地爱人，心存仁爱之心的人会爱万物；三是要多读诗书，学会欣赏大自然，有较多的知识和技能。

3．“取物以时”“节约资源”

在获取方面，孔子认为要取之有度，如果想要成为君子，就要做到“不时不食”①，即按季节和时令来吃瓜果蔬菜等食物，对待各种小动物、植物要温和。孔子最基本的学说观念是仁，而孝顺是仁的根基。孔子觉得万事万物都有其生长的客观规律，所以人一定要尊重自然，维持自然界中动植物的平衡状态。不遵守自然生长规律，肆意捕杀动物、砍伐树木的行为都是不孝顺的。如果违反动植物的生长规律去杀它们、去砍它们，就会影响到自己和后代们的运气和福气。因为大自然中的有些东西是不能够再生的、不能循环生长的，所以我们在使用的时候一定要珍惜。孔子很反对竭泽而渔，觉得人们要节省地利用自然给予的东西，这样才能让那些小动物、绿色植物得到繁衍，不至于濒临灭绝。孔子的观点要求我们做到适度开采客观环境给予我们的一切，不要去做违心的事情。

节省是一种美德，这也是孔子所主张的观点。孔子一贯提倡节约、反对铺张浪费，他认为，如果人吃得太饱、住得太好，就违背了厉行节约的原则，这是君子不愿意做的事。孔子还认为，只有做到生活节俭不奢侈、使用资源不浪费，并注重内在道德修养，才具备君子的优秀品质。

二、孟子的生态伦理思想

孟子的生态伦理思想是中华传统文化的瑰宝，其以“天人合一”“性善论”为基础，阐述“仁民而爱物”②的生态伦理理论，重新厘清了人与自然的关系。在孟子的生态伦理思想中，强调“时”“养”，注重遵循自然规律、保护生态资源，提倡树立永葆自然资源造福于人类的生态责任意识，这对处于生态困境的现代人来说具有十分重要的现实意义和借鉴价值。

现在这个社会，人们对幸福与文明十分看重，若连最基本的生存保障都没有，

① 孔子．论语[M]．杨伯峻，杨逢彬，注译．长沙：岳麓书社，2018．

② 朱祖延．引用语大辞典（增订本）[M]．武汉：武汉出版社，2010．

那谈论幸福和文明就显得毫无意义。通过摧毁自然来换取短暂的幸福生活，又怎么算得上是真实的幸福与文明呢？当代人们面临着生态困境，倘若我们不立刻采用恰当、科学的方式去保护自然环境，很快人类将会自食恶果。作为拥有智慧的人类，我们必须深刻反思自己的行为，需要再次去审视人类和自然的平衡性与关联性，并做出相应的定位。值得注意的是，中华传统文化源远流长，内含丰富的关于人与自然关系的思考，如儒家思想中涵盖的“仁民爱物”“民胞物与”等观念。作为儒家学派的代表人物——孟子，他的思想体系中涵盖了非常多的生态伦理理念，这些理念为正面临生态危机的人类指明了解决问题的方向，同时也表明了真正的幸福与文明的内涵，人们应该去借鉴并学习这些传统理念。

（一）孟子生态伦理思想的理论基础

在孟子的生态伦理思想里，涵盖了两个重要的理论基础，即“天人合一”与“性善论”。“天人合一”理念注重强调人类和自然之间的协调共生，人类是自然界的不可分割的组成元素，而自然则是一种不断发展演变的生态体系，这种演化借助人类的生活实践而得以显现。孟子的天人合一思想主张人应该保护自然环境，同时应该遵循自然规律。但是，人要如何做到这一点呢？它的原则是人性本善。孟子认为，人应该与自然和谐相处，顺应自然规律，追求道德完善，从而成为天地之间的中介者。爱护自然的关键在于认知自然的价值和重要性，以及明白自己作为一个有情有义的人应该如何与自然共存共荣。因此，人可以通过深入探索和理解自然的奥秘，不断提升自己的修养和道德境界，从而更好地爱护和保护自然。这个观点认为人性天生善良。“性善论”在孟子看来，为处理人类和自然的关系给予了一定的道德指引，他认为人类对自然进行保护，并遵循自然准则，不只是因为自然为人类供给了生存生产的自然资源，同时更是因为这种行为符合人类本性内在的道德情感。倘若“天人合一”的理念可以指导我们正确看待人类与自然环境的关系，那“性善论”就提供了这种指导所依据的内在道德基础。

孟子的生态伦理思想以人性论为基础，他提出人从一出生就是善良的，这就是“性善论”，同时指出了人们均具备“不忍人之心”，也就是“今人乍见孺子将入于井，皆有怵惕恻隐之心——非所以内交于孺子之父母也，非所以要誉于乡党朋友也，非恶其声而然也”。[①] 人们均拥有一颗善良的心，比如说在看到孩子即将落入井的时候，不是出于功利与亲情等考虑去施加援助，反而是本能地要展现出自己内在的“善良”。此种“不忍人之心”不只适用于人与人之间，同样可延伸

① 孟子．孟子[M]．哈尔滨：北方文艺出版社，2019．

至对大自然的保护与关怀。此种关怀实质上说的就是同情心。

在孟子的哲学中，他认为人类天生就有一种“不忍人之心”，这是人类一出生就具备的品行。基于这个观点，他总结出了羞恶之心、恻隐之心、是非之心以及辞让之心这四种“心灵本质”，以上均是人一出生就具备的“善良特质”。孟子主张，处理自然与人类两者间的关系，应当以与生俱来的“良心善性”为准则，保护自然，并遵循自然准则。从生态伦理学角度而言，孟子所倡导的“不忍人之心”不只是反映了人们具有的同情心，同时还体现了人们对世界万物的深刻感悟与情感认同。孟子提道：“君子之于禽兽也，见其生，不忍见其死；闻其声，不忍食其肉。是以君子远庖厨也。”（《孟子·梁惠王上》），把“不忍人之心”的思想扩展到动物层面，就会自然而然地有不想伤害它们的情感。君子“远庖厨”，是由于君子怜悯之心，不愿目睹动物被宰杀时的惨状，不想听到动物们的哀嚎，更不愿享用它们的肉身。人类对动物的怜悯与爱护彰显了人们本身就带有的善良，这是情感上的自然表达，而不是为了追求功利。

孟子认为人的本性善良，因此要把人和动物加以区别。他提出“性善论”，以指导人们履行对动物的义务与道德责任。孟子提出人和动物的不同之处就是人具备道德情感，如“不忍人之心”[①]等，也正是因此人才区别于动物，并变得崇高。然而人也不能自视过高，不对动物的生命加以尊重。尽管人与动物有一定的差异，但从本质上而言，人和动物是相同的，正如孟子在《孟子·滕文公上》中提到的：“天之生物也，使之一本。”[②]在孟子的论述中，常谈到“一本”，这个“一本”在谈到父母时指的是父母，倘若在涉及涵盖动物在内的自然万物的时候，此处的“一本”说的就是天地之仁心，天地之仁心是借助人类得以达成的。人通过展示自身的道德行为，来彰显天地间仁爱的本质，这正是人类最崇高的品格，或许就是缘于此，才将人看成“万物之灵”。孟子强调，唯有将人天生就具备的四种心灵素质扩展开来，应用到万物身上，才可以充分彰显天地广袤的仁爱之心。当人类将其与生俱来的道德情感运用于动物时，会展现出对动物的疼爱与关心，这体现了人类的责任感，同时也是人类文明的彰显。总的来说，人能够担负起达成天地之仁心的核心任务，是因为人天生就具有善良的本性。

综上所述，孟子提出的“性善论”为其生态伦理思想奠定了基础，使得人们能够发自内心地对自然规律加以尊重，维护生态的平衡。此外，他的理论也让人

① 孟子．孟子[M]．哈尔滨：北方文艺出版社，2019．

② 孟子．孟子[M]．哈尔滨：北方文艺出版社，2019．

们认识到，保护大自然是人们真实情感的表达，是自我约束的结果，而不是被他人强加的。

（二）孟子生态伦理思想的基本内涵

1.“爱物”

孟子基于孔子“仁者爱人”的理念，发展并提出了“亲亲而仁民，仁民而爱物”[①]的思想。其将“爱物”当成仁学思想的核心。孟子认为，“仁爱”的对象不仅限于人类，还包括草木与动物等世间万物。人类与禽兽同为万物之一，对凶猛的动物需要使用“驱逐”方式，并不是进行“杀戮”，如“驱龙蛇而放之”等。在孟子的观念中，即便是会伤害人的动物，它们同样具有生命，不应轻易伤害或杀害它们，而应将它们驱赶至它们本应该生活的环境中，使人与动物和平共处，实现“各得其所”。此种方式不只是维护了生态系统中各种生物的多样性，同时也确保了人类社会的稳定。孟子的生态伦理思想中充满了对野生动物的深切关爱，他用一个简单的动词“驱”表达了关心、爱护与尊重生命的理念。这里需要说明的是，当提到动物时，孟子并不只是一味地强调不能杀害，而是表达了一种不忍或适度杀害的态度。

另外，能够发现孟子认为杀生不可随意进行，除非有特殊情况。即使必须杀生，也需要权衡轻重缓急，并避免滥杀动物。孟子曾说：“今恩足以及禽兽，而功不至于百姓，独何与？”[②]他又言：“庖有肥肉，厩有肥马，民有饥色，野有饿莩，此率兽而食人也。”[③]这与孟子所追求的、儒家传统所倡导的思想观念有所违背。可以据此得知，孟子强调的“爱物”的含义在于，人类应该为大自然做出贡献。换言之，如果人类能够保护自然环境，那么自然界也会回报人类，并给予他们所需要的自然资源，以满足其生产生活。

孟子的“爱物”理念不只是包含对有生命的禽兽的关爱，同时还包括对没有生命的植物的关怀。人们赖以生存的自然空间中，花草、树木均扮演着关键的角色。它们能够给予人类所需要的物质资源，还可以带来心灵上的愉悦。孟子在《告子上》中说：“牛山之木尝美矣，以其郊于大国也，斧斤伐之，可以为美乎？是其日夜之所息，雨露之所润，非无萌　之生焉，牛羊又从而牧之，是以若彼濯濯

---

① 孟子. 孟子[M]. 哈尔滨：北方文艺出版社，2019.

② 孟子. 孟子[M]. 哈尔滨：北方文艺出版社，2019.

③ 孟子. 孟子[M]. 哈尔滨：北方文艺出版社，2019.

也。”[①]牛山最初因受阳光雨露的恩泽而呈现出秀美的风貌，然而因为位于城市外围，遭受了不必要的伐木，在焕发新生机的时候却又被人们用作牧场，遭受了牛羊的啃食与踩踏等伤害，最后无奈成为光秃秃的一座山。牛山之所以由美丽变得丑陋，是人们无节制地对自然资源进行利用与索取导致的。牛山如今无法为人们提供充足的木材，也无法为人们带来美的景色与心灵上的愉悦，这破坏了人和自然之间的共存美。因此，孟子主张人类应视自然为一种与人类相互依存、相互关照的伙伴，而非仅仅是一种可以被开发和利用的资源。孟子提出自然能够进行自主修复，就像草木在历经风雨后依旧会重焕生机。然而，这种自我修复的水平存在一定的限度，所以一定要由人们进行维护与尊重，倘若人们“旦旦而伐之”“牛羊又从而牧之”[②]，超过了自然的自我修复水平，最终就会导致荒山野岭，破坏生态平衡。

“牛山事件”是具有代表性的损害生态环境的例子，同时也凸显了孟子对植物的喜爱之心。他责备那些以极端方式破坏生态环境的人，这体现了他对自然界生命的珍视。

2.“时养”

针对怎么样“爱物”，孟子提倡“时养”。针对“时”而言，孟子提道：“不违农时，谷不可胜食也；数罟不入湾池，鱼鳖不可胜食也；斧斤以时入山林，材木不可胜用也。谷与鱼鳖不可胜食，材木不可胜用，是使民养生丧死无憾也。”[③]所谓的“时”，说的就是自然界中农作物与生物的生长发育规律。由此可以得出一个重要的启示，即人们一定要顺应这些客观准则，在生产实践活动中切实遵循。孟子赋予了“时”关键角色，并表明倘若按照庄稼的耕作与收获时期进行行事，人们便可以拥有充足的粮食资源；倘若对湖中的鱼适度捕捞，人们就可以拥有充足的鱼类资源……只有这样，人们才能够养生丧死而无憾。从文中可以得出结论：孟子主要反对的是不顾农时、乱捕乱伐的行为，并不是不让人们获取自然资源。

不仅如此，孟子还认为如果人们能把握好“时”，就会出现“老者衣帛食肉，黎民不饥不寒”[④]的康乐景象。就像孟子所言：“五亩之宅，树之以桑，五十者可以衣帛矣，鸡豚狗彘之畜，勿失其时，七十者可以食肉矣；百亩之田，勿夺其时，

① 孟子．孟子[M]．哈尔滨：北方文艺出版社，2019.

② 孟子．孟子[M]．哈尔滨：北方文艺出版社，2019.

③ 孟子．孟子[M]．哈尔滨：北方文艺出版社，2019.

④ 徐忱．近代民本思想转型史[M]．上海：上海三联书店，2021.

数口之家可以无饥矣。”[①] 即人们在实践中“勿失其时”“勿夺其时”才能有衣穿、有肉吃。在此基础上，孟子认为还要“谨庠序之教”[②]，即教人知礼仪。只有衣食无忧、礼仪既修，人民才能生活幸福，社会才会安定和谐。这也正是孟子所向往的理想社会形态。

孟子的生态伦理思想不只是提倡了“时”，同时也提倡了“养”。孟子提道：“苟得其养，无物不长；苟失其养，无物不消。”[③]，这里的“养”，是指护理的含义。按照适时的周期来要求自然界提供资源，同时也需要按照适时的周期来照料万物。只有万物得到了适当的护理，才可以茁壮成长；否则，它们就会枯萎凋零。“养”总共拥有两层意思，其一为维护良好的生态环境和原有的自然资源。孟子强调保护自然资源，他认为我们应该同时注重短暂性利益与长久性利益，确保大自然可持续发展。其二是“养”还可以表示在现有情况下进行适当的优化与提升。孟子呼吁人们积极地栽植树木，并强调了合理种植的必要性。“今有场师，舍其梧槚，养其 棘，则为贱场师焉。”[④] 也就是说管理园圃时需要确定主次，虽然植树造林是关键因素，然而科学合理地栽种更为关键。为了同时造福于人与自然，我们需要栽种拥有实用价值，同时可以保护环境的树木，这样做将有助于实现双赢的局面。如果不“滋养”，那么“虽有天下易生之物也，一日暴之，十日寒之，未有能生者也”[⑤]。由此能够发现，孟子十分注重树木其自身的发展规律，提倡合理种植，科学栽培。

但是，抚育万物的“时养”，实质上源于人类天生的“仁心”，也就是孟子提到的“四心”。因此，保护与珍爱“仁心”，实际上也就是在呵护万物的生命。那应该怎么样去“养心”？孟子主张“寡欲”，在孟子看来欲望是人的本性，然而若一味任其放纵，将导致对自然的掠夺，最终会危及人类的生存。根据孟子的观点，我们应该适度控制自身的欲望。倘若人们学会了“寡欲”，就能让自己内心的“仁心”更为强大，也能够不断提高道德水平，进一步协调好人类和自然两者的平衡性，达到和平共处。

孟子认为“天人合一”，他强调了自然与人类生命之间的紧密联系，两者应

---

① 孟子．孟子[M]．哈尔滨：北方文艺出版社，2019．
② 孟子．孟子[M]．哈尔滨：北方文艺出版社，2019．
③ 孟子．孟子[M]．哈尔滨：北方文艺出版社，2019．
④ 孟子．孟子[M]．哈尔滨：北方文艺出版社，2019．
⑤ 孟子．孟子[M]．哈尔滨：北方文艺出版社，2019．

当是相互促进、相得益彰的关系，而不是相互矛盾、互相排斥的关系。这种“天人合一”的综合思想对那些视自然与人类彼此对立、把自然看成人类统治对象的现代人进行了严峻的批判。“性善论”的引出使得人们意识到人类对自然生命的怜悯与关心是因为人天生就具有“不忍人之心”，使得人们有了能够承担起对自然界道德责任的基础。孟子的命题“仁民而爱物”，对爱的普适性阐明得十分精辟。与孔子相同，孟子也提倡“爱有等差”，然而这并不代表着爱是有限制的，因此他强调人们需要关爱所有生命，不论是动物还是植物。此种“大爱”精神与理念应引起我们深刻的反思，现代社会存有水土流失、物种减少等多种生态问题，生态环境遭到破坏，反过来对人类社会产生了非常大的伤害。

针对现代文明导致的生态环境的破坏，人们应该进一步拓展内在的“仁慈之心”，并扩展到多样化的事物上，从而推动人类与自然两者和睦共处。孟子强调了“时养”的理念，也就是说人们不仅应该对自然万物给予爱护与尊重，同时也需要遵守自然界中存在的规律与准则，以此为指导做出决策与行动。孟子的环保思想强调了“时”和“养”，也就是应该注重生态规律，并对自然界中的资源进行恰当利用。

孟子不仅提倡“养”物，同时也提倡“养”心。在他看来，最好的“养心”方法是“寡欲”，即控制好自身的私欲，并合理控制对自然的开发与利用。这不仅是孟子推崇的行为准则，也是正确对待自然与人类关系的关键。当今社会充斥着物质追求，个别人为了满足个人欲望不惜违背自然规律，忽略了自然界的承受范围，给人类生存带来了严重威胁。孟子的“寡欲”理念可以帮助人类摆脱当前的生态困境。

综合来说，孟子强调人类应该从内心深处关爱自然，拥有一颗“同情心”，爱护所有的生命；同时提倡人们应该主动承担起维护宇宙万物道义的责任。在我国传统文化中生态伦理思想扮演着关键角色，并彰显了人们对自然生命的敬畏之情，这些理念对于推动生态文明建设提供了宝贵的经验。

第四节　儒家生态伦理思想的当代内涵

在中国众多的传统生态价值观当中，先秦儒学的生态理念始终统筹着重要的位置。从前文中我们可以大概了解一些具有代表性的儒家生态伦理思想，这些优秀的哲学思想对于当代自然生态环境的保护都有着独特的价值。

在当今自然恶化逐步成为一种世界性的难题的形势下，人类对保护自然环境，维持生态平衡的诉求已愈发迫切。

儒家传统生态伦理思想，站在中国生态逻辑的高度上看，都体现了一种天人合一的宇宙观，是一种从人的本体出发，推己及物，宏观上把人与自然万物联系起来的思维模式。这些思想是我们传统文化的产物，极具中华民族传统文化特色。这种人与自然协调一致的价值取向，为现代生态伦理文明提供了扎实的理论土壤，这些传统伦理观与西方单纯的“以自然为中心”和“以人为中心”的生态思想不同，是西方这些单一的生态价值观难以望其项背的。

一、人的价值与自然价值相统一

受当时生产力的影响，人类对自然界的开发和使用没有达到完善的程度，对自然的依赖性很强，使得人们更关注自然，更关注自己的生存环境，所以必须把握自然规律，协调天人关系，如此人们才能生存发展下去，因此也就形成了儒家思想中人与自然和谐共处的生态理念。

这种生态理念把人与自然的价值看得同等重要，并不是单纯地把自然当作人的生产生活的工具，而是在提倡人的价值的同时也赋予了自然万物自身的价值，认为万物在自然界中都有自己的秩序，都会相互作用。

儒家学派以尊重自然为前提，主张“适时而用”，在维护生态平衡的基础上对自然界进行生产和生活资料的获取和使用。自然具有自己的价值，人也有自己的价值，人和自然各司其职，相互作用，自然的价值更带有工具性，可以被人把握和使用。比如说荀子就先认识到自然的这种客观价值，他在对自然价值的把握上提出认知自然的“圣王之制”，这样的论断有力地说明了自然的客观价值，人只有把握和认知这种客观的价值，才能使自然的工具性得到有效的发挥。

二、天人平等，珍爱性命

在儒家看来，人也是自然界的组成之一，人与动物也有相似、共通之处，自然万物对人有生存价值，同样人类对自然也具有生存价值，所以人与自然万物应该是平等的。自然和人都是在宇宙中进化发展的，人类应该把其他生物当作自己的同胞来对待和关爱。孟子讲，人要是用心去养护，没有不能生长的东西，但若要是不用心呵护，不想养护，那什么东西都养不活，都会消亡。

孔子说过，鸟兽不能和人相提并论，还说，“人者，其天地之德，阴阳之交，鬼神之会，五行之秀气也”。[1] 荀子也讲，“水火有气而无生，草木有生而无知，禽兽有知而无义，人有气有生有知亦且有义，故最为天下贵也”。[2] 从这些先秦儒者代表的言论中不难发现，他们都认可人是自然的主体，人从自然中产生，又作用于自然，集合了自然的最优秀的价值，在自然界要说谁是最具有智慧和能力的个体，那就非人类莫属了。先秦儒者代表都把人类看成天地间最为聪慧、最为高贵的生物。

所以，任何人都要珍爱生命，不能做出伤害自己和他人性命的事，也不能做出伤害其他生灵性命的事，应该对生命有最起码的敬畏和尊重。当时孔子生活的那个年代，还是奴隶制社会，等级划分非常鲜明。最底层的就是那些奴隶，他们被奴隶主当成牲口使用。奴隶主不会把奴隶当人用，只把他们当作会说话的牛马，有的甚至还不如一匹好马、一头好牛值钱。就在这种视生命如儿戏、如敝履的年代，孔子却能关注到这些奴隶，比如他会在马厩失火的第一时间去查看有没有人受伤，可见孔子十分重视人的生命。

春秋战国时期的君王对生命的蔑视还体现在大肆征战上，各国为了地盘开战，死伤人员无数，对于这样的残忍行动，孔子、孟子、荀子都是持反对态度的。比如说，孔子教众弟子各项才艺，这些才艺囊括了我们日常生活的方方面面，但是孔子就是不教如何作战，如何杀伐，关于军事和战争基本不涉及。再比如孟子，他就曾告诉魏惠王要行仁政，强调一个不以杀伐为手段的君王才能得到百姓的拥戴。像孔孟这样的圣人，不管人的地位高与低，都会给生命以足够的尊重，这种尊重的内涵除了包括吃饱穿暖之外，还内涵有尊严地活着。

人与自然和谐共处建立在彼此尊重的前提下，想要建设和谐社会，促进社会主义建设稳定、高效地运行，就应该以人为本，树立科学的发展观。

三、尊重自然规律

儒家讲“天人合一”，这里说的“天”，就是天道，就是自然的规律；这里说的“人”，就是人道，就是人类社会的规律。之前我们讲，人从自然中来，又依附于自然界，而人同时又是社会里的人，所以自然、社会以及个人三者之间是一个整体，虽然各有不同，但是彼此之间应该是相互协调、相融相生的。自然就是这三者的起源，由天生地，由地生人，由人生万物。为了遵守天道，我们应坚持

① 施忠连．四书五经名句诵读[M]．上海：上海辞书出版社，2013．

② 申笑梅，王凯旋．诸子百家名言名典[M]．沈阳：沈阳出版社，2004．

的最基本的一个准则就是遵照自然的规律进行日常的生产生活劳动。抛开自然规律，或者是违反自然规律都将使我们走向毁灭。

人类是自然界的一部分，只有遵循自然规律才能和自然保持良好的联系。这样，人类才能精准地理解自然，同时维持好人和自然之间的平衡，并能够在经济发展进程中保护好自然，让自然和人类一起发展进步。

在自然界里有着人类无法改变的客观规律，人类应该将自己视为大自然的组成元素，对大自然心存敬畏之心。面对如今的生态问题我们应该借鉴孔子“畏天命”的生态理念。同时，尽管自然规律是一种客观存在，不受人类意志的控制，但人们可以利用主观能动性对这些规律进行探究，并加以科学利用，以改变它们对生活的作用方式。其中的前提就是必须时刻谨记不可以与自然规律相违背。只有在尊重自然规律的前提下，才可以有效地利用自然资源，使其为人类社会的进步服务。不然，人们对自然造成的破坏终将反过来阻碍人们的生活和生产。

我们应该避免过度感觉自我良好，认为人类已经征服了自然界。我们可以从孔子的“畏天命”出发，吸取他“发愤忘食，乐而忘忧”[①]的精神，同时强调“不时不食”“钓而不纲，弋不射宿”[②]的生态理念，积极利用并尊重自然。并且应该意识到，自然界构成了一个生态有机体，人类和自然彼此依赖、彼此作用。人类依靠自然环境的资源供给，才得以生活、生产以及发展，并且自然还给人们带来了宽广的发展场地。人类的行为同样也改变了自然，使得自然变得更易满足人类的需求，变成了一种经历了人类实践、历史和社会影响的“被人类改造过的自然”。在党的十九大报告中，习近平总书记强调，“人与自然是生命共同体，人类必须尊重自然、顺应自然、保护自然。我们要建设的现代化是人与自然和谐共生的现代化”。[③]孔子不只提出人们应该对自然存有敬畏之心，同时还鼓励人类和自然友好相处、和谐共生。人类要想彼此和睦相处，首先需要与自然和睦相处。所以说，将自然资源视为宝贵的财富，并保护自然环境是维护社会团结、人民安宁的关键手段。孔子对生态的伦理思考是为我们留下的极其珍贵的宝藏。

四、开源节流，取用有度

儒家讲的生态伦理观总的来说，大致强调以下几个内容：一是谈论社会、自

---

① 张凤池，胡守钧．道德教育的方法与实践[M]．上海：上海社会科学院出版社，2019．

② 朱祖延．引用语大辞典[M]．武汉：武汉出版社，2000．

③ 毛文永，李海生，姜华．生态文明建设之路[M]．北京：中国环境出版集团，2021．

然和人类关系的“天人合一”观；二是讲人与万物达到心灵契合的“亲民爱物”论；三是对万物关照怜爱的“万物平等”观；四是要遵照天道而行的“取用有度”论。这些鲜明的生态伦理观对解决当下资源匮乏、环境恶化、生态体系崩溃等实际问题极具指导意义。

在过去人们的眼中，自然资源是极其丰富的，我们是天朝上国，我们拥有世界上最丰富的资源，这就让我们陷入了自然资源取之不尽、用之不尽的误区。实则不然，再多的资源也都有耗尽的时候，可能我们节省着使用，这些有限的资源还能让我们生存得更长久一些，但如果我们不计后果地大肆挥霍，那么我们就是在自己消灭自己。现在的中国，高楼林立，人口大增，工厂比比皆是，企业越来越多，这无疑都在加速着我们对自然资源的消耗。在这样的背景下，人类一定要意识到“取用有度”的重要性。

人要是想靠自然界的瓜果蔬豆来维持自己的生存，就得等它们瓜熟蒂落才能吃，因为自然界的这些瓜果蔬豆的成长、成熟和结果都有自己的规律和时间，所以人们得遵照这样的规律。人想砍树，得等到树长成大树的时候；想食肉，就得等到动物成熟的时候，这样才能给自然以喘息的机会，保持生态的循环和平衡。我们应该让自然休养生息，养用结合，在生长期不去破坏，在成熟期再去采摘、使用。

人要爱惜自然中的所有资源，不能不加节制地肆意浪费，荀子也对这种可持续发展的生态伦理观表达过自己的观点，认为人们要“谨养其和，节其流，开其源”[①]。荀子用“节流开源”总结出了人与自然相处的恰当方式，即节约适度，取用与养护相结合，不能过度消耗自然资源，在开源节流的基础上动用人的主观性的行动和举措去改造自然，这样才能使“天下有余”，使生态环境实现可持续发展。

言而总之，想实现天人合一的美好愿景，想达到天人协调的理想目标，就要多多向儒家的生态伦理观靠拢，学习其坚决抵制人类无休止地损害自然、坚决拥护人们遵照自然运行规律办事的科学思想。

---

① 萧灼如．汉语成语组群词典[M]．青岛：青岛海洋大学出版社，1995．

第五章　儒家政治伦理思想

本章为儒家政治伦理思想，分别从三个方面展开详细论述，即儒家政治伦理的基本要素、儒家政治伦理思想的当代价值、儒家政治伦理思想的发展趋势。

第一节　儒家政治伦理的基本要素

一、责任

（一）儒家伦理核心的政治责任

某些学者从语义角度分析儒家经典中关于“责”“任”“己责”以及“己任”等定义，并强调儒家责任观与现代责任观在范畴上存在相似之处。儒家思想中的责任理念要求人们承担自己行为带来的后果，即便是因失误所带来的惩罚也必须承担。儒家学者强调对社会的责任感，因为他们清楚自身在社会中扮演的重要角色，并坚信传统知识分子的义务在于维护社会稳定。“仁以为己任”[①]彰显了一种深深的责任感与使命感。部分学者认为儒家强调责任担当的自愿性、利他性和主动性，他们质疑从角色规范来解读责任的路径，认为角色责任蕴含的等级差异和消极行事之意将人束缚在自身角色中，抑制了个人走出自身去关怀他人的自然情感。上述描述已触及“儒家责任”不同于现代责任之处，即儒家所重视的责任应该是一种积极利他的品德，而非在职责范围内循规蹈矩。因为在规则下履责，可能导致的后果就是“免而无耻”，而只有培养一种自发自主的责任心，才能做到“有耻且格”。

基于这一观察，能够理解为儒家理论中责任与美德之间的联系更为紧密，而现代责任则主要依赖于规则的激励机制。先秦儒家展现了美德伦理的形式，然而美德注重个人意愿与行为背后的快乐感受，而责任则要求人们完成直觉上可能不

① 申笑梅，王凯旋．诸子百家名言名典[M]．沈阳：沈阳出版社，2004．

情愿的任务，这两者中存在显著的不同。责任心也许会让人满足于完成任务后的心态，但并不存在追求公共利益的品质，这可能会导致表象上的道德行为，而不是出于内心的真正的行仁行义。所以说，责任心并不会被人们视作一种美德。儒家对只注重表面功夫而不以仁为根本目标的行为持有高度警觉。儒家强调人在履行职责时应当考虑道德心理方面的因素。就比如说，孔子觉得孝顺的关键应该是“色难”，即对父母的责任不能只是停留在物质生活上养老送终，更需要在心理层面与情感层面彰显敬意。

倘若在儒家思想中责任心被视为一种重要的美德，那么这一美德对于现代治理来说有着什么样的启示呢？为了科学有效地回应这些问题，我们应该尊重儒家内在的价值观与存在的逻辑系统，以儒家责任伦理的架构为基础，去探讨解释责任心与美德等定义。只有让儒家伦理保持相对独立，才能够与现代道德理念进行有意义的比较，并展现其独特的价值。

（二）儒家责任伦理探源

在儒家经典文本中，可以发现有关为政者责任的探讨并不是仅仅围绕“责”和“任”两个字的表面意义。倘若想要了解儒家的责任伦理，还应该从责任的源头——人伦关系——出发，只有这样，才能明确在儒家道德政治共同体中责任的核心内涵。

1．责任认知与“礼”

礼为理解儒家的责任概念提供了原始素材。礼的一个重要功能就是区分社会关系中的不同角色，并为这些角色制定相应的行为规范。从儒家角色伦理的视角看，个人所需肩负的责任取决于其在各类社会关系中所扮演的角色。儒家对于关系、角色乃至责任的讨论基于对人的概念的理解。根据对儒家自我与个人角色之间关系的讨论，一旦行为主体进入了这样或那样的角色，就要在礼的指导下，去认知并承担那些与自身角色相对应的责任。

在孔子看来，“天下有道，则礼乐征伐自天子出；天下无道，则礼乐征伐自诸侯出。自诸侯出，盖十世希不失矣；自大夫出，五世希不失矣；陪臣执国命，三世希不失矣。天下有道，则政不在大夫。天下有道，则庶人不议”[①]。这就意味着在一个理想的共同体中，天子、诸侯、大夫和民众都会依照各自角色来承担相应责任，对逾越自身名分的“非礼”行为，则应做到“勿视，勿听，勿言，勿动”[②]。

① 施忠连．四书五经名句辞典[M]．上海：上海辞书出版社，2010．

② 戴木才．中国传统核心价值观的创新性发展[M]．长沙：湖南教育出版社，2020．

孟子说，“父子有亲，君臣有义，夫妇有别，长幼有序，朋友有信”①，也是在讨论各种角色的行为规范。《礼记·礼运》中的“父慈、子孝、兄良、弟弟（悌）、夫义、妇听、长惠、幼顺、君仁、臣忠十者，谓之人义”②，同样是在框定角色与行动之间的合宜关系。“义”在这里有名副其实之意，规定了个人的责任需与其角色相匹配。再者，儒家的正名思想不仅将角色与责任关联起来，如“君君、臣臣、父父、子子”③，还进一步解释了为什么履责是必要的这一问题，即“名不正，则言不顺；言不顺，则事不成；事不成，则礼乐不兴；礼乐不兴，则刑罚不中；刑罚不中，则民无所措手足”④。在儒家看来，正名就是负责任，未能履责的后果就是失去其名分，并被追责，如“闻诛一夫纣矣，未闻弑君也”⑤。

但是，将礼仪放在核心位置进行探究只是探讨儒家责任伦理的一个基本方向，还有很多其他方面有待深入挖掘。儒家独有的道德自主性资源对角色伦理中自身僵化的解释提出了反对意见，也就是说，儒家需要扩展责任的宽泛度。同时，尽管正名的概念已经被规范化，仍然存在不得已而为之的情况。这种情况并没有充分体现儒家思想中注重的“积极责任”的道德心理基础，也就表明了我们对儒家责任理念的深度探究还不够。

2．责任内化与“权”

尽管儒家依赖礼对个人角色责任的规定性，但并未忽略个人在认知和接纳自身角色上的自主性。角色责任的阐释路径强调由礼达仁，礼的原则性虽强，但并非完全不可变通。儒家对“权”和“择”的强调都表达了一种权衡轻重、审时度势和不盲从礼的自主性。孔子认为，尽管“麻冕，礼也”⑥，但“今也纯，俭，吾从众”⑦“里仁为美。择不处仁，焉得知”？⑧可见，“择”在这里，也带有自主选择之意。孟子认为对礼仪的遵守需要“权”，不应流于形式，而需根据具体的境况来调整守礼的方式。“始作俑者，其无后乎！”⑨无后在儒家看来是很重的批评，表达了孔子对不仁义者的不满。在孟子看来，执中有赖于权变，因而才接近仁，

① 程皓月．儒魂：当代儒家的新古诗[M]．北京：东方出版社，2021．
② 朱贻庭．应用伦理学辞典[M]．上海：上海辞书出版社，2013．
③ 樊登．樊登讲论语　先进[M]．北京：北京联合出版有限责任公司，2021．
④ 盛恩德．中华秘本：第10卷[M]．北京：印刷工业出版社，2001．
⑤ 程皓月．儒魂：当代儒家的新古诗[M]．北京：东方出版社，2021．
⑥ 华杉．华杉讲透《论语》：上[M]．南京：江苏凤凰文艺出版社，2022．
⑦ 华杉．华杉讲透《论语》：上[M]．南京：江苏凤凰文艺出版社，2022．
⑧ 程皓月．儒魂：当代儒家的新古诗[M]．北京：东方出版社，2021．
⑨ 申笑梅，王凯旋．诸子百家名言名典[M]．沈阳：沈阳出版社，2004．

不知权变将“举一而废百”[①]，有损仁义。此外，从“可与共学，未可与适道；可与适道，未可与立；可与立，未可与权”[②]中暗含的递进关系来看，“权”不仅仅是手段，更是一种闻道后方可具备的美德。

道德自主不仅教人权变，还能够使人超越自身角色限制来理解责任。儒家的礼并未穷尽所有社会关系，且唯有以仁为指导，方可认知责任的广度。孟子认为“乍见孺子将入于井”[③]时，人所表现出的恻隐之心并非源自特定人际关系或目的，如“非所以内交于孺子之父母也，非所以要誉于乡党朋友也，非恶其声而然也”[④]，而是发自人人皆有的仁德本性。同理，“嫂溺不援”[⑤]要突出的不仅仅是如何权衡角色冲突，更是人异于禽的德性之端。

然而，追寻道德自主并不意味着对责任的讨论需要脱离角色伦理框架。在儒家看来，个人进入的共同体并不是一个道德真空，而是一个预设了一系列好生活和善观念的，带有至善论色彩的道德—政治共同体。这些关于好生活的规范是在共同体长期发展中久经考验后积淀下来的。人在这样一个共同体中成长，不但是践行不同的角色、承担相应的责任的过程，更是不断反思这些价值、将这些角色纳入自身进而展现责任心的过程，是一种实践智慧。“权”巩固了角色和责任之间的联系，使这种联系表现得更为可靠且有说服力，是将责任内化于自身的动力。换句话说，一个有德之人所认可的自身责任，与共同体对其责任担当的期待，是一致的。

“克己复礼”传达的是一种内在责任认知和外在责任期待之间的融合，即将他律内化为“为仁由己”的自律，方能实现“天下归仁”。如果角色被自我接纳，而非外在加诸的话，守礼就是一种自然而然的事情，不需要强迫。相反，如果一个人感受到需要强迫自己去履行责任，则他很可能对自身角色缺乏充分的认知，或者根本就不接受自己的这个角色。

3. 责任升华与“乐”

孔子说，“知之者不如好之者，好之者不如乐之者”[⑥]，“知之者不如好之者，好之者不如乐之者。”就是责任观念不断升华和责任心不断发展的融贯过程。上

---

① 张定浩. 孟子读法[M]. 南京：译林出版社，2020.

② 华杉. 华杉讲透《论语》：上[M]. 南京：江苏凤凰文艺出版社，2022.

③ 程皓月. 儒魂：当代儒家的新古诗[M]. 北京：东方出版社，2021.

④ 李明辉. 儒家与康德[M]. 桂林：广西师范大学出版社，2020.

⑤ 张定浩. 孟子读法[M]. 南京：译林出版社，2020.

⑥ 朱祖延. 引用语大辞典（增订本）[M]. 武汉：武汉出版社，2010.

文讨论的“礼”和“权”在很大程度上仅是“知之、好之”的范畴，仍未深入触及“乐之”这一情感。在儒家看来，愉悦地去做一件事不仅需要知道这么做的理由，更应该对做这件事有内在的喜好和认同。乐在儒家中有着音乐艺术与愉悦两层内涵，且后者更具实质意义。从“兴于《诗》，立于礼，成于乐”①来看，乐的两层内涵具有一致性：音乐比诗和礼更具重要性的原因就在于其能够陶冶情操，能使人升华至一种超然的道德境界，即实现“乐之”。儒家所认可的乐并非肤浅的感官享受，而是一种与善观念相关的、有深度的道德反应，如孟子赞扬大舜“乐取于人以为善”②，孔子欣赏颜回在“一箪食，一瓢饮，在陋巷”③的境况下仍能“不改其乐”。

以“孝”来进行举例，其能够阐述儒家思想中责任的重要性，因为孝道是儒家伦理观念中的核心理念之一。孔子提出人们对父母的责任不仅仅局限于为他们提供“有事，弟子服其劳；有酒食，先生馔”④这种简单的帮助。在重视有酒食等物质福利的同时，也需要满足父母的心理与情感需求，同时在与父母相处的过程中应该保持温和友好的态度，这是至关重要并且不是那么容易完成的，也就是“色难”。在孔子看来，“夫君子之居丧，食旨不甘，闻乐不乐，居处不安，故不为也”⑤。在这里，孔子的依据是“子生三年，然后免于父母之怀。夫三年之丧，天下之通丧也”⑥。由以上能够看出，真正的孝顺涵盖了一种相互关系，也就是子女和父母之间的互动应该是一种愉快的彼此关爱，不能仅仅是满足物质上的需求，也不能够将其看成一种烦恼。

倘若我们将孝道视为一种家庭责任，那么它不难去完成，并且可以给予我们愉悦的感觉。那么仁义的范围足以覆盖一般类型的责任，是否也与乐相关呢？儒家针对这个问题的回答非常坚决，强调乐是仁义等美德的根源，是其内在的动力。从“仁之实，事亲是也；义之实，从兄是也。智之实，知斯二者弗去是也；礼之实，节文斯二者是也；乐之实，乐斯二者，乐则生矣，生则恶可已也，恶可已，则不知足之蹈之、手之舞之。”⑦来看，乐的实质就是能够高兴地做到仁和义，以仁义

---

① 张毅．儒家文艺思想史[M]．郑州：大象出版社，2021．

② 朱祖延．引用语大辞典（增订本）[M]．武汉：武汉出版社，2010．

③ 朱祖延．引用语大辞典（增订本）[M]．武汉：武汉出版社，2010．

④ 华杉．华杉讲透《论语》：上[M]．南京：江苏凤凰文艺出版社，2022．

⑤ 华杉．华杉讲透《论语》：下[M]．南京：江苏凤凰文艺出版社，2022．

⑥ 华杉．华杉讲透《论语》：下[M]．南京：江苏凤凰文艺出版社，2022．

⑦ 张定浩．孟子读法[M]．南京：译林出版社，2020．

为乐，“由仁义行”也就必然伴随着愉悦的心理状态。这一论断还可从“仁义忠信，乐善不倦，此天爵也”[①]的说法中得到佐证。换个表达方式，承担责任是一种让人感到愉悦的体验，倘若不能够从承担责任中获得快乐，那就意味着可能在认知或行为层面有了问题。此外，情感所产生的责任不只是能够被依赖，而且比起理性的谨慎判断更加快速、更加直接、更加真实。“乐”所呈现的不只是情感表达，同时也蕴含着丰富的知识结构。从儒家的角度来看，责任心可以被看作一种美德，这个判断基本上是正确的。

通过对“礼”“权”以及“乐”与责任之间的关系进行回顾，能够明显地看出，儒家责任伦理的构建基础为对责任的理解、自觉承担责任以及乐于履行责任。并且此种责任感是建立在一个预设的伦理架构之上的，这个架构规定了人类的基础行为准则，并阐明了人类与动物不同的道德特性。在儒家文化中，社会规范和个人自身道德自主两者之间并不矛盾，因为人们经过深思熟虑与权衡后会自愿选择遵循儒家的伦理理念，这样就能够获得心灵的愉悦以及个人价值的实现，这是一种好的生活方式。也就是说，儒家通过身份与角色的界定，为人们提供了一种参考，可以确定个人应承担的责任，同时鼓励个人从道德角度审视自己的责任，从而在履行责任时获得内心的愉悦。

在一个社群中，根据“劳心者为治理者，劳力者为被治理者”[②]的原则，作为治理者负有为社群整体福祉着想的重要责任，这种责任的重要性要超过在家庭中扮演为父为子的角色。因此，儒家提倡治理者应该尊重贤能之人，对其提出了较高的德行要求，这也是儒家主张治理应该以能者为主的基础。

二、尚贤

儒家政治伦理的另一个核心关切是选贤任能的尚贤理念及尚贤机制。然而，尚贤作为一种在政治选拔中以功绩取代血统的进步思想，并非儒家所独有，其他思想传统中均可找出与尚贤相似的理念。当代西方社会中与儒家尚贤伦理对应的概念通常指向功绩制，其主要指的是以行为后果等功绩为主要依据来进行权力或利益分配的理念和制度建设。相较于西方的功绩制，儒家思想尤为强调为政者，尤其是领袖的政治和道德功绩。进一步说，儒家对功绩道德维度的强调甚至胜过其政治维度。

---

① 张定浩．孟子读法[M]．南京：译林出版社，2020．

② 申笑梅，王凯旋．诸子百家名言名典[M]．沈阳：沈阳出版社，2004．

在儒家语境中，尚贤的含义是双重的。尚贤既是目的，又是手段。前者指的是由最有道德和最能干的人进行统治的政治理想，它使尚贤制的理想合法化；后者指的是实现这一目标的具体人才选拔机制。目前，关于儒家政治伦理的部分研究认为，尚贤的目的和手段在逻辑上虽然相关，但并不互为充要条件。尚贤的政治选拔手段并不必然能够实现尚贤这一理想目标，而尚贤的政治理想也并非完全需要通过以尚贤为目的的政治选拔机制来实现。通过民主手段来实现选贤任能的理想目标是儒家在当代社会复兴的重要路径。然而，将尚贤目的与手段区隔开来的观点与儒家伦理的内在理路可能存在冲突。儒家伦理不仅能够告诉我们一种好生活的具体场景，更指导我们如何去过上这种好生活。因而在实现尚贤这一目标的进程中，儒家尚贤伦理内在的逻辑理路往往在实践中能够推动政治制度的设计和发展，使其发挥尚贤的功能。换句话说，尚贤的手段往往是被尚贤的目的所塑造的。

从儒家对功绩概念的界定可以进一步理解尚贤目的与手段之间的复杂关系。儒家功绩的内涵深受自我概念的影响，不参考人际关系和角色规范就无法完全理解功绩的内涵。这里要强调的是，现有的儒家尚贤伦理的研究简化了功绩概念，过于强调其社会关系和角色维度，而忽略了其中的道德主体性。这一问题最终导致尚贤的手段脱离了其目的，进而将历史上表现不佳的治理案例归咎于尚贤伦理的内在问题。换句话说，尚贤的手段和目的是无法彻底分割开来的，即便以民主的方式实现尚贤的目的，仍可能会过分淡化儒家的功绩概念，使儒家尚贤制度的建设与儒家尚贤伦理相脱节。

作为一个理论概念，尚贤制包含一组特定的、相互依存的、以角色为导向的伦理规范，这些规范并不完全异于康德式的以个人理性和自由意志为特征的道德哲学；作为一个实践指南，它通过精英主义的政治选拔在一定程度上为古代儒家社会提供了治国理政的重要框架。

从儒家伦理的本质上看，尚贤理念并不对政治与道德加以严格区分，而是强调美德对政治的重要作用。国家在儒家伦理中被视作家庭的扩大和升级，因而政治生活不可避免地受到伦理规范的影响。因此，儒家尚贤伦理表现出政治和道德的双重性。尚贤的政治理念在实际运作中取决于如何定义功绩。在西方背景下，功绩通常被表达为个人的能力和努力，与道德并不存在直接关联。然而，从儒家政治伦理来看，功绩就是“选贤任能”中的贤德与能力。贤德，意指个人的道德修养得到公众的认可；而能力，则意在强调为政者需要具备大量的知识储备和治国理政的能力。

《礼记·礼器》一章分别对“贤”和“能”的政治和社会功能进行了界定：“是故昔先王尚有德、尊有道、任有能；举贤而置之，聚众而誓之。”① 同时，孟子还说：“贵德而尊士，贤者在位，能者在职。”②

这些儒家经典中的“选贤与能”“举贤”“尊贤”等词均清晰地指向功绩的道德含义，即只有社会中有德者才有资格担任公职。同时，“任有能”“使能”也表明政治职位也应该由具备专业能力的人担任。儒家功绩概念对“贤”和“能”的强调，意味着官僚体系应该通过合适的手段来培训和选拔官员，使其德性能够为人所认可，使其能力符合职位要求。至于“贤”和“能”之间的关系孰轻孰重，还是二者并重，则需要进一步探索。

功绩的伦理意涵，即“贤”，主要指个人的美德，反映个人的内在或道德修养。孔子说：“为政以德，譬如北辰，居其所而众星共之。”③ 这展现了儒家治理模式的理想形态。孔子还称赞他的弟子颜回：“贤哉回也！一箪食，一瓢饮，在陋巷，人不堪其忧，回也不改其乐。贤哉回也！”④ 这强调了个人道德美德在社会生活中的重要性，即在生活条件恶劣的情况下保持乐观的态度。因此，在儒家教义中，道德修养被认为比物质福祉或感官享受更重要。同时，内修道德并非单纯依靠个人苦思冥想就能够实现，而需要参与社会生活，在与他人的互动中实现自身道德修养的提升。换言之，修贤或修身是一个内外联动的过程，儒家美德天然具有公共属性。那么，参与公共事务是道德修养的一个关键方面，需要我们全面了解自身所处的社会环境，并慎重地将我们的道德美德运用到决策中。

儒家的功绩概念不仅强调为政者的政治能力，同时还推崇为政者的道德美德。在孔子看来，知与行是相互依存、无法分割的整体，这一理念后来发展为“知行合一”这一耳熟能详的理想境界。在儒家的观念里，个人内在精神世界和其所处的外在公共世界同样是无法进行清晰界分的。因此，有必要更详尽地考虑二者之间的互动进程。儒家功绩概念具备的道德与政治的双重特征强化了这样一种观念，即政治能力和道德美德的发展是二者之间相互影响、相互形塑的动态过程，在这个过程中，无论是单一地从伦理道德还是政治维度来理解功绩概念，都无法勾画出儒家功绩的全貌。正是二者之间的动态关系赋予了功绩更高的价值，并使其成为儒家政治伦理独具特色的一个基本概念。

---

① 夏静. 礼乐文化研究读本[M]. 北京：商务印书馆，2017.

② 何伟俊. 孟子的理想国[M]. 桂林：广西师范大学出版社，2017.

③ 申笑梅，王凯旋. 诸子百家名言名典[M]. 沈阳：沈阳出版社，2004.

④ 朱祖延. 引用语大辞典（增订本）[M]. 武汉：武汉出版社，2010.

显然，贤的道德属性与能的政治功能不应被视为相互排斥的，而应被视为尚贤伦理内部的共生要素。儒家功绩的概念强调道德培养和能力提升之间的相互作用。一方面，“贤”是指个人内在的道德修养与指导其公共行为的道德准则之间的相互作用。另一方面，一个运行良好的尚贤制在很大程度上取决于为政者的职业能力，以及将道德美德运用到公共生活中的道德能力。可以说，儒家伦理和政治通常被理解为两个相互关联的维度：前者被视为后者的基础，而后者是前者的实践场域。此外，个人内在道德修养还受到整个社会的道德标准以及各种社会实践和互动关系的影响。我们并非生活在道德真空中，而是生活在一个道德宇宙中。在这个道德宇宙中，主体之间的理性交流和传自先贤的美德共同构成了我们的感知基础。通过人类道德实践，现有的美德和规范可能会被重新评估、重新确认，甚至是重构。从这个意义上看，道德修养的动态过程与上一节讨论的儒家自我的道德自主性和灵活性概念相呼应。

三、君子

由贤（道德美德）和能（政治能力）所构成的儒家功绩理念基本上涵盖了儒家尚贤伦理的核心思想，且功绩的政治和社会功用有赖于道德主体，即具体的人来实现。在儒家看来，这种理想人格首先表现为圣王，其次才是君子。但实际上，由于圣王理想在现实政治中难以企及，君子的概念更能代表早期儒家政治伦理的理想形态。例如，孔子说：“圣人，吾不得而见之矣；得见君子者，斯可矣。”[①] 孟子也说：“君子不怨天，不尤人。”[②] 这些说法传达了这样一种信念：虽然孔孟都认为在圣王的统治下可以实现社会和谐，但他们，尤其是孔子，并不认为圣王的理想是可以轻易实现的。圣王政治不仅指向完美的道德人格，更像是一个共同体至高无上的理想和抽象的发展目标，圣王是个人追求道德发展的可望而不可即的目标。因此，德才兼备的君子是一个更为实际的发展目标，是弥合儒家理想与现实鸿沟的关键人格。尽管如此，君子的养成仍非易事，不仅要求个人具有修身养性的决心，还要具备一定的政治德行和才干。换言之，圣王是儒家的理想主义目标，君子是儒家政治生活的现实人格。从实践的角度来看，儒家伦理就是关于君子的学说。

君子一词并非儒家的专有概念，但儒家赋予了其特殊含义。君子最早指代的

---

① 华杉．华杉讲透《论语》：上 [M]．南京：江苏凤凰文艺出版社，2022．

② 何伟俊．孟子的理想国 [M]．桂林：广西师范大学出版社，2017．

是君主或贵族的后代。中国古代君子的本义与西方语境中的绅士观念相近，指社会地位较高的人。然而，在战乱连连、秩序混乱的背景下，孔子强调政治美德（尤其是对统治者来说）的重要性，进而创造性地通过德行的视角重新诠释了儒家君子的概念。这一努力将君子从一个基于血亲贵族的社会身份转变为一个具有显著伦理内涵的道德概念。儒家君子理想的优越性首先表现在道德层面。换句话说，通过从德行视角对君子身份进行重新阐释，儒家语境中的君子理念就此区别于其他知识传统，呼应了尚贤制和西方功绩主义之间的差异。儒家君子人格展现出有别于普罗大众的不同之处，这种特殊性既包含个人道德修养的内在指导，也包含实现道德发展后造成的正外部性，如君子的德行将会影响并加速社会道德正气建设，以及参与公共生活能力的提升。正如孔子所说："政者，正也。子帅以正，孰敢不正？"①

如前所讨论的，儒家功绩概念包含伦理和政治两个维度。一般来说，君子的道德修养和政治参与是相互关联的。孔子最有名的教导是"仕而优则学，学而优则仕"②。这表明有教养的人的道德义务是担任公职，并帮助统治者提升人民福祉。它还意味着一种政治选拔制度，在这一制度下，只有优秀的候选人才应被选拔出来，国家治理的质量也能相应得到提升。因此，儒家君子人格既带有理想主义成分，又关乎现实制度安排。作为一种理论构想，君子从儒家学说创建之初就不断启发后世学者，并提升了儒家尚贤伦理的可及性。作为一种现实人格，它则表现为中国古代在政治选拔时以君子品德为衡量人选的重要标准。

此处将重点讨论那些在上一节所未详述的君子的具体美德。例如，在《论语·宪问》中，孔子特别指出仁、智、勇是君子的美德，"君子道者三，我无能焉：仁者不忧，知者不惑，勇者不惧"。同样，孟子也提出，"恻隐之心，仁之端也；羞恶之心，义之端也；辞让之心，礼之端也；是非之心，智之端也"③。然而，这些列举出的美德只是冰山一角，孔孟二圣直接或间接讨论的君子美德比这两个说法中所描述的美德要多得多。例如，君子六大美德：一是沉着和果断；二是谦虚和谦逊，甚至是温和；三是具有互惠意识；四是忠实；五是能够意识到错误；六是人格独立。

但在早期儒家提到的所有美德中，仁和礼就是其中最为重要的美德。最能同时展现这两种美德的道德主体就是儒家君子。君子是实现"仁"与"礼"的现实

---

① 程皓月．儒魂：当代儒家的新古诗[M]．北京：东方出版社，2021．

② 朱祖延．引用语大辞典（增订本）[M]．武汉：武汉出版社，2010．

③ 程皓月．儒魂：当代儒家的新古诗[M]．北京：东方出版社，2021．

代理人，他既能够在演绎礼仪时培育仁德，又能够用积极的品格来激发仁爱礼节。君子成为儒家功绩的承载者的更深层原因在于，君子具有道德自主性、灵活性且能够进行伦理反思，这使得他们能够平衡“仁”“礼”之间可能存在的张力。例如，君子所表现出来的“权”这一德行就意在摆脱个人道德美德向公共领域扩展的伦理困境。

在目睹了东周时期公共生活的礼崩乐坏后，孔子借助“仁”和“礼”这两个基本概念来构建他理想的共同体。仁的最终意涵为爱人，是过一种好生活的内在道德基础和最终目标，孔子主张仁为道德修养的首要原则。而礼是维护社会和谐的外在指引，因为礼节表现为对传统价值观的认同。礼这一“准制度化”的机制为重建社会政治秩序和行为规范提供了基本框架。仁和礼这组相互关联的概念分别是儒家道德的内在标准和外在标准。儒家君子是能够将仁与礼和谐地融合在一起的理想人选。如前所述，君子最重要的任务就是“行礼仁爱”。在《论语》中，孔子有如下论述。

“质胜文则野，文胜质则史。文质彬彬，然后君子。”①

“君子去仁，恶乎成名？君子无终食之间违仁，造次必于是，颠沛必于是。”②

“君子义以为质，礼以行之，孙以出之，信以成之。君子哉！”③

这三句话概括了儒家君子之德：其符合仁爱之道，行事遵守礼法。也就是说，儒家的教义不仅指出君子必须具备的“道德律”式的品格，还指出了实现这些品格所需借助的方法。

培养君子之德的出发点是弘扬“仁爱”这一美德，即爱人、礼貌待人、与人共情。在《论语》中，实现仁的两条基本路径是自我约束和自我反省。例如，孔子说：“见贤思齐焉，见不贤而内自省也。”④这强调了自我反省的重要性。我们还可以在孔子与其弟子颜回的另一段对话中找到进一步的证据。颜渊问仁，子曰：“克己复礼为仁。一日克己复礼，天下归仁焉。为仁由己，而由人乎哉？”⑤这里就是在强调自我克制的德行。此外，儒家教义除了培养道德美德之外，还强调个人美德的外在功能。

---

① 乙力．中国古代名言警句 [M]．西安：三秦出版社，2012．

② 华杉．华杉讲透《论语》：上 [M]．南京：江苏凤凰文艺出版社，2022．

③ 施忠连．四书五经名句诵读 [M]．上海：上海辞书出版社，2013．

④ 陈明，邓中好．国学经典 200 句 [M]．武汉：长江文艺出版社，2013．

⑤ 张宏．中国传统文化概论 [M]．北京：北京理工大学出版社，2019．

“修身、齐家、治国、平天下”[①]的理想之道也是培养君子理想人格的必由之路。换言之，君子在任何情况下都应慎思、慎行、慎言。

除此之外，君子必须对礼仪的内在逻辑和义理有清晰的理解。从儒家的观点来看，在礼的指导下行事应该与一个人的社会地位和责任相对应，这有助于创造一个有序、和谐的社会。因此，按照礼节的要求，君子要么礼节性地从事政治，要么相应地承担自己的社会（非政治）职责。更具体地说，在扮演政治角色时，孔子偏爱具有君子美德的子产（中国古代政客模范），因此将君子之德界定为：“有君子之道四焉：其行己也恭，其事上也敬，其养民也惠，其使民也义。”[②]

君子的政治角色应该是忠于君主的臣子以及忠于人民的正直官员。至于君子的非政治角色，则可担任未受过教育的民众的老师或顾问，这意味着君子可以远离政治，但他的身份仍然要求他承担其他公共责任。例如，孔子指出君子的公共责任是，“子欲善而民善矣。君子之德风，小人之德草。草上之风必偃”。[③]这揭示了君子的社会教育和示范作用的必要性。总之，君子无论扮演什么样的角色，都应对整个社会和公共生活有实质性的贡献，以彰显君子作为模范人物的道德优越性。正如曾子所言：“可以托六尺之孤，可以寄百里之命，临大节而不可夺也。君子人与？君子人也。”[④]

需要强调的是，仁不仅表现为对他人的关爱，还包括对礼的自愿遵守与服从。然而，礼的实践也取决于对仁的理解。如上所述，孔子教导颜渊“克己复礼为仁”[⑤]“人而不仁，如礼何？人而不仁，如乐何？”[⑥]……这些观念都表明，虽然在儒家社会，礼成为儒家的“命理”，但对礼的遵守仍然取决于儒家对仁义的判断方式，也丰富和促进了仁作为“道德律”的实践。换句话说，儒家将仁礼学说作为构建理想社会的手段和目的。

总而言之，要实现儒家政治伦理所预设的理想目标，具有崇高道德品质和政治能力的君子是其中必不可少的关键群体。由于君子具有超群的政治才能和道德自主性，且能够始终保持自我修养，将公共事务委任给他们就是顺理成章的。由于君子在德道上能够实现自我约束，他们的政治行为会比任何制度安排都更严格，

① 朱祖延．引用语大辞典（增订本）[M]．武汉：武汉出版社，2010．
② 华杉．华杉讲透《论语》：上 [M]．南京：江苏凤凰文艺出版社，2022．
③ 程皓月．儒魂：当代儒家的新古诗 [M]．北京：东方出版社，2021．
④ 华杉．华杉讲透《论语》：上 [M]．南京：江苏凤凰文艺出版社，2022．
⑤ 蔡先金．孔子诗学研究 [M]．济南：齐鲁书社，2006．
⑥ 蔡先金．孔子诗学研究 [M]．济南：齐鲁书社，2006．

因此政治监督和问责对于君子而言是无意义的。在一个尊贤使能的政治体系中，一旦公职人员的行为低效或违规，对其进行道德指责或是名誉羞辱所造成的压力，比对其进行依法依律的惩罚造成的压力要大得多；在这一体系中，对道德荣誉和地位的追求不仅会推动公职人员循规蹈矩，还能够调动他们的积极性以避免懒政。

因此，从儒家的视角来看，君子之德能够调和仁与礼之间的复杂关系，推动道德标准从伦理领域向外扩展至政治和社会领域，并最终助推社会秩序的恢复和发展。从君子之德来理解儒家的尚贤理想具有四方面内涵：一是明确尚贤制的组成要素和内在逻辑，并强调君子在实现这一政治理想中的核心作用；二是将伦理与政治结合起来，弥补多数当代新儒家仅从伦理道德层面对功绩理念进行单方面阐释的不足；三是强调君子之德的核心在于其伦理反思能力，政治共同体的制度约束并不是影响君子品格的关键所在；四是推动后续关于古今君子的培养、选拔和发展的讨论。总之，道德品格和治理能力在君子理想中和谐相融、相得益彰，使该理念成为具体的、综合的、可实现的政治目标。

第二节　儒家政治伦理思想的当代价值

一、促进自我身心和谐

道德伦理是政治的基石，政治是道德伦理的归宿，在儒家的“修身、齐家、治国、平天下”[①]思想理念中，修身是起点，也是关键一环，通过修身养性，提升自身的道德水准，才能更好地报效国家、服务人民。孔子说：“修己以敬，修己以安人，修己以安百姓。”[②]可见“修己”不仅是为了提高自身的思想道德素养，更重要的是为了“安人”“安百姓”。同样，孟子也说，“天下之本在国，国之本在家，家之本在身”[③]，道出了“修身”在“齐家、治国、平天下”中的基础环节。荀子则说，“闻修身，未尝闻为国也”[④]，直接把修身与治国紧密联系起来。可见，在以孔子、孟子、荀子为代表的先秦儒家学者的治国理念中，修身的目的是能更好地“齐家、治国、平天下”。修身是立己的唯一途径，也是人生的内在需要。修身首先要修心，

① 朱祖延．引用语大辞典（增订本）[M]．武汉：武汉出版社，2010．
② 孔子．论语[M]．杨伯峻，杨逢彬，注译．长沙：岳麓书社，2018．
③ 孟子．孟子[M]．哈尔滨：北方文艺出版社，2019．
④ 荀子．荀子[M]．沈阳：万卷出版公司，2009．

心为万物之本，若本得其正，则万物安宁而天下太平。

修身首先要端正自己的贫富观。一个人要想立于世，应该做到心无所执而有诸物，不仅能在清贫时做到自处节俭而心安泰，同时也能在显达时做到虚怀若谷而能宽容，达到“贫而无怨，富而无骄”的理想人格境界。特别是当一个人贫困潦倒时是最能考验一个人的意志品质的，正如孔子所感叹的：“岁寒，然后知松柏之后凋也。”① 孔后儒家遂将抑制个人物质生活欲望、保持节操、贫贱不移，作为儒家修身处事的道德准则。孔子非常厌恶那些追求物质享受不能安贫乐道的人，他说：“士志于道，而耻恶衣恶食者，未足与议也。”② 孔子认为，一个人斤斤计较个人的吃穿等生活琐事，是不会有远大志向的，因此，根本就不必与这样的人去讨论什么是道的问题。孔子高度赞扬仲由说：“衣敝缊袍，与衣狐貉者立而不耻者，其由也与！”③“破旧棉袄”和“狐貉皮袄”在这里代表了两种符号，其代表了财富、地位、等级、身份、权利、外貌、穿戴等，然而所有这一切，都不过是人的外在的东西，都是人的附属品，因此不管这些外在的东西多么不同，人在精神上、人格上的追求都是平等的，完全没有必要因为这些外在的东西比别人差而感到羞耻。

其次是要养成良好的德行，要有“仁者”之心。孔子有很多关于“仁”和“人”关系的言论，体现或强调了人当以仁德立身，如“苟志于仁矣，无恶也”“唯仁者能好人，能恶人”④。而那些不仁之人“不可以久处约，不可以长处乐”⑤，因为他们长久贫困就会为非作歹，长处安乐则消沉堕落。“巧言令色，鲜矣仁”⑥，那种巧舌如簧的人向来是被孔子所鄙视的。同时，孔子称赞像冉雍那样有仁德而口才不佳的人，并说，“焉用佞？御人以口给，屡憎于人。不知其仁，焉用佞？”⑦ 他认为花言巧语、强词夺理虽然能逞一时之快，但终究会“屡憎于人”，甚至会招来杀身之祸。所谓“壁立千仞，无欲则刚”⑧，不为物所动就能做到“刚”；而一个人做到了刚强坚定，自然就能够达到果敢而不犹豫，质朴无华，言语谨慎，不会花言巧语、巧舌如簧。因此，一个人拥有了刚、毅、木、讷这四德，就能朴实诚信，天地无欺，就自然而然地接近“仁”的要求了。这个“仁”也不是高不可攀，望

① 孔子. 论语[M]. 杨伯峻，杨逢彬，注译. 长沙：岳麓书社，2018.
② 孔子. 论语[M]. 杨伯峻，杨逢彬，注译. 长沙：岳麓书社，2018.
③ 孔子. 论语[M]. 杨伯峻，杨逢彬，注译. 长沙：岳麓书社，2018.
④ 孔子. 论语[M]. 杨伯峻，杨逢彬，注译. 长沙：岳麓书社，2018.
⑤ 孔子. 论语[M]. 杨伯峻，杨逢彬，注译. 长沙：岳麓书社，2018.
⑥ 孔子. 论语[M]. 杨伯峻，杨逢彬，注译. 长沙：岳麓书社，2018.
⑦ 孔子. 论语[M]. 杨伯峻，杨逢彬，注译. 长沙：岳麓书社，2018.
⑧ 陈世金. 历史名人名言集[M]. 北京：光明日报出版社，2012.

尘莫及，只要秉承圣哲教诲，身体力行，就会水到渠成，春风化雨，无需刻意造作，就像孔子所说的："仁远乎哉？我欲仁，斯仁至矣。"[①] 虽然求仁不难，但如果要把"仁"践行一生，则并非易事，这就要求我们持之以恒，正如孔子所说："君子无终食之间违仁，造次必于是，颠沛必于是。"[②] 可见，"仁"是人之所以为人的最基本的要求，是判断是非、善恶的最基本的标尺。"仁"是立身之本，无论在何时何地都要遵守符合仁德的行为规范，高风亮节，矢志不渝，特别是在国家民族的大义面前，志士仁人则更要做到孔子所说的"无求生以害仁，有杀身以成仁"[③]。

在儒家的以德立身、修身养性的践行中，好学上进至关重要。孔子毕生以学习为乐。只有不断学习，一个人才能树立正确的人生观和世界观，同时也才能提升自己的道德品质，才能更好地为国家民族做出贡献。儒家强调"学而优则仕"[④]的同时也强调"仕而优则学"[⑤]，当君子成为官员后，也一定要持续性地学习，提升自身的道德水平、政治素养。不然，他们将无法适应时代的发展，甚至落后于人。从这个角度来看，学习是一项终身事业，应该每天都坚持学习，直到生命终止。

借助修行提升品德、涵养内心、优化自身，达到充实的状态，从而使自己的心灵与身体维持在和谐的状态，养成遇到事情冷静处理，不为荣辱所动的高贵品质，成为中华民族历史长河中传颂千古的"大丈夫"。

"大丈夫"所示之意志品质，恰恰符合了儒家强调的精神品质，并展现了儒家追求的仁德立身、安贫乐道的思想境界。孟子的"三不"理念是最能凸显"大丈夫"的精神气质的，在儒家中至关重要。孟子曾言："居天下之广居，立天下之正位，行天下之大道。得志，与民由之；不得志，独行其道。富贵不能淫，贫贱不能移，威武不能屈，此之谓大丈夫。"[⑥] 孟子提倡大丈夫应坚守优良品质，以实现国家繁荣和社会稳定。同时他还指出，不管面对什么样的事情均应该坚守自己的仁爱之道和高尚品格，如果社会政治清明，就要致力于实现治国为民的目标，如果社会政治腐败，自己也必须坚守独立的人格，坚决不与贪官污吏混为一谈。最后强调了秉持仁义道德的志士应该拥有"三不"的大丈夫精神：在生活富裕时

---

① 孔子．论语[M]．杨伯峻，杨逢彬，注译．长沙：岳麓书社，2018．

② 孔子．论语[M]．杨伯峻，杨逢彬，注译．长沙：岳麓书社，2018．

③ 孔子．论语[M]．杨伯峻，杨逢彬，注译．长沙：岳麓书社，2018．

④ 朱祖延　引用语人辞典（增订本）[M]．武汉：武汉出版社，2010．

⑤ 朱祖延．引用语大辞典（增订本）[M]．武汉：武汉出版社，2010．

⑥ 孟子．孟子[M]．哈尔滨：北方文艺出版社，2019．

仍然坚守道德品行，遇到挫折也不改变自己的追求和德行，在权势的威胁下也绝不可以低头妥协违背信仰。

孟子还从“大丈夫”的意志品格出发，提倡人们要加强意志锻炼，他说：“故天将降大任于斯人也，必先苦其心志，劳其筋骨，饿其体肤，空乏其身，行拂乱其所为，所以动心忍性，曾（增）益其所不能。”① 只有经历过生命中的艰难困苦，才能达到内心坚毅、不屈不挠的境地，锤炼出不屈不挠的意志和积极乐观的心态。

儒家思想强调，作为一个志士仁人，就应该凸显“大丈夫”的人格与境界。这不仅包括要坚定执守仁道的人格，安于贫困并乐于奉献，还包括具备坚定的意志与刻苦的品质，表现出自我超越和不断进步的人格品质。《易传》说：“天行健，君子以自强不息。”② 人当效仿天道的行健精神——“自强不息”，只有拥有坚定的意志品质，才能勇闯荆棘、突破困境。特别是在新时代，我们只有扎根于肥沃的民族文化沃土，秉承圣人的修身哲理，持守仁德，才能够像“岁寒三友”那样不随波逐流，任凭那凄风苦雨、严寒料峭折磨仍能保持高洁的气节。只有借助“以德润身”与“修己正身”的方式，才能摆脱“求不到”的痛苦。如果让自己心中的邪念肆虐，只能陷入罪恶的深渊，既不利于自身成长，也不利于国家的发展。

坚持以德为本、修身养性的理念，有助于寻常百姓提升自身的道德水平，发自内心地遵守国家的政策与法规。这样就可以成为一个积极奋进、热爱祖国与人民的好公民。就党员干部而言，倘若能够真正落实以道德为本、修身养性，他们就可以成为高风亮节的人，且道德素养也会随之提升。

二、促进人与人的和谐

传承先秦儒家倡导的“诚信守义”理念，能够帮助人们塑造良好的品德，同时也可以增进人们之间的关系，并让彼此和睦相处。孟子主张人们应以诚信为基础在社会中践行仁道，同时在家庭中践行孝道。人际交往应该以诚信为准则，这样才能建立和睦友好的关系。那些不信守承诺的人会对社会造成不良影响。那种“色厉而内荏”的小人，谄媚强者以狐假虎威，欺凌弱者以耀武扬威，灵魂深处就缺少忠良正直的道德品质，同那种“穿窬之盗”③ 没什么两样。特别是像那种道貌岸然的“乡愿”，这种人是非不分，欺世盗名，八面玲珑，明哲保身，老奸巨猾，

① 孟子．孟子[M]．哈尔滨：北方文艺出版社，2019．

② 王子娇．易经初解[M]．桂林：漓江出版社，2019．

③ 孔子．论语[M]．杨伯峻，杨逢彬，注译．长沙：岳麓书社，2018．

孔子称之为“德之贼也”[①]，这种人如果当官，则只会欺上瞒下，愚弄百姓，祸国殃民。

如果大家都能够接受圣贤的教导，怀着真诚的心态，善待他人，那么彼此之间就会和睦相处。在现代社会主义市场经济中，诚信原则被视为保障市场稳健运行最重要的规则。只有遵循公平竞争的原则，才可以有效监管市场经济，同时促进其稳固良好发展。那些不诚实的商人，可能会在短时间中获得部分利润，但是他们最终会被揭露并失去顾客的信任，导致业务受损。荀子说，“商贾敦悫无诈，则商旅安，货财通，而国求给矣”[②]，先秦儒家认为商业之道应该遵循真诚正直、毫无欺骗的原则，只有如此才能保障商业的持续繁荣，同时也能够构建一个健康的商业环境，从而促进国家经济的发展。尤其在我们国家成为世界贸易组织的一员后，要想打造一流品牌，让我们国家的企业在全球经济竞争中获得优势，就应该紧紧追随世界发展的步伐，依照国际标准，遵循诚信准则。坚守诚信原则是使经济持续发展的必要条件。

对儒家诚信理念进行推崇，能够提升政府在民众中的形象，并在政府与群众之间搭建起彼此信任的桥梁。一位领导人只有赢得民众的信任，才可以赢得他们的心，才可以进一步控制形势并下达政策。荀子同样强调政府应坚持诚信原则，并将其视为治国理政的核心要素。他说：“夫诚者，君子之所守也，而政事之本也。”[③]

人的本质属性之一便是社会性。在我们的学习、生活以及工作中，与他人交流和互动是不可避免的。因此，建立一个好的人际关系是决定个人成败和社会和谐的关键条件。若希望他人尊重自己，先须以对他人的尊重为出发点。要多从别人的角度思考问题，善待他人，这样做既有益于他人，也能为自己创造机会。

政府应该以人民为中心，坚定地履行服务民众的职责。在保持严格自律的前提下，政府在面对不了解情况的公民时，应遵循“忠恕”的原则，采取政治智慧来解决矛盾，避免采取暴力行为，维持政府的公信力。

三、促进人与自然的和谐

《易传》中说：“有天地，然后有万物；有万物，然后有男女；有男女，然后

① 孔子．论语[M]．杨伯峻，杨逢彬，注译．长沙：岳麓书社，2018．

② 荀子．荀子[M]．沈阳：万卷出版公司，2009．

③ 荀子．荀子[M]．沈阳：万卷出版公司，2009．

有夫妇；有夫妇，然后有父子；有父子，然后有君臣；有君臣，然后有上下；有上下，然后礼义有所错。”[①]其中确切地强调，天地自然是人类生命和家庭、社会道德的根源。这表明人类是天地万物的一部分，必须尊重自然、维护生态平衡。要想做到这些人们就应该对自然怀有敬畏之心，让人类与自然万物之间建立起心灵上的联系。早在春秋时期就有人提出了“与天地参”的哲理：“夫人事必将与天地相参，然后乃可以成功。”[②]人事活动只有合乎自然的运行法则，才能取得成功。而孔子的嫡孙子思则道出了“与天地参”的途径，他说：“唯天下至诚，为能尽其性；能尽其性，则能尽人之性；能尽人之性，则能尽物之性；能尽物之性，则可以赞天地之化育，可以赞天地之化育，则可以与天地参矣。”[③]儒家思想中指出了人与自然互相促进的观点，并提出人应该以“至诚”的理念去了解自然，并在遵从自然规律的基础上积极主动地改造自然。如此，人与自然就能实现和谐共生，就能达到“与天地参”或“天人合一”的高度。

儒家认为，人与自然应当达到天人合一的境界，人们需要尽心尽力地保护与关爱世界中的万物。尽管荀子主张“明于天人之分”“制天命而用之”[④]，然而也不是意味着人类可以随意改造自然，荀子的意思是在强调人类与自然相互促进，和谐共存。因此，人类需要在尊重自然法则的基础上，进一步发挥主观能动性，对自然资源进行利用，从而让自然为人类所用。荀子、孔子以及孟子均提倡爱护自然界中的万物，人类应该有节制地索取。荀子提出君王当“善群”就是在主张人应当关爱善待自然万物，他说：“君者，善群也。群道当，则万物皆得其宜，六畜皆得其长，群生皆得其命。”[⑤]荀子还提出：“饲养适时，六畜就生育兴旺；砍伐种植适时，草木就繁殖茂盛；政策法令适时，老百姓就能被统一起来，有德才的人就能被使用。”[⑥]儒家的“天人合一”思想体现了一种“与天地参”的生命观，符合当代生态学的理念，表现出怜爱生命、珍视万物的“民胞物与”的博爱情感。

在现今的社会中，地球的整体环境状况不容乐观，引发了生态危机。毫无疑问，我们迫切需要采取措施来保护我们的地球，因为它是我们生存的基石。人类应当更加注重保护地球的生态环境，维持人类和自然的友好关系，学习并借鉴儒

---

① 张轩．先秦元典的思想内涵与精神意蕴［M］．长春：吉林大学出版社，2020．

② 贾宝玉．先秦商经［M］．徐州：中国矿业大学出版社，2018．

③ 孔子．四书·五经［M］．北京：华文出版社，2009．

④ 荀子．荀子［M］．沈阳：万卷出版公司，2009．

⑤ 荀子．荀子［M］．沈阳：万卷出版公司，2009．

⑥ 贾岚生．国学经典速读［M］．北京：海潮出版社，2010．

家思想中的“天人合一”理念。

首先，要科学理解人类和自然两者的关联性，将人类视为自然界中的一员，是大自然不可或缺的一部分。我们需要跳出以人类为核心的思维模式，并清楚意识到人类与自然万物是相同的，均为生态系统中相互依存的组成部分，保护自然环境与资源就是在保护我们自身。我们应该提高环保意识，摆脱那种自负盲目的思想，不应自视为自然的主人，需要从头脑中真正意识到人类和自然是一个相互依存的整体。

其次，我们在开发与利用自然界中存在的有限资源的时候应该具有节制性与高效性。以往人们普遍觉得自然资源是用不完的，这种观念促使人们不断地在自然环境中采掘与开发资源，进而在较短的时期就造成了人类生存环境的恶化。一些自然资源可能要好久才能恢复，而有些自然资源可能永远都不会恢复。所以说，为了实现人类与自然的共存，我们必须在科学地利用自然资源的同时，注重长远效益，并加强环境管理，让自然可持续发展。

要真正摆脱世界生态危机，必须消除人们将自身作为世界核心的思想偏见。两千多年前的先秦儒家就已经达到了“天人合一”的思想境界，他们认为人应该与天地万物相融合。当代的人们更加需要明白生态良好的意义，努力做到与自然界相互尊重、相互依存，构建一个可持续发展的社会，并充分意识到“与天地参”“民胞物与”以及“以时禁发”的重要性。

四、“大同”胸襟，促进中华民族的伟大复兴

儒家所描绘的“大同”社会，是一个没有剥削、没有压迫的“天下为公”的社会，每个人都能“老有所终，壮有所用，幼有所长”[①]，社会福利极其完善，能够做到“鳏、寡、孤、独、废疾者皆有所养”[②]，并且“男有分，女有归”[③]，人们事业兴旺、家庭幸福美满。可以看出，它与马克思所描绘的没有阶级、每个人都能得到全面而自由的发展的共产主义社会，具有诸多相似之处。

儒家理想的“大同”社会模式对中国后世的影响极大，特别是在近现代激励着无数华夏儿女以“大同”为理想目标，从洪秀全的“公平正达之世”、康有为的“太平大同世”到孙中山的“天下大公”说、共产党人的共产主义终极美好理想，

---

① 朱莉．先秦儒家思想与社会主义核心价值观[M]．青岛：中国海洋大学出版社，2021．

② 朱莉．先秦儒家思想与社会主义核心价值观[M]．青岛：中国海洋大学出版社，2021．

③ 朱祖延．引用语大辞典（增订本）[M]．武汉：武汉出版社，2010．

一步步不断地探索、尝试，谱写了一曲又一曲前赴后继、可歌可泣、努力奋斗的民族赞歌。近现代中华民族优秀儿女那种向往“大同”社会、英勇拼搏的民族精神和高贵品德将永远铭记在华夏儿女的心灵深处。

现如今，我们应珍视中华民族优秀的传统文化，并且应该传承与传播先辈传下来的无价精神财富，同时基于马克思主义历史唯物主义，在中国共产党的带领下，踏上社会主义和谐社会建设之路，并迈向共产主义社会的宏伟目标。我们应该团结一心，携手合作，不断努力，为中华民族的伟大复兴而持续奋斗。

指导和谐社会构建的中外理论有很多，但寻求一种立足民族文化传统、适合我国国情的理论才能真正为这一伟大的民族事业增加助力。我国构建社会主义和谐社会的指导思想是马克思主义，坚持马克思主义和弘扬儒家思想并不矛盾。在社会主义荣辱观中，就包括“以诚实守信为荣、以见利忘义为耻”[①]，这正是站在民族传统文化价值观的高度提出的；又如《中国共产党章程》提道：“大力发展教育、科学、文化事业，弘扬民族优秀传统文化，繁荣和发展社会主义文化。”[②]这更是把民族传统文化提升到与社会主义先进文化具有一衣带水的历史渊源的高度，而这种民族传统文化主要是指儒家精神文化传统。

以孔子为代表的儒家政治伦理思想内容丰富、富含智慧，在千百年的斗转星移中，似涓涓细流，穿越时空，影响着中华民族的价值观、个性特征和文化习俗。从陶渊明的“桃花源”到太平天国的“均贫富”再到孙中山先生的“天下为公”，儒家文化精神始终激励着华夏儿女为国家和民族的兴旺繁荣不懈奋斗。

目前，我国的社会与经济发展态势整体上令人满意，社会主义和谐社会的美好愿景得到了充分体现。尽管和谐的时代主题一直被呼吁，但实际上我们面对的是贫富差距日益扩大等不良现象。如果这些问题继续被忽视，社会的不稳定将会变得不可避免。因此，我们需要勇敢面对这些问题，并积极采取措施来解决它们。尽管儒家政治伦理思想因受制于时代背景而有一些缺陷与不足，但是这里面的核心思想应该被视为中国特色社会主义和谐社会建设的重要传统文化资源。例如：关注公平正义的“诚信守义”、关注社会和谐的“仁民济众”等，它们不仅是超越时间与空间的名言警句，而且在过去、现在以及未来均是“振兴中华”的动力和源泉！

① 王宇飞．当代大学生社会主义荣辱观教育研究[M]．北京：中央文献出版社，2008．

② 张荣臣．党的基本知识简明读本[M]．北京：人民出版社，2010．

第三节　儒家政治伦理思想的发展趋势

在漫长的两千多年的历史长河中，儒家政治伦理思想不断与时俱进，表现出了顺应时代潮流的倾向，并且不断向外扩展。

一、与时代需要相结合

儒家政治伦理思想自诞生之后，一直关注社会，为社会所服务。

孔子是一位古代杰出的政治家，他非常关注社会，关注治理国家的事业。政治伦理思想的创建是其在教学实践与政治活动中完成的。孔子毕生致力于学术与政治事业。在他 51 岁的时候，他开始从事政治活动，并在鲁国担任中都宰的职务，表现出色。鲁国的鲁君和大夫季桓子因受到齐国的贿赂，政务失职，导致孔子非常失望与愤慨，辞掉职位从鲁国出走，并从此周游各个国家，旨在传播与推广他的以礼治国的政治理念。他在治学从政中，关心社会，从未脱离过社会。

孟子与孔子一样，也是一位政治家。孟子在其母亲的全力支持下，曾去齐国从政。他对平治天下有很大的信心。他曾说："夫天未欲平治天下也，如欲平治天下，当今之世，舍我其谁也？吾何为不豫哉！"[①] 由此可见孟子胸怀平治天下之大志而又生不逢时、不被重用的苦闷心情。继孔子、孟子之后，在先秦时期，另一大儒荀子在完善、发展儒家政治伦理思想方面做出了重要贡献。荀子积极投身于治世的实践。在齐国，他曾三次担任祭酒之职。到了楚国，被委任为兰陵令，在任职期间为齐国治世做出了巨大贡献。

由此可见，儒家政治伦理思想在其创立时，就有着关心社会，并愿为治世做出贡献的特点。它虽然也含有主张革新的内容，但从其整体来看，儒家政治伦理思想的善求成、求稳定、善继往而不善开来的、创新的特点是突出的，正是因为如此，在后来的中国社会的发展过程中，每当发生社会变革时，儒家政治伦理思想就会遭到社会的贬斥，就会遭到革命、变革派的否定；而每当社会求稳定，处在太平、繁荣之世时，儒家政治伦理思想就会受到尊崇和重用。这就是两千多年来儒家政治伦理思想的历史命运的基本状况。

在中国社会的发展过程中，儒家政治伦理思想是对广大人民群众的社会行为最有规范作用的社会文化之一。可以说长期以来，它早已成为中国社会的主流，

① 申笑梅，王凯旋．诸子百家名言名典 [M]．沈阳：沈阳出版社，2004．

已渗透到绝大多数中国人的头脑中，并自觉不自觉地规范着绝大多数中国人的家庭生活和社会行为。

在中国社会中，儒家政治伦理思想了得到广泛的应用与实践。其在社会生活中强调教育与道德的重要性；在人与人之间的交际中强调仁、义、礼、智、信、诚的规范与道德价值观；在家庭里强调孝、悌、慈、爱，重勤俭、忍、让；在国家治理中强调忠诚与正直，提倡崇尚奉献精神，热爱祖国，关注国家大事与全球事务，珍爱人民，等等。

因此，从整体上看，我国的现代社会文化，尤其是多方面的社会道德、社会传统美德，都渊源于儒家政治伦理思想，都是儒家政治伦理思想在社会生活中逐步实现社会化的表现。它们与儒家政治伦理思想有着源与流的关系。当然其中也有着不少糟粕，甚至愚昧落后的东西。随着现代文明的发展，我国社会定能继续弘扬其精华并逐步丢弃这些糟粕。

二、传播范围扩大

由于儒家政治伦理思想中的确包含着人类文明的精华及人类共同需要的东西，因此，随着历史的推移、人口的世界性流动，以及文化的交流与传播，儒家政治伦理思想自唐、宋以来逐步走出了国门。

儒家政治伦理思想现在代表着东方文化与东方文明的主流观念，同时也已经融入世界文化当中。随着中国的日益强盛和国际地位的提升，随着世界文化的交流与碰撞，随着传媒技术的发展，儒家政治伦理思想将会进一步走向世界。

近千年来，特别是自明代以来，随着华人向东南亚、东亚诸国流动，再加上经济文化交流的发展，儒家政治伦理思想对亚洲诸国的影响逐步扩大，以至于逐步形成了以儒家政治伦理思想为主要内容的东方文明和“儒文化圈”。新加坡总理，后来的内阁资政李光耀先生于 1994 年被国际儒学联合会推选为名誉理事长。他在国际儒学联合会成立大会上的致辞中说：“从治理新加坡的经验看，特别是 1959 年到 1969 年那段艰辛的日子，使我深深地相信，要不是新加坡大部分的人民都受过儒家价值观的熏陶，我们是无法克服那些困难和挫折的。新加坡人民有群体凝聚力，能够以务实的态度来看待治理国家和解决社会问题。”[①] 同时，对于儒家政治伦理思想，不能兼收并蓄，全盘皆收，而应根据时代的发展和需要进行取舍与应用。

---

① 朱启东．领导干部即兴口才方法与案例全书[M]．北京：中国商业出版社，2013．

在过去的一个世纪里，人类试图通过各种不同的思想对社会与政治状况进行优化，但基本上都未能达到预期效果。总的来说，21 世纪来临时，人类正处于失落与混乱的局面。在儒家思想的广阔天地中，孔子所倡导的理念提供了预防机械文明形成的解决方案。目前，我们注重学习儒家政治伦理理念的缘由就是这个，儒家思想拥有潜在活力，能够为我们开启新时代的大门。孔子曾说过："温故而知新，可以为师矣。"[①] 此句话表明，通过对历史的借鉴可以洞察未来。

在公元一世纪，儒学通过汉族人传入越南，并在该国部分区域中建立了儒学的学府，用来教授儒家思想。部分聪慧的越南人迅速地领会了儒家学说。儒学在越南的发展进程中有着非常大的影响力。儒学曾是越南封建制度发展的理论基石，助推其不断进步，并且为越南的文化注入了新的元素。许多越南著名的思想家和爱国人士都信奉儒家思想。

在春秋战国时代，当时知名的思想之一就是儒家思想。然而，在秦王朝的统治者中，法家学说得到了大力提倡，而儒家学派则被边缘化。秦始皇采取了"焚书坑儒"的手段，试图消除儒学的影响。不过秦朝很短命，不久就被汉朝所代替，汉成为中国的统治者。从那时起，中国的各个朝代均将儒学视为国家指导思想。

近两千年来，特别是数百年来，儒家政治伦理思想对于形成东方文明，对于东亚诸国社会的确产生了重大影响，的确存在着一个明显的儒家政治伦理思想东方化的趋向。

现如今，儒家政治伦理思想已经走向了世界，成为世界文化的重要组成部分，并以其特色和多种优势为世界越来越多的国家和人士所重视。这就是儒家政治伦理思想的世界化趋势。

在 21 世纪全球经济一体化、政治与文化多元化的大趋势下，儒学思想的传播将有助于推进人类命运共同体的构建。儒学思想的兴起必将对经济发展以及人类进步产生积极的影响。希望越来越多的人和国家能够从儒家思想中收获更多的启示，如果这成真，那将是人类的福音。

儒家的政治伦理思想涵盖了非常多的内容，包罗万象，拥有众多的精髓，这些精髓是中华民族乃至全人类应当探究并学习的宝贵知识。

---

① 史东梅．孔子的智慧 [M]．呼和浩特：内蒙古人民出版社，2009．

参 考 文 献

[1] 余仕麟，刘俊哲，李元光，等．儒家伦理思想与藏族传统社会 [M]．北京：民族出版社，2007．
[2] 许凌云．儒家伦理与中国史学 [M]．济南：齐鲁书社，2004．
[3] 黄慧英．解证儒家伦理 [M]．上海：东方出版中心，2020．
[4] 周延良．诗经学案与儒家伦理思想研究 [M]．北京：学苑出版社，2005．
[5] 尹文汉．儒家伦理的创造性转化：韦政通伦理思想研究 [M]．合肥：安徽人民出版社，2008．
[6] 尹益洙．中国儒家政治伦理思想研究 [M]．南京：南京师范大学出版社，2005．
[7] 黎千驹．孔子儒家思想及其当代价值研究 [M]．武汉：武汉大学出版社，2019．
[8] 沈连柱．儒家伦理 [M]．武汉：湖北教育出版社，2011．
[9] 苑秀丽，何小玲．儒家思想与中国当代伦理 [M]．北京：中国社会科学出版社，2015．
[10] 刘桂莉．儒家伦理思想十论 [M]．北京：中国文史出版社，2005．
[11] 许建良，赛子豪．儒家伦理思想的内外断裂性 [J]．东南大学学报（哲学社会科学版），2023，25（5）：35–46．
[12] 邱国亮，陈倩畇．儒、道、佛哲学伦理思想对中华武术陶染探微 [J]．武术研究，2023，8（8）：28–32．
[13] 郑香花，邱艳萍．儒家伦理思想的多重意义及当代教育价值 [J]．现代交际，2023（3）：67–74．
[14] 崔振成，李志前．道德主体性与伦理他者性的融合：儒家伦理思想的德育价值转化 [J]．河南师范大学学报（哲学社会科学版），2023，50（1）：151–156．
[15] 向玉乔，关朝．儒家伦理思想的道德情感维度 [J]．井冈山大学学报（社会科学版），2022，43（6）：81–89．
[16] 关朝．儒家伦理思想的情感特征及其内在逻辑 [J]．阴山学刊，2022，35（5）：

39–46.
[17] 马慧，马蔚．德性自觉：新时代社会治理共同体构建的儒家伦理之道 [J]．现代交际，2022（9）：97–104.
[18] 敦鹏，段姗姗．先秦儒家行政伦理思想的三个向度 [J]．保定学院学报，2022，35（4）：8–14.
[19] 涂可国．试论当代儒家责任伦理学建构 [J]．社会科学文摘，2022（2）：87–89.
[20] 李晓莉．先秦儒家生态伦理思想在大学生生态教育中的价值及其实现 [D]．太原：太原理工大学，2019.
[21] 白杨．先秦儒家生态伦理思想及其当代启示 [D]．兰州：西北师范大学，2015.
[22] 郑欣．先秦儒家音乐伦理思想及现实意义 [D]．西安：陕西师范大学，2015.
[23] 李征宇．论儒家生命伦理思想 [D]．合肥：安徽大学，2015.
[24] 刘莎．先秦儒家美善音乐伦理思想的研究 [D]．株洲：湖南工业大学，2014.
[25] 张杰．先秦儒家代表人物生态伦理思想研究 [D]．太原：山西农业大学，2013.
[26] 朱金玲．儒家伦理思想与大学生社会公德教育策略构想 [D]．杭州：浙江财经学院，2012.
[27] 林良山．先秦儒家政治伦理思想社会和谐意蕴 [D]．南京：南京财经大学，2012.
[28] 刘方媛．浅析传统儒家生命伦理思想及其现代价值 [D]．上海：上海师范大学，2012.
[29] 李智敏．先秦儒家伦理思想的核心价值及当代意义 [D]．兰州：西北师范大学，2009.